“韶关市地方性法规导读与释义系列丛书” 编委会

韶关市地方性法规导读与释义系列丛书

陈　曦◎主　编

《韶关市烟花爆竹燃放安全管理条例》导读与释义

杜国胜◎著

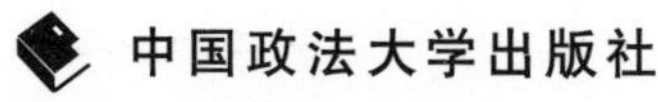

中国政法大学出版社

2017 · 北京

图书在版编目（C I P）数据

《韶关市烟花爆竹燃放安全管理条例》导读与释义/杜国胜著.—北京:中国政法大学出版社，2017.10

ISBN 978-7-5620-7764-0

Ⅰ.①韶… Ⅱ.①杜… Ⅲ.①爆竹－安全管理－条例－法律解释－韶关
Ⅳ.①D927.653.214.5

中国版本图书馆CIP数据核字(2017)第229802号

出 版 者　中国政法大学出版社

地　　址　北京市海淀区西土城路 25 号

邮寄地址　北京 100088 信箱 8034 分箱　邮编 100088

网　　址　http://www.cuplpress.com (网络实名：中国政法大学出版社)

电　　话　010-58908586(编辑部) 58908334(邮购部)

编辑邮箱　zhengfadch@126.com

承　　印　保定市中画美凯印刷有限公司

开　　本　720mm×960mm　1/16

印　　张　13.625

字　　数　225 千字

版　　次　2017 年 10 月第 1 版

印　　次　2017 年 10 月第 1 次印刷

定　　价　46.00 元

序

2015年5月27日，广东省十二届人大常委会第十七次会议通过了《关于佛山、韶关等九个市人民代表大会及其常委会开始制定地方性法规的时间的决定》，这是立法法修改后，我省首批授予设区的市地方立法权。也意味着自2015年5月28日起，韶关市人大及其常务委员会可以在"城乡建设与管理、环境保护、历史文化保护"等三大领域开始制定地方性法规。拥有地方立法权，为从法制层面解决我市城乡建设与管理、环境保护、历史文化保护等热点难点问题提供了保障，将更有利于促进经济社会在法治的轨道上快速发展。

韶关市人大常委会为了顺利开展地方立法工作，加强地方立法理论研究，与韶关学院研究协商，成立"韶关市地方立法研究中心"，并于2015年5月29日，在韶关学院正式揭牌。建立地方立法研究中心，为推动我市地方立法工作，加强地方立法理论研究和实践，提供了强有力的智力支持，对科学立法、民主立法，提高立法水平和质量具有重要的现实意义。

同时，2015年8月，市十二届人大常委会成立了立法咨询专家库，从本市3965名具有法律背景人才中聘请了27名立法咨询专家，2017年4月，新一届人大常委会在原来的基础上对立法咨询专家进行了调整，保留了部分上一届立法咨询专家，新增了城乡建设与管理、环境保护、历史文化保护等领域方面的专家和韶关市拔尖人才库中的部分专家以及语言类专家等，使新一届的立法咨询专家增至48名；同时聘请了我省高校中长期从事地方立法研究的5名专家学者为立法顾问。强有力的立法咨询专家队伍以及立法顾问团队，成为我市民主立法、科学立法的重要智力支撑。

在市委、市人大常委会的领导下，特别是在省人大法工委领导和专家的全力指导和帮助下，通过市政府、市人大法委、市人大常委会法工委、立法顾问、立法咨询专家的共同努力，我市首部地方性法规《韶关市制定地方性法规条例》于2016年4月5日正式实施，“小立法法”的实施必将成为韶关市制定地方性法规的基石。首部地方实体性法规《韶关市烟花爆竹燃放安全管理条例》，经广东省十二届人大二十九次常委会议批准，于2017年1月1日起正式实施，这是韶关市制定地方实体性法规的良好开端。

在今后的立法工作中，市人大常委会将按照“党委领导、人大主导、政府依托、各方参与”的总要求科学立法、民主立法，进一步完善立法工作制度，提高立法队伍的整体素质，制定更多“有特色”“可执行”“管用”“接地气”的地方性法规，不断地推动我市地方立法工作向前发展，为韶关振兴发展做出贡献。

在社会实践中，“徒法不足以自行”，良好的地方性法规并不意味着能够自动地得到有效实施，法律法规的实施，需要执法部门公正执法，需要司法部门正确用法，更需要广大市民自觉守法。要想广大市民自觉守法，首先必须让市民读懂法律法规条文，地方性法规毕竟是专业立法活动的产物，所涉及到的法律用语、专业词汇、文本结构、立法意图等方面，具有较强的专业性。可能会给一些市民准确理解法规的具体内容、立法主旨及法规精神等带来一定的难度，不利于广大市民在理解、领会法规的基础上，做到知法、懂法、守法。另外，在立法过程中，立法者对社会各方意见的吸纳，以及历史背景、政策背景等不能在法规中充分表述出来，也增加了执法者的理解难度。

鉴此，市人大常委会认为，有必要吸纳市人大常委会立法工作者、法律实务工作者和韶关学院法学院的专家学者，编纂《韶关市地方性法规导读与释义》丛书，对我市出台的地方性法规进行导读性释义工作，方便社会各界人士理解把握，达到自觉知法守法用法之目的，也为今后我市法规的修改、释义备存资料。

“普法”“懂法”“守法”是本系列丛书的宗旨，是为序。

“韶关市地方性法规导读与释义”编委会　陈　曦

2017年9月30日

目 录

一、《韶关市烟花爆竹燃放安全管理条例》立法背景及立法意图

（一）《韶关市烟花爆竹燃放安全管理条例》立法背景

1. 时代背景

就近几年情况来看，因非法运输和经营烟花爆竹造成的安全事故在全国各地常见于报端。烟花爆竹非法经营和非法运输给韶关市社会造成了极大的安全隐患，烟花爆竹所酿成的事故在韶关也时有发生。再加上，韶关毗邻湖南郴州，而郴州有较多烟花爆竹生产厂家，且主要是面向韶关及周边地区销售，非法运输烟花爆竹进入韶关境内的现象较多，给韶关的交通安全带来了非常大的安全隐患。此外，每年因烟花爆竹引发的火灾及伤人事故频频发生，严重危及韶关市人民群众的生命和财产安全。同时，燃放烟花爆竹产生的高分贝噪声、大量的烟雾和固体垃圾，同样严重影响了韶关市民正常休息、身心健康和市容环境。《韶关市烟花爆竹燃放安全管理条例》（以下简称《管理条例》）的出台，非常及时地为韶关市烟花爆竹经营安全、运输安全、储存安全、销售安全、燃放安全提供了地方性法规的有力支持，为保护人民群众生命财产安全、保护韶关市环境以及保障韶关市社会公共安全提供了有效的法律保障。

国务院《烟花爆竹安全管理条例》为韶关市人大常务委员会制定《管理

条例》提供了上位法依据，其他一些省、市的烟花爆竹安全管理规定为《管理条例》的制定提供了有益的成功经验。《管理条例》折射了城市化建设过程中烟花爆竹地方立法工作在新时期、不同地域上所面临的新情况、新问题，既遵循立法的科学规律，又以与时俱进的科学态度，积极回应新时期对地方立法的特殊需求，其出台非常及时，迎合了时代发展的需要。

2. 经济背景

进入21世纪以来，韶关工业紧紧围绕“建设粤北经济强市”的目标，因地制宜，突出特色，依托资源优势，积极发展优势产业。目前韶关基本形成了资源型产业突出、加工工业雄厚、部分轻工业分量较重的综合类工业城市。2015年规模以上工业增加值333亿元。广东两大型钢铁生产基地，同时也是广东特钢生产基地，龙头企业宝钢集团广东韶关钢铁有限公司钢年生产能力已达580万吨，跻身世界钢铁企业100强之列。2015年，全市地区生产总值达1163亿元，人均生产总值4万元，居广东省山区市首位。广东来源于韶关的财政总收入达220亿元。地方一般公共预算收入85.2亿元。第一产业、第二产业和第三产业结构比为12.9∶37.5∶49.6。《管理条例》的出台迎合了韶关市经济社会发展新形势，为韶关经济社会发展提供了安全生产经营环境，起到了保驾护航的作用。

（二）《韶关市烟花爆竹燃放安全管理条例》立法意图

1. 力求《管理条例》的民主性和科学性

《管理条例》是韶关市人大常委会2015年~2016年立法工作计划确定的第一个实体性法规立法项目，由市公安局负责起草。韶关市公安局接到市人大常委会起草任务之后，迅速组建了起草工作小组，专门负责该项地方性法规调查、研究和起草工作。市公安局凭借其多年社会治安工作管理经验，广泛走访了社会各界人士，听取了社会各界关于“烟花爆竹”经营安全、运输安全、储存安全、销售安全和燃放安全等方面的意见及建议。《管理条例》起草过程中还多次认真听取了韶关法律实务界和韶关学院法学院法学专家的意见和建议，经过近一年的调查研究之后，《管理条例》草案初步形成，并提交韶关市人大常务委员会进行审议。市人大常委会在收到条例草案后，按照地方立法法定程序，迅速组织开展审议工作。审议期间，韶关市常务委员会多次组织常委会组成人员、人大代表、政协委员及有关部门开展了多次视察和调研工作，听取各方面意见和建议。同时，常委会还多次组织省、市立法专家召开研讨会，研讨会为市公安局提交的草案多次提出了修改意见，并进行相应的修改和完善。为制定出科学合理的地方性法规，韶关市人大常务委员会还在省人大常委会法工委的大力支持下，邀请了省直有关部门对草案进行专题论证，征求省直相关部门意见，对草案中涉及的专业性问题进行严格把关。此外，市人大常务委员会还多次向县（市、区）人大常委会、市各有关部门、基层立法联系点及人大代表、政协委员等发出征求意见函，同时，还利用网络、报纸公开草案，向社会各界广泛征求意见。经过反复论证，数易其稿，2016 年 6 月和 8 月，市十三届人大常委会第三十三次、第三十五次会议先后对草案进行了两次审议。经过了两次审议之后，最后市人大常委会进行第三次审议并予以表决通过。该《管理条例》经省十二届人大二十九次常委会议批准，自 2017 年 1 月 1 日起实施。

2. 确保《管理条例》的可操作性

《管理条例》是在立法调研、专家论证、广泛征集了社会各界的意见与建议基础上，经反复修改、补充、完善之后形成的比较成熟的地方性法规草案，适应韶关市烟花爆竹经营安全、运输安全、储存安全、销售安全和燃放安全等方面的实际情况，具有客观可行性。

《管理条例》共 27 条，内容涉及立法目的、政府及其相关职能部门的职责、联合执法机制的建立、烟花爆竹信息管理、烟花爆竹违法行为举报监督及奖励制度、对群众烟花爆竹的安全宣传和教育、烟花爆竹经营的安全管理、烟花爆竹运输的安全管理、烟花爆竹储存安全管理、烟花爆竹销售安全管理、烟花爆竹燃放的安全管理以及法律责任等主要内容。这些主要内容体现了《管理条例》从烟花爆竹源头抓起，涵盖了烟花爆竹经营、运输、储存、销售、燃放和执法管理等各个环节，能够有效实施韶关市境内烟花爆竹安全管理，在实践中具有“可操作性”。

3. 促使《管理条例》为本地区改革、发展和稳定提供安全环境

《管理条例》将其立法目的规定在第 1 条当中，其具体内容为“为了加强烟花爆竹安全管理，改善环境质量，保障公共安全和人身、财产安全”。“安全管理”既包括运输安全、经营安全、销售安全，也包括燃放安全；既包括运输管理、经营安全监督管理、燃放安全管理，也包括质量监督管理。“安全管理”既是对“秩序现状”的大胆改革，也是为实现“社会稳定”的宗旨，更是为韶关经济社会发展提供安全保障。“环境质量”既包括空气质量、噪音

控制和处理，又包括燃放烟花爆竹之后固体废物的处理。按照经济学“资源稀缺性”理论，韶关的环境资源是有限的，为了利用这有限的资源为韶关经济社会发展起到最大的助推作用，《管理条例》从规范烟花爆竹相关的一系列行为来保护韶关环境，不能不说是地方立法上的一个伟大进步。“公共安全”既包括公共场所人员安全，又包括公共场所建筑物安全；“人身、财产安全”既包括燃放周围人群的人身和财产安全，也包括燃放者本人的人身和财产安全。“公共安全”是人的生命健康与财产的安全，而经济社会发展如果失去这样的安全，将是毫无意义可言的。因此，《管理条例》这种立法目的的设立，用地方立法的形式为韶关经济社会发展保驾护航，为韶关的改革、稳定和经济发展提供了安全环境。

综上所述，《管理条例》的出台，不仅是符合韶关地区经济社会发展的实践需要，为韶关的改革、稳定和经济发展提供了安全环境，而且也是时代的呼唤。特别是在当下有关烟花爆竹燃放“禁”与“限”之争的时代背景下，《管理条例》的各项规定，很好地诠释了“烟花爆竹的历史文化”与“现代社会经济发展”之间的关系，其科学性和合理性有着深刻的中华民族历史文化渊源与法理渊源。

二、烟花爆竹燃放的历史文化渊源

在谈及烟花爆竹文化历史渊源之前，让我们先来读一下中华人民共和国两位前国家领袖与爆竹的故事。

曾经长期担任毛主席机要秘书兼生活秘书的张玉凤回顾了1976年（农历丙辰年）除夕夜在中南海毛主席住所放爆竹的情景：“晚饭后，我们把毛主席搀扶下床，送到客厅。他坐下后头靠在沙发上休息，静静地坐在那里。入夜时隐隐约约听见远处的鞭炮声，他看看眼前日夜陪伴他的几个工作人员。远处的鞭炮声，使他想起了往年燃放鞭炮的情景，他用低哑的声音对我说：‘放点爆竹吧！你们这些人也该过过节了。’就这样我通知了正在值班室的其他几名工作人员。他们准备好了几挂鞭炮在房外燃放了一会儿。此刻，毛主席听到这爆竹声，在他瘦弱、松弛的脸上露出了一丝笑容，我们心里都明白，主席的这一丝笑容，是在宽慰我们这些陪伴他的工作人员。这是毛主席他老人家经历了几十年的战火硝烟，带领苦难的中国人民创建了中华人民共和国之后，听到的最后一次‘炮声’，这些爆竹是他为我们放的，他在生命的最后日子里，仍然鼓励我们去除旧迎新。”[1]

2012 年 1 月 23 日，农历除夕，时任中华人民共和国国家主席胡锦涛同志在北京市怀柔区仙峪村与孩子们一起燃放鞭炮。这样的场景成了人们记忆里最生动的生活场景和温暖元素。[2]

“放挂爆竹吧!”毛泽东主席在度过他人生中的最后一个春节时，由衷地说出这样的话语，不仅是对儿时欢乐的节日气氛的回味，更是对中华民族烟花爆竹传统文化的眷恋，喊出了整个中华民族的心声。胡锦涛同志与孩子们一起在北京市怀柔区仙峪村燃放鞭炮，不正是中华民族烟花爆竹文化的召唤吗?!

“爆竹”在产生之初，原本是用来驱鬼辟邪的，其功能和意义类似于中国历史上“桃符”。最初人们用山坡上的竹子，将其掷于火中燃爆，以驱鬼辟邪。竹子在火中爆裂时发出声响，我们的祖先不禁联想到“爆竹”一词，其名字由此得来。南北朝梁宗懔在《荆楚岁时记》中说得很清楚：“正月初一，是三元之日也，春秋谓之端月，鸡鸣而起，先于庭前爆竹，以避山臊恶鬼。”[3]既然连山臊恶鬼都唯恐避之不及，那么用以驱赶一种叫“年”的怪兽就再自然合适不过了。人们年复一年地燃竹，竟然发现爆竹的声响可以饱耳福，光亮可以饱眼福，有怡情的功能，于是爆竹于辟邪之外又多了一项用途——喜庆娱乐，增加了喜庆的气氛。到了唐代，李畋利用火药发明了硝磺爆竹，真正意义上的爆竹（又称鞭炮）就此诞生了。再往后，人们又在药物中加了些发光增色剂，发明了“匆爆而喷”的烟花。宋代宰相王安石的“爆竹声中一岁除，春风送暖入屠苏，千门万户曈曈日，总把新桃换旧符”著名诗句，说的是送旧迎新；明代诗人文征明“馀穷不用焚车送，残病都从爆竹休”的诗句说的是祛病消灾。绵绵千余年传承，华夏子孙与“烟花爆竹”结下了难以割舍的心理情结，形成了中华民族民间特有的“烟花爆竹”文化。

20 世纪初，英国社会人类学家、功能学派创始人之一马林诺夫斯基在《文化论》中曾经指出，“一物品之成为文化的一部分，只是在人类活动中用

---

〔1〕 宋燧文：“快过年了，说说烟花爆竹”，载《标准生活》2016 年第 1 期。

〔2〕 宋燧文：“快过年了，说说烟花爆竹”，载《标准生活》2016 年第 1 期。

〔3〕 翟琨主编：《烟花爆竹安全》，哈尔滨地图出版社 2007 年版，第 1 页。

得着它的地方，只是在它能满足人类需要的地方”，“所有的意义都是依它在人类活动的体系中所处的地位，它所关联的思想，及所有的价值而定”。[1]在禁放烟花爆竹时期，春节听不到烟花爆竹的燃放声响，老百姓觉得春节弄得跟平常一样，没劲、没意思。这说明，在普通老百姓的心目中，放鞭炮是过年必不可少的项目。这与生活水平的提高、物质的丰富满足无关，也不仅仅是没有了“响声”，缺少了喜庆的气氛，而是人们在长期的历史积淀中形成的民族心理意识。它超越了时代、社会、语言、历史等差异，在更大的范围内发挥心灵沟通的功能，传达民族文化集团的性格、情感、理想、价值观，从而增强凝聚力。在中国人的心中，过年没有什么能比放鞭炮更能表达喜庆的情绪，更能渲染喜庆的气氛了，人们在鞭炮声中也是最能够真切地体会到辞旧迎新的意味了。鞭炮声其实也就是老百姓发自内心的欢呼声。[2]由此看来，烟花爆竹之所以能够成为中华民族传统文化的组成部分，是因为它完全符合社会人类学家马林诺夫斯基所说的“关于事物成为文化一部分”的特质。

春节放爆竹在后来的中国传统文化中更多的是象征着新时间的开始，是人生新希望的开始，成了典型的“辞旧迎新”的文化象征符号。“春节的全部传统意义都是围绕着‘开端’而存在的：宇宙的诞生、万物的起源、文化的建立、新生活的开始。”[3]烟花爆竹之所以能够发展成为年节文化中的重要民俗符号，具有丰富的民俗文化意味，在很大程度上是源于人们内心的一种生命体验的需要。在春节时放烟花爆竹，具有一种强烈的狂欢精神，而所谓狂欢精神，是指群众性的文化活动中表现出的突破一般社会规范的非理性精神，它一般体现在传统的节日或其他庆典活动中，常常表现为纵欲的、粗放的、显示人的自然本性的行为方式。[4]在这种狂欢气氛之下，人们受压抑的潜意识、各种欲望和美好的幻想冲破自我和超我的压抑，在鞭炮升空的一道闪光和一声炸响中，在人们的欢声笑语中，得到了宣泄和释放，人类生命的原始力量也得到了重新的体现，自由、坦率、欢快、不拘形迹的游戏气氛，让生命祖

---

〔1〕［英］马林诺夫斯基：《文化论》，费孝通译，华夏出版社 2002 年版，第 17 页。

〔2〕吴翔之：“年节文化中声音符号的象征意义及解读——以拜年和放爆竹为例”，载《温州大学学报（社会科学版）》2007 年第 1 期。

〔3〕陈连山：“春节民俗的社会功能、文化意义与当前文化政策”，载《民间文化论坛》2004 年第 5 期，第 9~15 页。

〔4〕赵世瑜：《狂欢与日常》，三联书店 2002 年版，第 116 页。

露出了最真状态，无拘无束，尽情驰骋，充满了生命活力和自由精神。[1]是故，经过两千余年的发展，烟花爆竹已经成为中华民族的文化载体之一，在长期的历史积淀中形成了繁复而深邃的文化意味，从而成为人们节庆文化生活不可分割的一部分。

除了春节，中国人在其他传统节日，如元宵节、清明节、端午节、中元节、中秋节、重阳节，也以燃放烟花爆竹的方式以示庆祝，这已成为一种千古流传的民俗惯例和风情。除了传统节日之外，在其他诸如燕尔新婚、生子添丁、高堂祝寿、华厦落成、生意开张、重大庆典、体育赛事、亲朋丧葬等一系列活动中，无论是表示喜庆还是表示哀悼，任何一种活动都能够见到烟花爆竹的红色身影。

由于人的认知能力的缺陷，自然界很多现象无法为人类所预见和感知，也无法为科学所证实；又由于人的自身能力和科技手段有限，无法与自然灾害相对抗，因此，人们用某种形式驱逐邪恶、祈求好运的心理愿望，就在情理之中。燃放烟花爆竹就是其中一种形式。时间久了，这种形式就成了人们的心理情结，融入民俗文化。两千多年来，每一年周期的年终岁首，全中国范围内，人们都在特定的区域内用燃放烟花爆竹的形式辞旧迎新，企盼五谷丰登，欢庆国泰民安，都在用一系列民俗要素和它多彩多姿的表现形式加以装点和値染。毋庸置疑，烟花爆竹这种千年流传下来迎新年的形式早已成为年俗中的文化要素。在辞旧岁的免灾祛病的祝愿中，在迎新春的狂欢喜庆中，烟花爆竹的文化色彩和文化震撼力是不可小觑的。[2]

烟花爆竹已成为具有中国情结的历史传统文化。无论你承认与否，这都是客观存在的，不容忽视。作为中华民族传统文化的重要内容，烟花爆竹同样给很多生在国外的华人华侨带来了节日的喜庆和欢乐，这种文化特征甚至使得纽约、悉尼等世界大都会都特别许可华人燃放烟花爆竹。[3]然而，随着历史的发展，人们燃放烟花爆竹的时间、空间、生产技术、欲望等元素发生了古人难以预料的天翻地覆的变化。起源于“年俗”的烟花爆竹，如今已经扩展到了其它节日和红白喜事等时间节点上；空间上由原来散落的村户发展

---

〔1〕 吴翔之：“年节文化中声音符号的象征意义及解读—— 以拜年和放爆竹为例”，载《温州大学学报（社会科学版）》2007年第1期，第44~45页。

〔2〕 乌丙安：“烟花爆竹文化的震撼”，载《花炮科技与市场》2006年第1期，第28页。

〔3〕 陈杰人等：“‘禁’‘退’两难的烟花爆竹”，载《法律与生活》2004年第3期，第48页。

到人口密集的城市和乡镇。随着生产技术的推进，烟花爆竹更是花样翻新，威力也在不断增强，其造成的大气污染和噪音也非常触目惊心。社会的发展催生了人们虚荣和攀比的心理，人们燃放的随意性也在不断增加，再加上人们对燃放烟花爆竹安全知识的缺乏，烟花爆竹燃放的负面影响随之接踵而至。

三、烟花爆竹燃放所产生的负面影响

自20世纪80年代起，随着我国国民经济的飞速发展，烟花爆竹的生产规模在不断扩大。与此同时，烟花爆竹生产事故也在频繁发生，造成了大量的人员伤亡、巨额的经济损失和严重的环境污染问题。截至2015年9月，我国拥有合法资质的烟花爆竹生产企业有3153家，分布于15个省（区、市）、86个设区的市以及288个县级地区。庞大的烟花爆竹市场与生产规模背后隐藏着诸多的隐患，各地非法生产、经营和销售的现象不同程度地存在，安全和环境保护问题层出不穷，事故频繁发生，引起了社会各界的广泛关注。〔1〕

（一）人员伤亡及经济损失

2010年~2015年期间，全国共发生烟花爆竹事故378起，共计造成794人死亡；其中较大事故63起，死亡297人。2010年国务院安委办通报广西、广东和湖南3起烟花爆竹事故，这3起事故共造成20人死亡，23人受伤；2013年11月1日，广西梧州市岑溪市三堡镇爆竹厂发生烟花爆竹爆炸事故，造成12人死亡，直接经济损失达1041.55万元；2014年9月22日，湖南省醴陵市浦口南阳出口鞭炮烟花厂发生爆炸事故，造成14人死亡，33人受伤，6栋库房被炸毁。〔2〕2014年国务院安委办通报贵州、辽宁、河南接连发生的3起因非法生产烟花爆竹引发的较大爆炸事故，这3起事故共造成20人死亡，1人受伤；2015年国家安全监管总局发布消息称，2015年1月至9月，全国共发生烟花爆竹生产经营事故24起，死亡59人，同比起数持平，人数增加7人，上升13.5%；2016年9月国务院安委会办公室就江西、湖南接连发生的两起烟花爆竹事故发出警示通报，这两起事故共造成8人伤亡，1人受伤。

---

〔1〕 刘婵、廖婵娟、苏龙："2010~2015年我国烟花爆竹事故统计及防控对策"，载《火灾科学》2016年第3期。

〔2〕 "国家安全监管总局关于湖南省醴陵市浦口南阳出口鞭炮烟花厂'9·22'重大爆炸事故的通报"，载 http://www.chinasafty.gov.cn/newpage/Contents/Channel-4222/2014/0924/240899/content-240899.htm，2014年9月25日访问。

除了国务院安委会办公室通报的重大烟花爆竹事故之外，全国范围内还有很多触目惊心的事故。这种因烟花爆竹生产或燃放所造成的人员伤亡事故，每年都在全国各地发生，造成众多人员伤亡和巨大的经济损失，不得不引起社会各界高度重视。

（二）对环境造成的影响

1. 烟花爆竹的化学成分

烟花爆竹的化学成分大体分为四类：第一类是氧化剂，如硝酸盐类、氯酸盐类等。第二类是可燃物质，如硫黄、木炭、镁粉和赤磷。爆竹内的火药是以黑色火药为基础发展而来的，一般是将硝酸钾、硫黄、炭粉、镁粉等成分按一定比例组成。第三类是火焰着色物，如钡盐、锶盐、钠盐和铜盐。焰色来源于高温下金属离子的焰色反应，如果这些重金属被人大量吸入，将有可能致人重金属中毒，严重的有可能致人死亡。第四类是其他化学药物，如苦味酸钾、聚氯乙烯树脂、六氯乙烷、各种油脂和硝基化合物，这些化学组成会造成有机污染。此外，为了增强声响效果，有的配方中还增加了氯酸钾的用量。在引发后的高温、高压条件下，爆竹中的物质发生一系列化学反应，放出大量的一氧化碳、二氧化硫、氮氧化物等各种金属、非金属氧化物，并产生大量的烟尘颗粒。[1]

烟花爆竹燃放时产生大量的烟尘颗粒，导致 PM2.5 的值迅速飙升，严重影响空气质量和人们的身体健康。PM2.5 具有明显的消光作用，是导致大气能见度下降最为主要的因子。高浓度的 PM2.5 不仅会直接导致大气能见度下降，增加呼吸系统疾病的发病率，而且也是大气化学反应的良好载体。[2]有研究发现：因烟花爆竹的燃放，其周围空气中 PM2.5 短时间浓度可达每立方米含量 863 微克（远远超过每立方米含量 75 微克的国内现行合格标准），能见度仅为 1.2 千米；PM2.5 中氯阴离子、钾阳离子与四氧化二硫阴离子的浓度短时间上升，这都是与烟花爆竹中氧化剂、还原剂等成分的燃烧释放有关。[3]

---

〔1〕 韩向东等："燃放烟花爆竹对环境空气的影响"，载《黑龙江环境通报》2007 年第 4 期，第 60~61 页。

〔2〕 See J. G. WATSON，"Visibility：Science and Regulation"，*Journal of the Air & Waste Management Association*，2002，52（6）：628~713.

〔3〕 秦玮等："烟花燃放对空气中 PM2.5 及水溶性离子的影响研究"，载《环境监控与预警》2013 年第 3 期，第 1 页。

烟花爆竹中化学成分在其爆炸过程中产生的粉尘、有害气体、噪音以及固体废物，对人体和环境都会造成一定的负面影响。

2. 粉尘带来的负面影响

当烟花爆竹点燃时，柴炭粉、硫黄粉、金属粉末等在氧化剂的作用下，发生化学反应，快速燃烧，孕育发生碳酐、一氧化碳、二氧化硫、一氧化氮、二氧化氮等气体及金属氧化物的粉尘。[1]而在烟花爆竹燃放后，空气中遗有大量的烟尘颗粒。这些粉尘大多是以悬浮颗粒物的形态而存在，并且达到可吸入颗粒物的尺寸大小，足以通过呼吸道进入人的细支气管到达肺泡，并在肺部沉积，从而引起各种病变，严重危及人的身体健康。有的焰火药剂中还含有火焰着色物，如钡盐、锶盐、锑盐和铜盐等。焰色来源于高温下金属离子的焰色反应，如果这些重金属泄露，被人体大量吸入之后，会在呼吸道黏膜上溶解并很快被吸收，引起重金属中毒，严重的可致人死亡。[2]

3. 有害气体带来的负面影响

从前文分析可以看出，烟花爆竹中烟火药剂含有的化学物质，诸如硝酸盐类、氯酸盐类等氧化剂以及硫黄、木炭、镁粉和赤磷等可燃物质，在烟花爆竹燃放时，由于受高温、高压等条件的影响，发生一系列化学反应，释放出大量的一氧化碳、二氧化硫和氮氧化物等气体。这些有毒有害气体对我们的呼吸系统、神经系统和心血管系统有一定的损害作用，对眼睛也有刺激作用。有的则会引发一些疾病或对加重病情起着推波助澜的作用。如果这些有毒有害气体进入大气层，氧化为硫酸，形成酸雨，将会强烈腐蚀建筑物和工业设备，导致树木死亡，湖泊中鱼虾无法生存，土壤营养成分将遭到破坏，作物也会因之而减产或死亡。[3]

4. 噪音带来的负面影响

烟花爆竹走过千年春秋之后，其燃放时所发出的声响已不再是干竹在火堆里燃烧时“噼里啪啦”的声音，而是时常伴有震耳的噪音。噪音对人的生

---

〔1〕 宋佳琦：“传统与文明的碰撞——烟花爆竹的利与弊”，载《中国环境管理》2011 年第 2 期，第 33 页。

〔2〕 范小花等：“烟花爆竹对环境的危害性分析”，载《重庆科技学院学报（自然科学版）》2008 年第 4 期，第 79 页。

〔3〕 范小花等：“烟花爆竹对环境的危害性分析”，载《重庆科技学院学报（自然科学版）》2008 年第 4 期，第 79~80 页。

理和心理都会产生很大的影响。经有关部门调查发现，绝大多数人普遍认为：40 分贝是人类正常的环境声音，高于这个值就会对人类的健康造成一些危害，包括干扰睡眠、工作，使听力受损，甚至引起血管系统、神经系统和消化系统等方面的疾病。有关专家认为噪音对人体的危害是很大的，0~50 分贝：舒适，细语声；50 分贝~90 分贝：妨碍睡眠、难过、焦虑；90 分贝~130 分贝：耳朵发痒、耳朵疼痛；130 分贝以上：耳膜破裂、耳聋。〔1〕有关研究表明，燃放烟花爆竹时所产生的声响已经远远超过了人所能承受的状态。单个鞭炮响都超过了 120 分贝，而春节期间燃放鞭炮地区的噪声高达 135 分贝，远远超过人的听觉范围和耐受限度。中国和德国的几位科学家曾做过一项调查，在对 1150 个病例的分析中，得出了“即使是近距离接触燃放鞭炮 1 次，就有可能造成终生听觉损害”的结论。〔2〕另外，噪音还会影响和损害人的心血管系统及神经系统，使人急躁、易怒，从而影响人的睡眠，造成过度疲劳。高强度的噪音对患有脑血管、心脏病等疾病的病人危害十分严重。噪音每增加 1 分贝，高血压发病率也会相应增加。春节期间，高强度、高密度、长时间的噪音对健康所带来的不利影响不得不引起人们的高度重视。因燃放烟花爆竹所导致的听力的严重损伤、爆炸性耳聋、听觉迟钝等案例，几乎每年都在中华大地上上演。

5. 固体废弃物带来的负面影响

烟花爆竹生产过程中使用了大量的化工原材料，在燃放时会产生许多鞭炮碎屑，燃放之后将产生大量的固体废弃物。这些烟花爆竹垃圾中，通常含有多种金属化合物，如砷、锑、硼、锆、钛等的化合物，以及未完全燃烧的有害物如木炭残渣、金属、玻璃、易碎塑料等残留碎片。这些固体废弃物有的不能降解，一些尖锐的碎片甚至会对生命安全构成威胁。而且烟花爆竹燃放后的遍地纸屑、烟尘，严重影响卫生环境。其大量堆积，加大了环境治理的成本。

除了烟花爆竹在燃放过程中产生的粉尘、有害气体、噪音以及固体废物对人体和环境都会造成一定的负面影响之外，烟花爆竹在其生产过程中也会对环境造成一定的污染。每年因为制作、包裹烟花而砍伐的树木所造成的森

〔1〕 赵振英：“试论烟花爆竹的危害及禁止燃放的必要性”，载《法制与社会》2010 年第 13 期，第 173 页。

〔2〕 叶晓红：“烟花爆竹环保项目分析与研究”，载《环境科学与技术》2004 年第 3 期，第 45 页。

林破坏，以及在制作过程中使用设备消耗的水电资源，都已经成为威胁到人们生产生活和环境可持续发展的严重问题。[1]

四、烟花爆竹燃放的"禁"与"限"之争

（一）烟花爆竹燃放法律上禁限之路

新中国成立之后，特别是改革开放以来，随着人们生活水平的提高，中国的烟花爆竹生产进入了一个黄金的发展期，1989 年，全国烟花爆竹年销售量高达 35 亿元，仅北京一个城市，每年的平均销售量就在千万元以上。[2]可是，在人们的欢笑声中，同时也伴有许多不和谐声音。烟花爆竹的花样越来越多，个头越来越大，安全性却越来越差，导致烟花爆竹伤人事件频繁发生。针对这种情况，国家出台了《民用爆炸物品安全管理条例》《烟花爆竹劳动安全技术规程》等一系列法规，可是收效甚微，烟花爆竹伤人事件依然不断发生，环境污染等问题也日益突出。到了 20 世纪下半叶，燃放烟花爆竹"辟邪庆喜"延续千年的习俗，最先在上海、广州等现代化大都市受到挑战。1984 年上海发生了燃放爆竹致新娘丧命的事件，引发了人们对烟花鞭炮的口诛笔伐，随后上海和广州立法制定了禁止燃放烟花爆竹的地方性法规。随后，许多省市开始出台禁止燃放烟花爆竹的地方性法规。烟花爆竹禁放令在全国全面展开实施始于 1988 年。当时我国各大城市因燃放烟花爆竹而造成财产损失和人身伤害的事件逐年上升，群众要求政府采取措施禁放烟花爆竹的呼声越来越高，六届全国人大五次会议提出对烟花爆竹的生产和燃放加强管理。此后，全国共有 282 个城市制定全面禁放烟花爆竹的法规。[3]北京市于 1993 年 10 月 12 日颁布了《北京市关于禁止燃放烟花爆竹的规定》。紧随其后，成都、合肥等地也陆续颁布了类似条例，到 1997 年末为止，有 23 座城市实行了"禁放"。[4]

---

〔1〕 宋佳琦："传统与文明的碰撞——烟花爆竹的利与弊"，载《中国环境管理》2011 年第 2 期，第 32 页。

〔2〕 单艳红等："中国烟花爆竹燃放情况调查及利弊分析"，载《花炮科技与市场》2005 年第 12 期，第 47 页。

〔3〕 廉如鉴："燃放烟花爆竹的民族文化心理基础"，载《兰州学刊》2007 年第 4 期，第 83 页。

〔4〕 单艳红等："中国烟花爆竹燃放情况调查及利弊分析"，载《花炮科技与市场》2005 年第 12 期，第 47 页。

事实证明，禁放并不能解决根本性问题。许多城市由于执法不严，“禁放令”似乎已变得形同虚设了。太原市从1994年起实行禁放令，但2000年后管理越来越难，仅2004年上半年，就查处涉及烟花爆竹的案件250起，处理了3000多人。兰州市是1994年颁布的禁放令，可是，仅2005年春节期间，全市就依法查处违禁行为共504起，非法燃放495起，非法运输、销售、储存、携带9起，处罚违禁人员523人，警告513人，行政拘留和罚款10人，比2004年同期的215人增加308人，其中因非法燃放行政拘留3人。与此同时，要求恢复燃放烟花爆竹的呼声也越来越高。于是，一些城市将“禁放”改成了“限放”，通过限制燃放的时间和地点达到减少环境污染和避免人身安全事故的目的，但效果仍然不能令人满意。在2004年6月9日，江西省萍乡市芦溪县源南乡新棚村花园花炮厂发生16人死亡的恶性爆炸事故后，国家安全生产委员会于2004年6月24日下发了《关于切实做好当前烟花爆竹安全生产工作的通知》，再次强调了安全生产的重要性，此后，各地政府陷入了一种“欲禁不能”“禁而不止”的尴尬，整个社会也再次掀起了关于烟花爆竹是“禁”还是“放”的讨论。与此同时，我国的烟花爆竹生产情况却非常乐观。21世纪最初的几年里，我国的烟花爆竹的年生产总量都接近100亿元，人们也渐渐注意到烟花爆竹产业给社会带来的巨大经济利益，于是乎人们便开始全面地重新衡量烟花爆竹的价值。〔1〕

2006年1月11日国务院第一百二十一次常务会议通过了我国第一部有关烟花爆竹安全管理的法规《烟花爆竹安全管理条例》。条例规定，县级以上地方人民政府可以根据本行政区域的实际情况，确定限制或者禁止燃放烟花爆竹的时间、地点和种类。随着社会各界对燃放烟花爆竹是否需要“开禁”这一问题的关注不断升温，改“禁”为“限”的呼声日益高涨，一些城市开始尝试逐步由“禁放”改为有条件“限放”。1998年，长春等部分城市开始允许市民在春节期间燃放烟花爆竹，并对相应的地方性法规进行了修改。从2003年开始，北京、济南、银川、海口、青岛、西安、宁波等大中城市相继将烟花爆竹由“禁放”改为“限放”。原来禁止燃放烟花爆竹的城市中，已

---

〔1〕 单艳红等：“中国烟花爆竹燃放情况调查及利弊分析”，载《花炮科技与市场》2005年第12期，第47页。

经有1/3以上的城市“开禁”。[1]2006年河南省洛阳市对燃放烟花爆竹实行“禁放”，然而禁令实施还不到一年，洛阳市于2007年起对燃放烟花爆竹实行“限放”（所谓限放，是指在规定的时间、地点燃放烟花爆竹）。[2]在2005年前，南京市对烟花爆竹燃放实行主城区全面禁放，而在2005年之后，南京市对烟花爆竹燃放实行春节期间主城区有限开禁，最初只设立12个燃放区域，之后烟花爆竹燃放逐步放开，2008年开始规定除了7类重点区域内禁止燃放之外，其余地方均可燃放。[3]

（二）关于“禁”与“限”几种学说

1.“禁放”说

鉴于燃放烟花爆竹所造成的人身伤害、财产损失和环境污染，有学者和部分民众主张完全禁止烟花爆竹的燃放，换一种方式过节。学者王晓华也持“禁放”观点，他认为，我们完全可以在不燃放爆竹的情况下“过年”，用更富建设性的方式创造新的“年味”。他撰文分析当今社会燃放烟花爆竹的原因时指出，盲从和攀比是表层原因，深层原因是民众公共生活和公共意识的匮乏。他认为，没有一成不变的民俗，也无所谓固定的“年味”——既然现代人已无“年”可驱，并且围绕鞭炮所进行的攀比造成了频繁的公共灾难，相应的风俗无疑不再具有存在的必要性。[4]

2.“调整”说

这种学说认为，应当从安全、扰民和社会成本三个方面考量，“在生命健康受到威胁时，我们的欢乐是不是应该有所节制”？在对待燃放烟花爆竹的问题上，北京等各大城市的相关政策及地方立法从“禁放”到“限放”进行逐步调整，就是很好的例证。该学说还认为，调整并不意味着要回归“禁放”时期，而是要在尊重民俗和确保安全之间寻找平衡。这一学说代表性学者秋风主张，烟花爆竹行业协会或者政府监管部门可以调整烟花爆竹标准，控制火药量。社会也可以通过合理的制度安排，让燃放烟花爆竹者对第三者造成

---

〔1〕 徐世平、冯学智：“禁止燃放烟花爆竹的立法博弈与公众选择”，载《人大研究》2014年第1期，第38页。

〔2〕 韩向东等：“燃放烟花爆竹对环境空气的影响”，载《黑龙江环境通报》2007年第4期，第61页。

〔3〕 金鑫等：“春节除夕燃放烟花爆竹对环境空气质量影响分析”，载《环境监测管理与技术》2015年第2期，第65页。

〔4〕 萧宗：“燃放烟花爆竹的是与非”，载《中国消防》2011年第5期，第33页。

的损害承担责任。比如政府可在销售环节征收烟花税，授予一个独立机构建立一个烟花爆竹救济基金，救助那些燃放烟花爆竹导致的受伤者，赔偿死亡者、赔偿第三者遭受的财产损失。[1]

3. “加强管理”说

北京大学社会学系教授夏学銮把燃放烟花爆竹这一营造节日氛围的民俗仪式称为“正演变成一部分人的喜庆，一部分人的惊恐”。夏学銮教授认为：“完全禁止既不现实，也没有可能，因而有必要加强管理，让烟花爆竹只添喜庆少添堵。”他据此提出一系列相关措施：一是政府监管部门严把质量关，严格控制烟花爆竹的“威力”、爆炸半径、响度（噪声分贝指数）等；二是严查非法生产、销售、超标生产、超品种和假冒伪劣销售等行为；三是应“禁、放”结合，科学确定并明示燃放区域和时段，严查超范围燃放行为。有学者从加强和完善烟花爆竹管理方面提出，首先要强化执法监管力度。不合格的烟花爆竹和超标燃放往往是造成伤亡事故的罪魁祸首，这些烟花爆竹从生产、运输、销售到燃放等一系列环节，存在重大监管疏漏。因此，应当让法律和制度更好地约束燃放行为。法律不仅要追惩，还应起到防微杜渐、消除一切可能的公共风险的作用，完善处罚措施对于促进有序燃放至关重要。有学者还具体提出了一些革新举措，譬如，改革节日烟花爆竹的燃放方式，所有的烟花爆竹销售点都应改为销售没有太大声响的烟花；设定大型烟花爆竹燃放点，要充分考虑到居民在自家阳台或户外的观看习惯；燃放时间也要特别考虑，可以设定为在小年夜晚上19时前燃放一次，除夕则燃放两次，一是晚饭前小规模燃放一次，二是0:00到0:30燃放较大型烟花。元宵节时，可在一些大型场所举办游园灯会，在晚19时前燃放大型烟花，晚24时燃放第二次。[2]

4. “公民责任”说

“公民责任”说认为，防范烟花爆竹之害，各级政府部门当然责无旁贷，但同时还应看到，消防安全事关公共安全，这绝不仅仅是政府单方面的责任，每一位公民对此都负有不可推卸之责。防范烟花爆竹之害，既需要政府多项安全工作到位，也需要公民自觉。尤其是那些燃放烟花爆竹者更应该明白，

---

[1] 萧宗：“燃放烟花爆竹的是与非”，载《中国消防》2011年第5期，第33~34页。

[2] 萧宗：“燃放烟花爆竹的是与非”，载《中国消防》2011年第5期，第34页。

每一朵在空中绽放的绚丽烟花背后，也都意味着沉重的责任；责任和每一项权利相伴相生，燃放烟花爆竹之所以引发扰民、火灾、伤人亡人的诸多问题，与很多人的不负责燃放不无关系；公民不应当只关心自己的权利和一己之享乐，同时也对公共义务负有责任，更应该明确意识到自己的行为不应给他人带来伤害。

该派学说最具代表性学者北京大学社会学系教授夏学銮认为，每个人都需要提高自己的公德意识，什么时候能放，什么时候不能，什么地方可以，什么地方严禁。要知道，任何一种不负责任的燃放行为，造成的都有可能是难以挽回的后果。学者王琳认为，燃放烟花爆竹问题的实质在于，你行使自己的权利不能妨碍他人的自由。你享受燃放烟花爆竹之乐，可以自己找没人的地方乐去，别在公共场合伤害他人的权益。其曾撰文称："我当然不期望春节燃放鞭炮的习俗能够在短时间内得到改变——我期望的是，在培养尊重他人的公民意识和革除燃放鞭炮之弊的大方向上，社会能有更多共识。中国素以礼仪之邦自居，尊重他人就是最基本的礼仪。"〔1〕

5. "民意"说

烟花爆竹在中华大地上延续了两千余年的历史，既是民俗，也是中国传统文化的组成部分，具有中国情结。在"禁"与"限"的问题上，政府不能单方面作出决断，而应当充分考虑民意，找到恰当的契合点，"民意"说随之诞生。该学说认为，制定烟花爆竹燃放政策，必须让公众参与讨论，应让公众参与政策从讨论到确定的全过程，让公众对治理烟花爆竹问题充分地表达意见，让民意在最大程度上得到显现。"禁"与"放"不是流行价值的时尚表达，也不是某个人或部分阶层价值取向的固化，而应该通过民主程序和对话理性来使各群体的意见获得基本的尊重。主张该学说的学者建议，政府在治理燃放烟花爆竹问题上，应该充分考虑不同群体的意见表达，在保障一部分人燃放权利的同时，不能伤害另一部分人的权利。该派学者对政府制定的有关政策提出的建议是，政府应当适时调整烟花爆竹燃放政策，要多听听民意，不妨以听证会、研讨会等形式，组织市民对现存烟花爆竹燃放政策进行讨论，然后决策。只有让民众在讨论中形成共识，新的烟花爆竹燃放政策才

〔1〕萧宗："燃放烟花爆竹的是与非"，载《中国消防》2011年第5期，第34~35页。

能得到有效落实。[1]

6. "借鉴"说

"借鉴"说避开尖锐的"禁"与"限"之争，举出香港、澳门、美国和英国等国家和地区的实例，主张政府在制定相关政策和法律时，可以借鉴这些国家和地区的相关做法。例如，澳门指定燃放区，不单把爆竹和烟花燃放分开，还分为成人区和小童区，设置栏杆、网等安全设施。除了规定燃放时间，政府还派出警察、消防、红十字会、海关等人员在现场驻守，如果发现有非法的烟花爆竹，特别是直径超过3厘米的烟花，就会当场没收。至于不听从劝告，没有在指定范围燃放的市民，最高会被罚款1.5万澳元。正因为这样，澳门吸引了不少香港人去过年，感受浓郁的年味。[2]

总而言之，由于现代社会生产出的烟花爆竹的化学成分存在，其燃放时都会给人体和环境造成不同程度的负面影响。当燃放烟花爆竹造成严重事故时，"禁"与"限"之争就会被点燃。在中国传统民俗文化与现代文明之间找到契合点，不仅是国家和政府的责任，也是社会的责任，更是广大民众的责任。

五、烟花爆竹立法的法理基础

(一) 尊重中国民间传统民俗文化

在浩瀚的宇宙里，地球显得无比的渺小。在变幻莫测的自然界中，人对自然认知和改造能力是何等的脆弱，面对自然灾害，人们有时简直就是束手无策，无能为力。起源于农耕社会的烟花爆竹自然就成了人们"驱恶避邪"的心理情结。经过两千余年循环往复，烟花爆竹的燃放已经深入到中国人的心中，成为中国特有的传统民俗文化，而且这种文化随着中国人向海外迁徙，由华人华侨将其带到世界每一个角落，其根深蒂固性和巨大的影响力不容小觑。

尊重传统民俗文化是历史的选择，不是人主观好恶的结果。中央立法和地方立法允许有限制性的燃放，正是在尊重这样的文化基础上做出的正确而明智的选择。法律的制定和实施不是禁止而是引导，引导烟花爆竹文化向更

〔1〕 萧宗："燃放烟花爆竹的是与非"，载《中国消防》2011年第5期，第35页。

〔2〕 萧宗："燃放烟花爆竹的是与非"，载《中国消防》2011年第5期，第35页。

有益于国家、社会和民众的方向发展。这无疑是《管理条例》地方立法的历史文化基础。

（二）“禁而不止”的现实催生了立法的进步

“禁而不止”已经为历史事实所证实。这种事实不仅大陆存在过，中国香港也存在过。根据香港的法例，任何人非法藏有烟花或爆竹，一经定罪最高可被判罚款2.5万港币及监禁6个月。而放置炸弹或使用爆炸物品包括烟花爆竹，若涉及刑事毁坏，是严重罪行，最高判监10年，如引致伤亡，犯罪者可被判终身监禁。但在香港新界的围村，原居民逢年过节燃放烟花爆竹从来就没有停止过。这些铁一般的事实说明“禁止燃放”的法律法规不具有科学性和合理性，理应被舍弃。唯有在环境保护与传统文化之间找到科学合理的契合点，有关烟花爆竹的立法才能彰显其科学性、合理性和进步性。

由于环境保护与传统文化之间的冲突，一直以来对烟花爆竹的燃放都存在是“禁”还是“开禁”的争论。主张可以燃放烟花爆竹的认为这是传统文化；反对燃放烟花爆竹的，除了燃放烟花爆竹易引起火灾、造成人身伤亡事故和财产损失等安全问题外，另一个主要原因是燃放烟花爆竹会带来严重的环境污染。[1]只要烟花爆竹燃放所造成的损害一天没有消除，“禁”与“放”的争论就将永远进行下去。“传统文化”与“燃放烟花爆竹所造成的损害”都是客观存在的，既不能全面禁止而抛弃传统文化的合理元素，也不能任其泛滥，全面放开，给人身、财产和环境造成不必要的损害。

自20世纪80年代中后期，地方性法规全面禁止燃放烟花爆竹以来，我国地方性法规走过了由“禁”到“限”的合理化进步历程。然而，法规实施的过程中，始终伴随着诸多争议：一方面，执行禁放法规成本极高。例如北京市，每年除夕需出动十几万民警、城管、工商、安检人员彻夜执法检查，即便如此禁放效果也一年不如一年。另一方面，保护传统文化、维持春节民俗原貌的呼声不断高涨。[2]这种争议的存在是传统文化保护与环境保护这一对矛盾所作用和推动的结果。争议的存在为中央立法和地方立法注入了合理元素，为立法进步起到了强大的推动作用。

---

〔1〕张建华等：“浅谈燃放烟花爆竹对环境空气的影响”，载《黑龙江环境通报》2004年第2期，第80~81页。

〔2〕廉如鉴：“燃放烟花爆竹的民族文化心理基础”，载《兰州学刊》2007年第4期，第83页。

任何事物就像一枚硬币，都有正反两个方面，无“正”何以“反”，反之亦然。汽车文明的到来同时也给人的生命、健康、财产和自然环境带来了诸多负面影响。但是，人不能“因噎废食”。国家和政府显然不能通过立法全面禁止汽车的生产、销售、上路及运营。正确而合理的做法是，出台相关法律法规和政策，规范和引导汽车生产、销售、上路及运营等行为，充分、有效地发挥汽车优势，将其造成的损害降得最低。烟花爆竹的燃放亦是如此。历史上，政府对烟花爆竹所带来的危害，试图以一纸禁放令了事，但均未获得成功。早在民国时期政府就曾经以不利于社会治安为由禁放，结果以失败而告终；当代政府又旧事重提，禁止在春节期间燃放烟花爆竹，但因这一看似简单的政府禁令却是以损害传统文化为代价，结果只能又由“禁”改“限”。因为如果彻底取消烟花爆竹，同时也就取消了爆竹声，取消了节日仪式，取消了人们欢聚狂欢，从而取消了人们对生命意识的一种体验经历。立法者只有在尊重历史传统文化的同时，充分考虑民意，研究和挖掘燃放烟花爆竹所造成危害的原因，并在此基础上制定科学合理的法律法规，正确引导人们的行为，使法律法规走向民主科学和合理化道路。

（三）限制性烟花爆竹立法是尊重事物发展客观规律的结果

从爆竹产生的历史来看，爆竹源自农耕社会。那时候的特点是分散居住、人口较少、交通不变、集中居住人口密度不大、生产技术落后、生产出的爆竹本身危害性不大。然而，中华民族从过去几百万、几千万人至几亿人分散居住在广袤农村的农业社会，发展到如今十几亿人口且已有一半集中居住在城市的现代工业社会，燃放烟花爆竹的环境发生了难以想象的巨大变化。在空旷辽远的农村，燃放烟花爆竹带来的安全与噪声等负面因素，在农户之间影响较小。而且在物质生活相当贫困的过去，农村只有春节期间和婚丧家事中才燃放鞭炮。但是在现在的城市里，不但人们摩肩接踵十分拥挤，而且生活水平大大提高，掏钱购买烟花爆竹俨然是眼睛眨都不眨的小菜一碟。除了春节以外，平时都可以随心所欲地随手燃放，甚至心情不好的时候都可以燃放取乐或消遣。这个问题伴随城市化的继续进展所引发的矛盾，将愈加凸显。[1]

社会学者薛平认为，燃放烟花爆竹的民俗，源自农业社会，流行于农村

〔1〕 柏文学：“烟花爆竹，想说爱你不容易”，载《标准生活》2016年第1期，第69页。

环境中，可农村环境居住比较分散，人口密度比较小，一个村庄也就几百个人；而现在，一个城市里，几万个、几十万个家庭都在放，集中居住也容易造成集中污染，燃放烟花爆竹这项民俗，在规模大的城市中显得不太适宜。[1]

随着社会的飞速发展及现代城市化建设进程更加深入，已经完全不同于农耕社会状况的现代文明社会，不可能延续历史上对燃放烟花爆竹实行全面开放的景象。国家、政府、社会和民众再也不能无视现代社会高速发展的现实，袖手旁观，而是应当在尊重中华民族传统文化的同时，通过立法、法律实施、法律监督等路径，对民间生产、燃放烟花爆竹的行为进行适当合理的引导和规范。将偏离传统文化的糟粕剔除出局，将其中符合中国传统民俗文化的合理元素保存下来，促使传统烟花爆竹文化健康发展。

小　结

综上所述，有着近两千历史的烟花爆竹文化，已经融入了中华民族血液之中，成为中华民族传统民俗文化不可或缺的一部分。随着时代的变迁和经济社会飞速发展，起源于中国古代的烟花爆竹文化，在现代社会日渐暴露其缺陷。任何事物都具有多面性，有好的一面，也有不好的一面；有适应时代发展需要的一面，也有阻碍社会发展的不利因素。但是，不能因为其不好的一面或不利的因素存在，人们就去彻底地否定某一事物的合理性。不能“因噎废食”，正确的做法应当是用规则或法律的形式，规范人在处理相关事物过程中的相应行为，引导其朝着有利于经济社会发展的方向前行。

烟花爆竹之所以对人身、财产和环境造成危害，其原因主要来自以下方面：(1) 在经济利益驱动下，烟花爆竹非法生产屡禁不止；(2) 从业人员素质较低，法治观念淡薄；(3) 地方保护主义和人情网给烟花爆竹非法生产提供庇护；(4) 生产烟花爆竹企业多数是小型工厂甚至是家庭作坊，基础条件差，连起码的安全条件都不具备，生产过程存在严重安全隐患；(5) 生产企业的安全规章制度不健全，甚至空白；(6) 以罚代管，敷衍了事；(7) 公安、消防、工商、文化等执法监督部门职责不够明确，审批与监督脱节。[2]

---

[1] 吴学安：“烟花爆竹禁限在争议中前行”，载《防灾博览》2016 年第 1 期，第 70 页。

[2] 赵正宏编著：《烟花爆竹生产经营企业安全培训教材》，气象出版社 2005 年版，第 6~9 页。

为了有效地避免烟花爆竹所带来的负面影响，在不能完全禁止的情况下，有必要认真细致地研究烟花爆竹对人身、财产和环境造成损害的原因，并在此基础上制定出科学合理的法律法规，加强管理，严格执法，将烟花爆竹的危害程度降到最低。

有关烟花爆竹的生产安全、经营安全、运输安全、储存安全、销售安全及燃放安全等行为，如果没有法律规则加以约束和引导，必然呈畸形发展态势，其危害性不但不能有效避免，反而会日渐增大，最终会损及中华民族传统文化。我们在承认和尊重历史文化的同时，务必要结合烟花爆竹行业的特点，汲取精华、剔去糟粕，对有关烟花爆竹的一系列行为进行适当的规范和引导。从这个角度来看，韶关市第十三届人民代表大会常务委员会第三十六次会议于2016年10月19日表决通过的《韶关市烟花爆竹燃放安全管理条例》顺应了时代潮流，使韶关行政区域范围内“烟花爆竹的经营、运输、燃放”等行为有了地方性法规规范和指引，是值得全体韶关市市民庆贺的一件大事，也是自2015年韶关市取得设区市地方立法权以来，韶关市人大及其常委会在立法上取得的重大成果之一。

上篇

《韶关市烟花爆竹燃放安全管理条例》立法文本

《韶关市烟花爆竹燃放安全管理条例》

（2016年10月19日韶关市第十三届人民代表大会第三十六次会议通过，2016年12月1日广东省第十二届人民代表大会常务委员会第二十九次常委会议批准，现予公布，自2017年1月1日起施行。）

韶关市人民代表大会常务委员会

2016年12月7日

第一条　为了加强烟花爆竹安全管理，改善环境质量，保障公共安全和人身、财产安全，根据国务院《烟花爆竹安全管理条例》，结合本市实际，制定本条例。

第二条　本市行政区域内烟花爆竹的经营、运输、燃放等活动，适用本条例。

本市行政区城内禁止生产烟花爆竹。

第三条　安全生产监督管理部门负责烟花爆竹经营的安全监督管理。

公安部门负责烟花爆竹的运输、燃放安全管理。

质量监督检验部门、工商行政管理部门、邮政管理部门和交通运输部门应当按照各自职责做好烟花爆竹安全管理工作。

乡、镇人民政府和街道办事处应当加强对本行政区域内烟花爆竹经营的安全监督检查，协助上级人民政府有关部门依法履行烟花爆竹安全生产监督管理职责。

第四条　市、县（市、区）人民政府应当定期组织公安、安全生产监督管理、质量监督检验、工商行政管理、邮政管理和交通运输等部门开展烟花爆竹安全监督检查，对烟花爆竹安全隐患进行排查处理，打击非法经营、储存、运输烟花爆竹的行为。烟花爆竹相关行业协会应当积极配合有关部门开展烟花爆竹安全监督检查。

第五条　烟花爆竹经营、运输和举办大型焰火燃放活动依法实行许可证制度。

未经许可，任何单位和个人不得经营、运输烟花爆竹和举办大型焰火燃放活动。

第六条 安全生产监督管理部门应当建立烟花爆竹经营企业档案，公安部门应当建立烟花爆竹运输企业、运输车辆档案。

第七条 安全生产监督管理部门应当建立烟花爆竹采购、储存、运输、经营的流向信息管理和烟花爆竹安全管理信息共享制度。

第八条 烟花爆竹经营、运输、燃放的行政许可、行政处罚等有关重要信息，纳入本市公共信用信息服务平台。

第九条 烟花爆竹经营、储存、运输企业和大型焰火燃放活动主办单位的主要负责人，对本单位的烟花爆竹安全工作负责。

烟花爆竹经营、储存、运输企业和大型焰火燃放活动主办单位应当建立健全安全责任制，制定各项安全管理制度和操作规程，并对从业人员定期进行安全教育、法制教育和岗位技术培训。

第十条 烟花爆竹相关行业协会应当加强行业自律管理，组织制定并公布行业自律管理制度，加强行业公共安全的自身监督检查。引导烟花爆竹经营者依法经营，宣传燃放烟花爆竹相关规定和安全知识，开展烟花爆竹安全教育培训。

第十一条 市、县（市、区）公安、安全生产监督管理部门应当向社会公布举报电话、电子邮箱等，方便公众举报。

鼓励单位和个人通过举报电话、电子邮箱等途径，举报非法生产、经营、储存、运输、燃放烟花爆竹等违法行为。

对查证属实的，有关行政管理部门应当按照规定对举报人给予奖励，对举报人的个人信息应当保密。对于打击报复举报人的行为，公安机关应当依法处理。

第十二条 市、县（市、区）人民政府及其有关部门应当运用广播、电视、报刊、互联网等媒体开展烟花爆竹安全管理等法律法规的宣传。

教育主管部门应当组织学校加强对学生有关烟花爆竹的法律法规和燃放常识的教育。

社区居民委员会、村民委员会、业主委员会、物业服务企业应当加强对群众进行有关烟花爆竹安全管理、安全燃放知识的宣传。

第十三条 市安全生产监督管理部门负责全市烟花爆竹批发点的布点规划，县（市、区）安全生产监督管理部门负责本行政区烟花爆竹零售点的布点规划，规划布点应当遵循保障安全、统一规划、合理布局、总量控制、适度竞争的原则。

烟花爆竹禁放区内不得许可经营烟花爆竹。

第十四条 从事烟花爆竹批发的企业，应当具备下列条件，并向市安全生产监督管理部门提出申请，依法取得相应的经营许可证，在许可经营范围、有效期和经营场所内经营：

（一）具有企业法人资格；

（二）符合本市的批发经营布点规划；

（三）具有与其经营规模和产品相适应的仓储设施，仓库的内外部安全距离、库房布局、建筑结构、疏散通道以及消防、防爆、防雷、防静电等安全设施和电气设施等，符合《烟花爆竹工程设计安全规范》等国家标准和行业标准的规定；

（四）有保管员、仓库守护员；

（五）依法进行了安全评价；

（六）有事故应急救援预案、应急救援组织和人员，并配备必要的应急救援器材、设备。

第十五条 烟花爆竹零售点应当符合下列条件，并向县（市）安全生产监督管理部门提出申请，依法取得相应的经营许可证，在许可经营范围、有效期和经营场所内经营：

（一）符合零售经营布点规划；

（二）符合专店或者专柜销售标准，配备消防器材，张贴明显的安全警示标志；

（三）零售场所的面积应当不小于 10 平方米，与周边烟花爆竹零售点直线距离不小于 50 米，应当与学校、幼儿园、医院、加油站、加气站等重点建筑物直线距离不小于 100 米。

禁止将烟花爆竹零售点与居住场所设置在同一建筑物内。

第十六条 从事烟花爆竹批发的企业，应当向生产烟花爆竹的企业采购烟花爆竹，向从事烟花爆竹零售的经营者供应烟花爆竹。从事烟花爆竹零售的经营者应当向从事烟花爆竹批发的企业采购烟花爆竹。

从事烟花爆竹批发的企业、烟花爆竹零售的经营者不得采购和销售非法生产、经营的烟花爆竹。

从事烟花爆竹批发的企业，不得向从事烟花爆竹零售的经营者供应按照国家标准规定应当由专业人员燃放的烟花爆竹。从事烟花爆竹零售的经营者，不得销售按照国家标准规定应当由专业人员燃放的烟花爆竹。

第十七条　市、县（市）公安部门应当科学、合理规划本行政区域的烟花爆竹道路运输路线，保证烟花爆竹道路运输安全。

经由道路运输烟花爆竹的，托运人应当向运达地市和县（市）公安部门提出申请，依法取得烟花爆竹道路运输许可证，并提交下列有关材料：

（一）承运人从事危险货物运输的资质证明；

（二）驾驶员、押运员从事危险货物运输的资格证明；

（三）危险货物运输车辆的道路运输证明；

（四）托运人从事烟花爆竹生产、经营的资质证明；

（五）烟花爆竹的购销合同及运输烟花爆竹的种类、规格、数量；

（六）烟花爆竹的产品质量和包装合格证明；

（七）运输车辆牌号、运输时间、起始地点、行驶路线、经停地点。

第十八条　禁止在下列地点燃放烟花爆竹：

（一）国家机关办公场所、军事管理区周边、人员密集场所等以及国家有关法律法规禁止燃放烟花爆竹的地点；

（二）浈江区由五里亭桥、323 国道、韶赣铁路、京广铁路、生态路、北江桥东头转盘、韶南大道、金沙北路、北江河道、武江河道、五里亭桥所围成的区域，莲花山景区；

（三）武江区由芙蓉山北麓、建设南路、323 国道、惠民北路、五里亭大桥、武江北路、武江南路、沿江路、韶乐广场、芙蓉山东麓所围成的区域，芙蓉山景区；

（四）曲江区由鞍山路、马坝大道、环山北路、建设北路、府前中路所围成的区域；

（五）市、县（市）人民政府划定的其他禁止燃放烟花爆竹地点。

市、县（市）人民政府在划定和调整禁止燃放烟花爆竹地点时，应当科学论证，广泛征求群众意见，并向社会公布。

第十九条　举办大型焰火燃放活动的主办单位，应当按照燃放级别依法向市和县（市）公安部门提出申请，取得《焰火燃放许可证》。

第二十条 燃放烟花爆竹应当遵守下列要求：

（一）不得向行人、车辆、建（构）筑物、在建工地、河道、人员密集场所、地下管网等投掷烟花爆竹；

（二）不得妨碍行人、影响道路交通安全；

（三）不得向烟花爆竹零售点、易燃易爆物品投放烟花爆竹；

（四）不得在居民住宅楼楼道、走廊、阳台、窗台、楼顶燃放或者向外抛掷烟花爆竹；

（五）不得采用其他危害公共安全和人身、财产安全的方式燃放。

第二十一条 行政管理部门及其工作人员违反本条例，有下列情形之一的，依法给予处分；构成犯罪的，依法追究刑事责任：

（一）对不符合法定条件的烟花爆竹经营、运输、燃放申请予以许可的；

（二）对违法生产、经营、储存、运输、燃放烟花爆竹的行为不依法查处的；

（三）对举报人的举报不受理、不及时调查处理的；

（四）未依法履行职责的其他情形。

第二十二条 违反第十六条第一款规定的，由安全生产监督管理部门责令停止违法行为，没收非法经营的物品及违法所得；情节严重的，吊销烟花爆竹经营许可证。并按照下列规定处以罚款：

（一）没有违法所得或者违法所得一万元以下的，处二万元的罚款；

（二）违法所得一万元以上五万元以下的，处违法所得的两倍罚款，最高处以十万元罚款。

第二十三条 违反第十六条第二款、第三款规定的，由安全生产监督管理部门责令停止违法行为，处一千元以上五千元以下的罚款，并没收非法经营的物品及违法所得；情节严重的，吊销烟花爆竹经营许可证。

第二十四条 违反第十七条第二款规定，未经许可经由道路运输烟花爆竹的，由公安部门责令停止非法运输活动，没收非法运输的物品及违法所得，并按照下列规定处以罚款：

（一）按照烟花爆竹市场价值计算不满一万元的，处一万元罚款；

（二）按照烟花爆竹市场价值计算每增加一万元以下，处增加一万元罚款，最高处以五万元罚款。

第二十五条　违反第十九条规定的，由公安部门责令停止燃放，按照下列规定处以罚款：

（一）燃放Ⅴ级大型焰火燃放活动的处以一万元罚款；

（二）燃放Ⅳ、Ⅲ、Ⅱ、Ⅰ级大型焰火燃放活动的，从二万元起依级增加一万元罚款，最高处以五万元罚款。

第二十六条　违反第十八条第一款情形之一或者第二十条规定的，由公安部门责令停止燃放，处一百元以上五百元以下的罚款；构成违反治安管理行为的，依法给予治安管理处罚。

第二十七条　本条例自 2017 年 1 月 1 日起施行。

下　篇

《韶关市烟花爆竹燃放安全管理条例》立法文本导读与释义

第一章　立法目的、依据及适用范围

第一条　为了加强烟花爆竹安全管理，改善环境质量，保障公共安全和人身、财产安全，根据国务院《烟花爆竹安全管理条例》，结合本市实际，制定本条例。

【导读与释义】

本条是关于《韶关市烟花爆竹燃放安全管理条例》（以下简称《管理条例》）立法目的和依据的规定。

一、本条在《管理条例》中的地位及其意义导读

（一）本条属于《管理条例》的“立法目的条款”

立法目的条款作为一种法条形式，有其明显的外观标志，具有特定的句式。其典型的表达形式是：“为了（为）A，B，C 根据 X，制定本法”，或者“为了（为）A，B，C，制定本法”。“为”与“为了”在汉语中都是表示“目的”的介词，两者之间往往可以互相替代使用。在表示目的关系时，用“为了”或“为”的短句表示目的，其后与之相连接的另一个短句，则表示为了达到目的所采取的行动或措施。在法律文本中，“为”或“为了”是立法目的条款的标识语，与其连接的其后部分是立法目的内容，而“制定本法”则是立法目的条款的结束语。经过多年的实践探索与经验总结，我国现行的绝大部分法律文本都采用了上述立法目的条款的构造样式。可见，立法目的条款，系在法律文本的第 1 条，开宗明义，以“为了”或“为”做标识语，用规范化的语句，专门用来表述整个法律文本之目的的特定法条形式。[1]《管理条例》第 1 条规定的形式完全符合“立法目的条款”的概念和特征，因此，该条属于本法规“立法目的条款”，阐明该法规的立法目的。

---

〔1〕 刘风景：“立法目的条款之法理基础及表述技术”，载《法商研究》2013 年第 3 期。

立法目的，即法律的目的[1]，是指法律要达到的境地和要得到的结果，[2]是立法者希望通过制定法律所要达到的结果，指引着立法行为的方向，是立法者决定制定或变动某个法律文本所希望达到的特定目标。通常在提出法律案、起草法律草案时，就应当大致设定出来。"法律通过向期望的新方向引导行为，实现社会转变的目标。立法起草者为了努力确保变革性法律的有效实施，就必须使编写的法律语句能够命令、禁止或者授权主要调整对象和执法部门官员按法律规定行事。"[3]《管理条例》将"加强烟花爆竹安全管理，改善环境质量，保障公共安全和人身、财产安全"作为立法目的，意旨本地方性法规所要达到的境地和所要得到的结果。这也是地方立法者（韶关市人民代表大会常务委员会）试图通过设立其期望的新方向，对韶关境内有关烟花爆竹行为加以引导，命令、禁止或者授权《管理条例》主要调整对象和有关执法部门工作人员按法律规定行事，以有效实现韶关地区社会转变的目标。

（二）本条是《管理条例》不可或缺的条款

立法目的条款是各种法律文本的必备条款，缺之，法律文本则不完整。中国台湾学者罗传贤认为，目的条款为宣示性的概括条款，依现代民主国家立法之趋势，法律中应有立法目的之标示。有立法目的，才能显示出法规之精神所在，并证明其合法性；才能为今后司法解释或者批判法律得失提供标准；才能使执法者不因情势变迁而致行为与立法目的背道而驰，或迷失正确方向；才能使手段配合目的，不因偏重手段而牺牲目的。[4]周旺生先生认为，在法律文本中，立法目的之规定不宜缺少，制定任何法律都有立法目的，一般情况下应当将这种目的转化为法的条文。[5]

---

〔1〕 在法学研究和法律实践中，"立法"一词主要在两个不同的层次上使用。一是指创制法律规范和活动或过程；一是指法律本身。（参见韩忠伟、杨涛、李晓棠编著：《中国立法原理论》，甘肃民族出版社2008年版，第3页。）因此，法律目的和立法目的有同等意义，只不过人们习惯上用"立法目的"来指称各单行法的法律目的。

〔2〕 刘作翔："法律的理想与相关法学概念关系的法理学分析"，载《法律科学》1994年第4期。

〔3〕［美］安·赛德曼等：《立法学：理论与实践》，刘国福等译，中国经济出版社2008年版，第328页。

〔4〕 罗传贤：《立法程序与技术》（第3版），五南图书出版有限公司2002年版，第233页。

〔5〕 周旺生主编：《立法学》（第2版），法律出版社2009年版，第485~486页。

所谓目的，“是指那种通过意识、观念的中介被自觉地意识到了的活动或行为所指向的对象和结果”〔1〕。从这个关于目的的定义中可以看出，目的不是人的感性结果，而是经过了理性思考、选择和决断之后，确定自己的活动或行为的指向，它源于人类理性的结果，具有理性特征。“人类自身具有目的，就是因为他自身中具有‘神圣’的东西——那便是我们从开始就称作‘理性’的东西。”〔2〕目的作为人类实践活动的直接动因，是实践活动所要创造的未来事物在观念上预先建立起来的主观形象。〔3〕“目的是全部法律的创造者，每条法律规则的产生都源自一种目的。”〔4〕

“加强烟花爆竹安全管理，改善环境质量，保障公共安全和人身、财产安全”这一立法目的，正是韶关市《管理条例》立法者对近几年来韶关地区有关烟花爆竹安全情况的认知之后的深切感悟，即必须通过地方性立法来实现“烟花爆竹安全管理、环境质量的改善、公共安全和人身财产安全的维护”这一重大的社会管理目标。这一立法目的的设立为政府职能部门及其工作人员的执法提供了标准，为政府职能部门间相互配合提供了尺度，为烟花爆竹的经营、运输和燃放等行为指明了方向。本条款对《管理条例》其他条款起到了统帅作用，使整个法律条文成为系统的、彼此之间相互联系的有机统一体。如果缺少了该“立法目的条款”的规定，《管理条例》的其他条款也很难在实践中得到有效遵守。例如，《管理条例》第3条就“政府及其职能部门依法履行烟花爆竹监督管理职责”作了如下规定：安全生产监督管理部门负责烟花爆竹经营的安全生产监督管理；公安部门负责烟花爆竹的运输、燃放安全管理；质量监督检验部门、工商行政管理部门、邮政管理部门和交通运输部门应当按照各自职责做好烟花爆竹安全管理工作；乡、镇人民政府和街道办事处应当加强对本行政区域内烟花爆竹经营的安全监督检查，协助上级人民政府有关部门依法履行烟花爆竹安全生产监督管理职责。何谓“安全生产监督管理或检查”？如何解释和评判政府职能部门的管理、监督职责的履行程度？如何评判政府职能部门间相互配合和相互协调行为？用什么标准来约束

〔1〕夏甄陶：《关于目的的哲学》，上海人民出版社1982年版，第227页。

〔2〕［德］黑格尔：《历史哲学》，王造时译，生活·读书·新知三联书店1957年版，第73页。

〔3〕张智辉：《刑法理性论》，北京大学出版社2006年版，第36页。

〔4〕［美］E. 博登海默：《法理学：法律哲学与法律方法》，邓正来译，中国政法大学出版社2004年版，第109页。

和限制企业或自然人经营、运输及燃放烟花爆竹行为？离开“加强烟花爆竹安全管理，改善环境质量，保障公共安全和人身、财产安全”这一立法总体目标，这些问题在实践中很难得到圆满的解决，只会出现“公说公理，婆说婆理”的相互扯皮的乱象，《管理条例》将因缺乏可操作性而变成一纸空文。

（三）本条为《管理条例》提供了总的方向性指引

立法者必须首先明确立法的目的，才能进行具体的立法活动。否则无的放矢，立法就会是多余的或者失去准星而杂乱无章。[1]就一部单行法来说，第1条“目的”条款所展示的是这部法律总体立法目的，其实现需要这部法律各条款所追求的目的合理、客观，并与之协调，且能够得以践行。否则，即使总体立法目的做到了主客观一致，比较符合相应社会关系发展规律，但如果各条款的法律目的与总体立法目的不协调，将导致各条款间连接方向偏离总体立法目的，最终也会促使该总体立法目的成为空洞无物的主观设想，很难成为现实。这也许就是国家立法和地方立法要符合社会实践、遵循经济社会发展规律的法哲学基础吧。

作为立法目的条款，本条为《管理条例》提供了总的方向和指针。从某种角度来看，法律具有原则性，[2]不可能事无巨细地将所有事项都纳入一个单行法律文本之中，要对相关事项进行科学、合理的选择。《管理条例》第1条“立法目的条款”，为这种选择指明了方向。既然是围绕立法目的条款对其他条文进行选择，那么该单行法规其他所有条款所体现的法律目的就自然与第1条所规定的立法目的相协调，并为之服务。立法条款的适用不是体现在该条款的本身，而是体现在其他表现立法目的条款的法律条文。《管理条例》总共有27项条款，纵观其他26项条款内容，它们都是围绕第1条“立法目的条款”进行展开，并做出相应的具体规定。

（四）本条是《管理条例》的灵魂

法律目的是法律的灵魂，“法要解决什么问题，要达到什么目的，要非常明确，这是法的灵魂”。[3]“烟花爆竹安全管理，环境质量，公共安全的保障，以及人身、财产安全的保护”是《管理条例》所要解决的问题及所要达

---

〔1〕郭道晖：《法的时代呼唤》，中国法制出版社1998年版，第317页。

〔2〕杜国胜：《司法口才理论与实务》，中国政法大学出版社2015年版，第3页。

〔3〕柳随年：《我在人大十年》，中国民主法制出版社2003年版，第31页。

到的总体目标，也是《管理条例》法理根据及灵魂所在。没有明确的立法目的，法律制度的设计就会无的放矢，就会因失去准星而杂乱无章。[1]如果缺少第1条对立法目的的明确规定，《管理条例》其他26项条文将因失去法律文本的"统帅"而变得凌乱、堆砌，缺乏系统性。

"目的之于法律，犹如理性之于法律，是法律的灵魂，是法律活动的主宰。"[2]美国著名法学家罗斯科·庞德认为，法律目的在法律研究和实践中头等重要。"长期以来，人们一直认为，有关法律目的——亦即有关社会控制的目的以及为作为社会控制之一种形式的法律秩序的目的——以及从这种法律目的来看法律律令应当是什么的哲学观、政治观、经济观和伦理观，乃是法官、法学家和法律制定者工作中的一个具有头等重要意义的要素。"[3]近代德国法学家、"目的法学"代表人物鲁道夫·冯·耶林在其《法律：实现目的的手段》一书中对法律目的曾作过经典阐述。他在这本书的序言中写道："本书的基本观点是，目的是全部法律的创造者，每条法律规则的产生都源于一种目的，即一种事实上的动机。"[4]耶林在批判历史法学派关于法律只是非意图的、无意识的、纯粹的历史力量的产物的观点时指出，法律制度中虽然有一部分是根植于历史的，但法律在很大程度上是国家为了有意识地达到某个特定目的而制定的。[5]

近年来，非法经营和运输烟花爆竹的存在给社会造成了极大的安全隐患；全国各地因非法运输和经营烟花爆竹造成的安全事故时有发生；由于韶关毗邻湖南，临近的郴州有较多烟花爆竹生产厂家，且主要是面向韶关及周边地区销售，非法运输烟花爆竹的较多，给韶关的交通安全带来了较大的安全隐患；由烟花爆竹引发的火灾和伤人事故频频发生，严重危及人民群众的生命和财产安全；同时燃放烟花爆竹产生的高分贝噪声和大量的垃圾，也严重影响了市民正常休息和市容环境。为了加强韶关市烟花爆竹安全管理，规范烟花爆竹经营秩序，保障人民群众生命财产安全，需要通过地方立法进一步加

---

〔1〕 郜风涛：《文津法札》，中国法制出版社2011年版，第119页。

〔2〕 张智辉：《刑法理性论》，北京大学出版社2006年版，第37页。

〔3〕 [美] 罗斯科·庞德：《法理学》（第1卷），邓正来译，中国政法大学出版2004年版，第368页。

〔4〕 See *Rudolph von Jhering*, *Law, as a Means to an End*, New York, 1924, p. 4.

〔5〕 [美] E. 博登海默：《法理学：法律哲学与法律方法》，邓正来译，中国政法大学出版社2004年版，第109页。

强烟花爆竹安全生产监督管理，规范韶关市经营、运输和燃放烟花爆竹等行为，确保韶关地区社会公共安全。《管理条例》立法目的正是适应了当前韶关社会各界对烟花爆竹进行安全管理的需要而诞生的，既不太概括，也不太遥远〔1〕，韶关市政府及韶关市民众完全有能力实现这一立法目的。《管理条例》正是在这种背景下呼之欲出，这就是该条例立法目的的法理基础。既然《管理条例》适应了韶关经济社会发展情势，为完成某一特殊使命而出台，那么其立法目的自然就成了该条例的灵魂之所在。《管理条例》的制定和实施，必须为实现其立法目的服务，否则将因失去法律的灵魂而丧失存在的社会根基。这也是第1条中"结合本市实际，制定本条例"的规定法哲学基础。

综上所述，法律目的是立法者所要追求的目标或结果，统领着全部法律条文，为它们指明道路的方向，使全部法律条文成为有机统一整体，是法律的灵魂所在。是故，理性、客观、符合社会发展规律的法律目的，是立法问题的关键。正如20世纪初美国社会法学派大法官本杰明·N. 卡多佐所宣称的那样："主要问题不是问题的起源，而是法律的目标。如果根本不了解道路会通向何方，我们就不可能明智地选择路径。"〔2〕然而，这种"道路的方向"是源于立法者理性的选择，而"理性"又是外部世界作用的结果。"外部世界对人的影响表现在人的头脑中，反映在人的头脑中，成为感觉、思想、动机、意志，总之，成为'理性的意图'，并且以这种形态变成'理性的力量'。"〔3〕立法目的条款是一部法律的指导思想，一般被置于该部法律的首部，将该部法律所有法律条款凝聚在一起，不仅必须设立，而且还要明确、具体、可行。"立法的指导思想，包括立法的宗旨、目的，是一部法律的灵魂。指导思想不明确，即使具体条款考虑得很细致很全面，也不能取得应有的效果。明确和坚持正确指导思想非常重要，是制定法律首先要解决的问题。"〔4〕《管理条

〔1〕"太概括的观念与太遥远的目标，都同样是超乎人们的能力之外的；每一个个人所喜欢的政府计划，不外是与他自己的个别利益有关的计划，他们很难认识到自己可以从良好的法律要求他们所做的不断牺牲之中得到怎样的好处。"（［法］卢梭：《社会契约论》，何兆武译，商务印书馆2008年版，第57页。）

〔2〕［美］本杰明·N. 卡多佐：《司法过程的性质》，苏力译，商务印书馆1998年版，第37~38页。

〔3〕［德］恩格斯：《路德维希·费尔巴哈和德国古典哲学的终结》，中共中央马恩列斯著作编译局译，人民出版社1997年版，第150页。

〔4〕姜春云：《姜春云调研文集：民主与法制建设卷》，中央文献出版社2010年版，第28页。

例》第1条规定，既有法学理论作支撑，也符合韶关地区经济社会发展实际，其地位不可小觑，关涉到其所规定的内容科学性和合理性，关涉到其在社会实践中的有效实施。

（五）本条充分体现了《管理条例》地方立法权源

1982年12月4日第五届全国人民代表大会第五次会议通过的，由全国人民代表大会公告公布施行的《中华人民共和国宪法》第100条规定："省、直辖市的人民代表大会和它们的常务委员会，在不同宪法、法律、行政法规相抵触的前提下，可以制定地方性法规，报全国人民代表大会常务委员会备案。"2000年3月15日第九届全国人民代表大会第三次会议通过的《中华人民共和国立法法》第63条（2015年《立法法》修正案第72条——笔者注）规定："省、自治区、直辖市的人民代表大会及其常务委员会根据本行政区域的具体情况和实际需要，在不同宪法、法律、行政法规相抵触的前提下，可以制定地方性法规。"[1]2015年3月15日第十二届全国人民代表大会第三次会议修正的《中华人民共和国立法法》（以下简称《立法法》）第72条第2款规定："设区的市的人民代表大会及其常务委员会根据本市的具体情况和实际需要，在不同宪法、法律、行政法规和本省、自治区的地方性法规相抵触的前提下，可以对城乡建设与管理、环境保护、历史文化保护等方面的事项制定地方性法规，法律对设区的市制定地方性法规的事项另有规定的，从其规定。设区的市的地方性法规须报省、自治区的人民代表大会常务委员会批准后施行。省、自治区的人民代表大会常务委员会对报请批准的地方性法规，应当对其合法性进行审查，同宪法、法律、行政法规和本省、自治区的地方性法规不抵触的，应当在四个月内予以批准。"第73条规定："地方性法规可以就下列事项作出规定：（一）为执行法律、行政法规的规定，需要根据本行政区域的实际情况作具体规定的事项；（二）属于地方性事务需要制定地方性法规的事项。除本法第八条规定的事项外，其他事项国家尚未制定法律或者行政法规的，省、自治区、直辖市和设区的市、自治州根据本地方的具体情况和实际需要，可以先制定地方性法规。在国家制定的法律或者行政法规生效后，地方性法规同法律或者行政法规相抵触的规定无效，制定机关应当及时予以修改或者废止。设区的市、自治州根据本条第一款、第二款制定地方

---

〔1〕 杨临宏：《立法法原理与制度》，云南大学出版社2011年版，第98页。

性法规，限于本法第七十二条第二款规定的事项。”

新修订后的《立法法》赋予了设区市地方立法权。作为设区市，韶关市于2015年5月28日被赋予了地方立法权。所谓地方立法，是指有立法权的地方国家机关，按照宪法和法律的规定或者授权，根据本地区的政治、经济、文化生活的特点，制定、修改、废止地方性法规和地方规章的活动。这一活动，使地方立法主体在本区域的管辖范围内能够创制出规范性的法律文本。[1]由此可见，韶关市地方立法权源主要来自以下两个方面：

1. 法律上授权

在《立法法》于2015年修订前，设区市地方立法机关不享有地方立法权，立法权仅归属于省级地方立法机关及地方人民政府。2015年新修订的《立法法》新增设区市地方立法权条款，为韶关市地方立法机关取得地方立法权提供了法律上依据。从《立法法》关于设区市地方立法权规定的内容来看，韶关市地方立法机关的立法权法定性主要体现在以下几个方面：（1）不得同宪法、法律、行政法规和本省、自治区的地方性法规相抵触；（2）仅局限于“城乡建设与管理、环境保护、历史文化保护”三个具体领域，其他领域由于没有法律上依据而不享有地方立法权；（3）为执行法律、行政法规的规定，需要根据本行政区域的实际情况作具体规定的事项；（4）属于地方性事务，需要制定地方性法规的事项；（5）除《立法法》第8条规定的事项外，其他事项国家尚未制定法律或者行政法规的，设区的市、自治州根据本地方的具体情况和实际需要，可以先制定地方性法规。

《管理条例》是为了执行国务院2006年颁布实施的《烟花爆竹安全管理条例》而制定的地方性法规，符合《立法法》第73条第1款关于“实施性地方立法权”[2]的规定。地方立法机关应当准确把握需要具体规定的事项，对其作出具体的规定时，做到具有较强的可操作性。[3]韶关市地方立法机关在依据法律行使“实施性地方立法权”时，根据本行政区域的实际情况，在确实需要作出具体规定的情况下作出具体规定，以确保国务院《烟花爆竹安全管理条例》在韶关地区范围内具体实施。

---

〔1〕 汤唯等：《地方立法的民主化与科学化构想》，北京大学出版社2006年版，第1页。

〔2〕 阎锐：《地方立法参与主体研究》，上海人民出版社2014年版，第26页。

〔3〕 王义明主编：《地方立法实践与探索》，云南人民出版社2008年版，第10~11页。

烟花爆竹经营关涉韶关市经济资源的投资与消费走向，涉及经济学中有限资源效用最大化问题，最终将会对韶关城乡经济建设产生实质性影响；烟花爆竹的运输涉及道路交通安全管理，关乎韶关市人民人身和财产安全，显然属于韶关市城乡管理范畴；烟花爆竹燃放之后产生的固体垃圾、噪音、废气等污染物质，直接关涉韶关市城乡卫生环境的保护，其燃放过程还涉及人身和财产安全，又可归属于韶关市城乡社会秩序管理范畴。是故，《管理条例》所规定的事项属于《立法法》第72条关于设区市立法权限具体范围的限制性规定，符合宪法和法律对地方立法关于“立法权限法定性”的要求，具有形式上合法性。

2. 韶关市烟花爆竹安全管理实际需要

“设区的市的人民代表大会及其常务委员会根据本市的具体情况和实际需要”是《立法法》第72条第2款前提性规定。也就是说，尽管《立法法》明文规定了设区市地方立法权限，但是设区市地方立法机关并不能因之任意启动其地方立法权，必须根据设区市的具体情况和实际需要加以行使。《立法法》第73条规定的“实施性地方立法权”“自主性地方立法权”及“先行性地方立法权”[1]等三种设区市地方立法权无一例外。烟花爆竹安全管理社会关系虽然有适用于全国范围的国务院制定的《烟花爆竹安全管理条例》行政法规加以调整，然而，韶关地区有着不同于其他地区的自身特点。

至2015年末，韶关市全市户籍人口330.21万人，其中城镇人口149.02万人。常住人口293.15万人，韶关市区常住人口接近100万人。韶关市是广东省少数民族主要聚居地区之一，世居少数民族为瑶族和畲族，少数民族总人口约5.5万人，占全市总人口的1.7%。其中瑶族3.2万人，畲族1.1万人，主要分布在乳源瑶族自治县、始兴县、南雄市、曲江区、翁源县、仁化县、乐昌市、武江区等8个县（市、区）的51个乡镇、130个行政村、376个自然村。辖有一个自治县即乳源瑶族自治县，一个民族乡即始兴县深渡水瑶族乡。

韶关地形以山地丘陵为主，河谷盆地分布其中，平原、台地面积约占20%。地势北高南低，海拔1902米的石坑崆为广东第一高峰。河流主要属珠江水系北江流域，北江以浈江为干流，主要支流有武江、墨江、锦江、翁江、

〔1〕 阎锐：《地方立法参与主体研究》，上海人民出版社2014年版，第26页。

南水。属中亚热带湿润型季风气候区，年平均温度为21℃，年平均降雨量为1700毫米，全年无霜冻期为310天左右，冬季北部有雪。韶关是全国重点林区，广东用材林、水源林和重点毛竹基地，被誉为华南生物基因库和珠江三角洲的生态屏障；林业用地面积142万公顷，活立木总蓄积量8475万立方米，森林覆盖率75%。韶关是“中国有色金属之乡”，有“中国锌都”称号，全市已探明储量的矿产有煤炭、铅、锌、铜等55种，其中铅、银和锌等矿产储量居全国首列，保有储量位居全省第一的有23种。[1]

上述资料显示，韶关市地处粤北山区，地域宽广，土地面积位于广东省第二位，而森林覆盖率却高达75%。以山地丘陵为主的韶关地形地貌，河谷盆地分布其中，水资源充沛，中亚热带湿润型季风气候，全年中310天无霜冻，年平均气温较高。韶关地区大小村落众多，分布较广，又是广东省少数民族主要聚居地区之一，市区人口较为密集，常住人口接近100万人。此外，韶关市矿产和生态资源比较丰富、齐全，且多数储量较大，分度较广。拥有世界级、国家级景区17处，居广东省首位。品牌众多，如具有“世界地质公园”之称的丹霞山。佛教禅宗六祖慧能弘扬“南禅宗法”的发祥地南华寺、天然的南岭国家森林公园、千年圣水之曹溪温泉、美丽的大峡谷、惊险刺激的九泷十八滩、南雄市珠玑巷、梅关古道、曲江马坝人遗址、始兴县的车八岭自然保护区。韶关地区这些独特人文地貌构成了其不同于其他地区的独特的具体情况，需要符合韶关地区经济社会发展实践的烟花爆竹安全管理法规出台。《管理条例》正是在这种背景下，为了适应韶关市具体情况和实际需要应运而生的。如果说《立法法》为韶关市地方立法机关立法权提供了法律上权源，那么韶关市具体情况和实际需要则为其提供了实质性权源。

二、本条关于立法目的规定的具体内容释义

（一）加强烟花爆竹安全管理

随着经济的飞速发展，烟花爆竹的生产规模在不断扩大的同时，烟花爆竹所引起的各种事故也在频繁发生。这些事故造成了大量的人员伤亡、巨额的经济损失和严重的环境污染问题。截至2015年9月，我国拥有合法资质的

〔1〕 资料来源：韶关市人民政府门户网：http://www.sg.gov.cn/website/newportal/portalSiteAction.action，2016年12月1日访问。

烟花爆竹生产企业3153家，分布于15个省（区、市）、86个设区的市以及288个县级地区。庞大的烟花爆竹市场与生产规模背后隐藏着诸多的隐患，各地非法生产、运输、经营和销售的现象不同程度存在，安全和环境保护问题层出不穷，事故频繁发生，已引起了社会各界的广泛关注。[1]

烟花爆竹所带来的安全隐患，既可能发生在生产过程中，也可能发生在运输、经营和销售等各个环节。烟花爆竹的生产、运输、经营和销售等活动，主要由市场主要主体企业来完成，而市场经济中企业的性质决定了企业的目标是以最小的投入获取最大的收益，即利润最大化。[2]企业以利润最大化为宗旨，如果不对其私权行为施以公权力加以管控，将直接影响到市场经济秩序的有效建立，烟花爆竹行业亦是如此。纵观历年的烟花爆竹安全事故，既有企业的责任，也有管理者的责任。为有效地避免烟花爆竹所带来的危害，烟花爆竹行业需要自律，政府及其职能部门也要承担起相应的安全管理责任。在精神文明不甚高度发达的今天，由于企业自身的赢利性，政府及其职能部门责任更为重大。因此，“加强烟花爆竹安全管理”理所当然地成了《管理条例》的首要立法目的。

（二）改善环境质量

经过近两千年的发展和变迁，烟花爆竹历经了“烧竹期”“硝磺期”及“烟火期”[3]三个时期，其内部组成元素已经发生了根本性变化。其内部成分主要由化学物质构成，如硝酸盐类、氯酸盐类等氧化剂；硫黄、木炭、镁粉和赤磷等可燃物质；钡盐、锶盐、钠盐和铜盐等火焰着色物；苦味酸钾、聚氯乙烯树脂、六氯乙烷等其他化学物质。这些化学物质在引发后的高温、高压条件下，会发生一系列化学反应，释放出大量的一氧化碳、二氧化硫、氮氧化物等各种金属、非金属氧化物，并产生大量的烟尘颗粒。[4]大量的烟尘颗粒，会导致PM2.5的值迅速飙升，严重影响空气质量和人们的身体健康。PM2.5具有明显的消光作用，是导致大气能见度下降最为主要的因子。高浓度的PM2.5不仅会直接导致大气能见度下降，增加呼吸系统疾病的发病率，

---

〔1〕 刘婵、廖婵娟、苏龙：“2010~2015年我国烟花爆竹事故统计及防控对策”，载《火灾科学》2016年第3期。

〔2〕 赵春荣编著：《经济学》，中国经济出版社2010年版，第77页。

〔3〕 翟琨主编：《烟花爆竹安全》，哈尔滨地图出版社2007年版，第1~2页。

〔4〕 韩向东等：“燃放烟花爆竹对环境空气的影响”，载《黑龙江环境通报》2007年第4期。

而且也是大气化学反应的良好载体。[1]

烟花爆竹的燃放或爆炸，不仅使其周围空气中 PM2.5 浓度短时间迅速升高、能见度迅速降低，而且会释放出大量的一氧化碳、二氧化硫和氮氧化物等有害气体，并且伴有“噼里啪啦”震耳的噪音。与此同时，烟花爆竹生产过程中使用了大量的化工原材料，其在燃放或爆炸时会产生许多鞭炮碎屑，且在燃放之后将产生大量的固体废弃物。这些烟花爆竹垃圾通常含有多种金属化合物，如砷、锑、硼、锆、钛等的化合物，以及未完全燃烧的有害物如木炭残渣、金属、玻璃、易碎塑料等残留碎片。这些固体废弃物有的不能降解，会严重影响卫生环境。

烟花爆竹在燃放或爆炸过程中产生的粉尘、有害气体、噪音以及固体废物对环境都会造成一定的负面影响，严重危及环境质量。此外，烟花爆竹在其生产过程中也会对环境造成一定的污染，每年因为制作、包裹烟花而砍伐的树木所造成的森林破坏，以及在制作过程中使用设备消耗的水电资源，都已经成为威胁到人们生产生活和环境可持续发展的严重问题。[2]有鉴于此，“改善环境质量”顺理成章地成了《管理条例》又一大立法目的。

（三）保障公共安全和人身、财产安全

2010 年~2015 年期间，全国共发生烟花爆竹事故 378 起，共造成 794 人死亡；其中较大事故 63 起，死亡 297 人。2010 年国务院安委办通报广西、广东和湖南 3 起烟花爆竹事故，这 3 次事故共造成 20 人死亡，23 人受伤；2013 年 11 月 1 日，广西梧州市岑溪市三堡镇爆竹厂发生烟花爆竹爆炸事故，造成 12 人死亡，直接经济损失达 1041.55 万元；2014 年 9 月 22 日，湖南省醴陵市浦口南阳出口鞭炮烟花厂发生爆炸事故，造成 14 人死亡，33 人受伤，6 栋库房被炸毁。[3]2014 年国务院安委办通报贵州、辽宁、河南接连发生 3 起非法生产烟花爆竹引发的较大爆炸事故，这次事故共造成 20 人死亡、1 人受伤；

[1] See J. G. Watson, “Visibility: Science and Regulation”, *Journal of the Air & Waste Management Association*, 2002, 52 (6): 628~713.

[2] 宋佳琦：“传统与文明的碰撞——烟花爆竹的利与弊”，载《中国环境管理》2011 年第 2 期，第 32 页。

[3] “国家安全监管总局关于湖南省醴陵市浦口南阳出口鞭炮烟花厂‘9·22’重大爆炸事故的通报”，载国家安全生产监督管理总局网站：http://www.chinasafty.gov.cn/newpage/Contents/Channel-4222/2014/0924/240899/content-240899.htm，2014 年 9 月 25 日访问。

2015 年国家安全监管总局发布消息称，2015 年 1 月至 9 月，全国共发生烟花爆竹生产经营事故 24 起、死亡 59 人，同比起数持平，人数增加 7 人、上升 13.5%；2016 年 9 月国务院安委会办公室就江西、湖南接连发生的两起烟花爆竹事故发出警示通报，这两起事故共造成 8 人伤亡，1 人受伤。

除了国务院安委会办公室通报的重大烟花爆竹事故之外，全国范围内还有很多触目惊心的事故。这种由烟花爆竹生产或燃放所造成的人员伤亡事故，每年都在全国各地发生，造成众多人员伤亡和巨大的经济损失，不得不引起社会各界高度重视。

自 21 世纪初韶关市新丰县发生一起地下爆竹加工场爆炸意外以来，韶关市人民政府此后对烟花爆竹行业加强了管理，至今未发生一起因烟花爆竹引起的重大安全事故，但在 2015 年 1 月，韶关市南雄发生了一起用出殡车运载烟花爆竹引发的汽车火灾事故，造成 4 人受伤。虽然重大的安全事故没有发生，但是，近几年来，韶关地区仍然存在一些非法运输、非法经营及假冒伪劣产品等烟花爆竹安全隐患，对韶关市公共安全和人身、财产安全带来了潜在威胁。《管理条例》将“保障公共安全和人身、财产安全”列为其立法目的之一，既是前两种立法目的的出发点，也是最终归属，是韶关市人民的众望所归。

第二条　本市行政区域内烟花爆竹的经营、运输、燃放等活动，适用本条例。

本市行政区城内禁止生产烟花爆竹。

【导读与释义】

本条是关于《管理条例》适用范围的规定。

一、适用的地域范围

韶关位于广东省北部，北界湖南，东邻江西，东南面、南面和西面分别与本省河源、惠州、广州及清远等市接壤。介于北纬 23°53′ ~ 25°31′，东经 112°53′~114°45′之间，东起南雄市界址镇界址村，西至乐昌市三溪镇丫告岭村，全境直线距离东西跨长 186.3 公里；北自乐昌市白石镇三界圩村，南至新丰县马头镇路下村，南北为173.4公里。辖浈江区、武江区、曲江区、仁化县、始兴县、翁源县、新丰县和乳源瑶族自治县，代管乐昌市和南雄市，共9个街道办事处、4个办事处、93个镇、1个民族乡。全市土地面积1.85万平方公里，居广东省第二位，韶关市区面积3468平方公里。[1]

根据本条的规定，《管理条例》规制韶关市行政区1.85万平方公里范围内烟花爆竹的经营、运输及燃放等行为。

二、规制的行为范围

本条列举了韶关地区境内有关烟花爆竹“经营、运输及燃放”三种行为。目前，在国内外市场上，烟花爆竹的产品很多，达一千多个品种，它们都有一个共同的特性，那就是容易燃烧和爆炸。这是因为在各种烟花爆竹产品中，外观形式、规格、花样各不相同，但其结构组成中，都是由氧化剂和可燃剂为主要核心成分制成的烟火药。而所有的烟火药都具有易于燃烧和爆炸的属性。所以烟花爆竹虽是用于增加喜庆节日活动的娱乐用品，但同时又是易燃易爆的危险品。稍有不慎，就可能发生安全事故，轻则财产受到损失，重则发生厂毁人亡，而且还会影响到社会的安定。[2]由于烟花爆竹本身易燃易爆的属性，如果经营行为、运输行为以及燃放行为不当，将会给公共安全、人身和财产安全及环境安全带来严重危害。因此，《管理条例》有必要对这三种有关烟花爆竹行为进行规制。

（一）经营行为

“经营”一词，在我国古代早已有之，但是古代、近代、当代对其含义的理解各有不同。古代将经营两字理解为“经度营造”，即筹划、营谋、开拓、发展的意思。例如，《史记·项羽本纪》讲道：“谓霸王之业，欲以力征经营天下。”杜甫诗《丹青引》中也有“意匠惨淡经营中”的诗句。近代，经营则多指“买卖”“销售”。现代社会，对经营又有了新的理解，认为经营是指商品生产者或经营者为了实现企业目标，以市场为对象、以商品生产或商品交换为手段，使企业的生产或经营活动与企业外部环境达成动态均衡的一系

〔1〕 资料来源：韶关市人民政府门户网：http://www.sg.gov.cn/website/newportal/portalSiteAction.action，2016年12月1日访问。

〔2〕 刘晋英主编：《烟花爆竹基础知识》，兵器工业出版社2007年版，第4页。

列有组织的活动。[1]现代企业经营与管理理论，通常将企业的经营行为和管理行为合并在一起统称为“企业经营管理”。企业经营管理包括了企业的方方面面。一般实现利润的业务活动叫经营，保证利润实现的活动叫管理，这两个方面对企业来说就像两条腿走路的人，缺一不可。[2]

我国烟花爆竹生产主要集中在湖南的浏阳和醴陵，江西的上栗和万载，广西的合浦等地区。[3]2001 年 8 月 1 日，广东省韶关市新丰县发生一起地下爆竹加工场爆炸意外事故（史称“新丰县‘8・01’事故”），引起了韶关市市委市政府高度重视，随即召开了全市安全生产紧急会议，通报了 2001 年全市事故发生情况和整治小煤矿、娱乐场所以及民用爆炸物管理情况，并要求关闭全市所有烟花爆竹和打火机生产企业，包括家庭作坊式的爆竹加工场。自“新丰县‘8・01’事故”之后，韶关市行政区域范围内不再存在合法的烟花爆竹生产和加工行业。因此，烟花爆竹经营在韶关市行政区域范围内不包括烟花爆竹生产加工行为。如果在韶关市行政区域范围内出现非法的烟花爆竹生产加工，应将其归口到“烟花爆竹经营”范畴加以管理和取缔。

根据企业经营管理理论，韶关市行政区域范围内烟花爆竹经营企业或商贩的一系列为实现企业或商贩利润的业务行为，如经营场所选择行为、经营场所构造行为、进货行为、仓储行为、陈列行为、销售行为等其他与烟花爆竹经营相关的行为，均属于烟花爆竹经营行为，都将被纳入韶关市《管理条例》调整范围之内。

（二）运输行为

人类为了维持生活、求得发展，必须不断地改造自然、创造物质资料，这种活动就是生产。在生产过程中，生产工具、劳动产品及人本身必然要发生位置上的移动。在早期人类的活动中，生产和运输是融为一体的，运输是生产不可分割的一部分。随着生产力的发展，社会分工的出现，运输才逐渐地从一般的生产中分化出来成了一个相对独立的行业。从传统意义上说，运输（Transportation）就是人和物的载运和输送。人类社会的基础是劳动，劳动是人和动物的根本区别之一。人们在生产过程中，有意识地使用各种工具设

---

〔1〕　杨晓峰、李春方主编：《经营管理》，中国经济出版社 1989 年版，第 1 页。

〔2〕　企业经营管理实务课程建设团队编：《企业经营管理实务》，西安交通大学出版社 2010 年版，第 4 页。

〔3〕　焦光前：“政府规制与烟花爆竹生产安全”，石河子大学 2009 年硕士学位论文，第 15 页。

备，通过各种办法，使物或人实现位置移动，这种“位移”就叫作运输。[1]也就是说，所谓运输，指的是原料或产品在离开生产领域而尚未进入消费领域之前，在流通过程中形成的一种移动。运输是产品生产的继续，是商品流通的主要途径。[2]烟花爆竹从生产领域向消费领域转移的过程中，一般都要经过运输阶段。运输过程一般包括烟花爆竹的包装、装卸、保管、运送、清洗、消毒等各个环节，每个环节都涉及烟花爆竹运输安全性问题。

纵观各种运输形态及运输过程，运输具有以下几个方面特点：（1）运输是在流通过程中进行的；（2）运输不改变运输对象的性质；（3）要合理利用运输资源；（4）不同运输方式具有关联性；（5）运输为社会提供的效用相同。[3]运输是人类社会生产、经济、生活中一个不可缺少的重要环节。随着社会的发展，人们对交通运输的需求迅速增长，从而逐渐形成了现代的交通运输业。[4]烟花爆竹自在我国诞生以来，从美好传说到民俗文化，从民俗文化到产业经济，发展迅速。至现代，我国已经成了全球烟花爆竹生产、消费和出口大国。[5]面对中国如此兴旺的烟花爆竹行业，烟花爆竹运输自然就成了整个运输系统中重要的组成部分。在如今交通高度发达的中国，铁路、水路、公路和航运构成了中国强大的交通运输网。因此，烟花爆竹运输安全直接关涉交通运输系统的良性运营，关系到其他货物运输安全。

韶关市地处粤北，外接湘赣，内联珠三角，自古是中国南方的交通要冲，素有广东的北大门之称。韶关具有丰富的陆路、水路交通运输资源，京广铁路、武广高铁、赣韶铁路、京港澳高速公路、乐广高速公路和G106国道南北贯穿全市，南韶高速公路、G323国道东西贯穿全市。2015年12月31日，大广高速公路建成通车，韶关市实现了县县通高速公路的目标。浈江、武江、南水、滃江、北江干流、新丰江等各大小支流呈叶脉式密布全市，形成公路、铁路、水路纵横交错的交通网络，丰富的交通运输资源使韶关融入广州一小

〔1〕冯媛媛主编，李晓阳副主编：《运输实务》，对外经济贸易大学出版社2004年版，第1~2页。

〔2〕沈应斋编：《烟花爆竹产、运、销安全知识》，安徽科学技术出版社1988年版，第77页。

〔3〕江少文主编：《运输实务与管理》，上海交通大学出版社2009年版，第3页。

〔4〕鲍香台、何杰主编：《运输组织学》，东南大学出版社2009年版，第1页。

〔5〕付海玲：“烟花爆竹行业法律管理制度探析——以宁夏供销社日杂鞭炮有限公司为例”，宁夏大学2013年硕士学位论文，第2页。

时生活圈。至2015年末，全市公路通车里程16 131公里，公路密度87.7公里/百平方公里。按技术等级分，等级公路15 834公里，其中高速公路491公里、一级公路211公里、二级公路827公里、三级公路1448公里、四级公路12 876公里，等外公路277公里。全市内河航道维护里程386公里（其中等级航道256公里），泊位23个，泊位年通过能力530万吨。全市营运车辆7654辆，其中营运客车1116辆，营运货车6538辆。全市等级道路客运站20个，其中一级客运站1个，二级客运站8个。通镇农村客运班线158条，902个行政村开通农村客运班车。全市出租汽车拥有量为983辆，全市公交车辆494辆，市区公交线路45条。全市营运船舶814艘。港口吞吐量62.3万吨。[1]其具体交通网络如下：

1. 高速公路

2015年12月31日，大广高速公路建成通车，韶关市实现了县县通高速公路目标。“十二五”期间，全市新增高速公路327公里，高速公路通车里程达491公里，有力地支持了城区及沿途各县区积极融入珠三角。2015年，武深、汕昆高速公路韶关段全线开工建设，项目计划2018年建成通车。此外，韶关市翁源至新丰高速公路前期工作正加快推进。

2. 国省道干线公路

“十二五”期间，韶关市完成了“迎国检”项目共计31项，其中国道10项，省道21项。建设里程552公里，完成投资约16亿元。国道G323线、国道G106线、国道G107线出省通道的升级改造，打通了与江西、湖南的出省通道，完善了韶关市与周边市、市区与县（市）主要干道的衔接。市与县、相邻县之间基本实现二级及以上公路连接，出省公路基本达到二级及以上公路标准，提高了交通运输能力。

3. 农村公路

“十二五”期间，完成通自然村公路建设3366公里，完成投资12.2亿元，其中于2014年全面完成通300人以上自然村公路建设；县道大修完成408公里，完成投资3.7亿元；新改建（危桥）90座，完成投资1.33亿元。

---

〔1〕资料来源：韶关市人民政府门户网：http://www.sg.gov.cn/website/newportal/portalSiteAction.action，2016年5月23日访问。

4. 铁路

铁路运营里程462公里，其中武广高铁118公里，赣韶铁路117公里，京广铁路138公里，省地方铁路60公里，各大厂矿专用线42公里。铁路网密度为每百平方公里运营里程2.56公里。目前，韶柳铁路前期工作正在加快推进。

5. 北江航道

浈江、武江在市区汇合形成北江，可直达珠三角，水路运输线日显重要。北江航道韶关辖区内49公里，现为五级航道，可通航300吨级船舶。经韶关市积极争取，省已将北江航道整治纳入《广东省内河航运发展规划》，整治后北江的航道将由五级提升至三级，通航能力达1000吨级。北江航道已于2015年10月全线开工建设，计划2017年底建成。

6. 韶关机场

韶关作为"泛珠三角经济圈"南北轴线上的重要节点城市，且是广东省旅游资源最丰富、最集中、品位最高的地区，被誉为"集华南景观之大成"。韶关机场是构筑集公、铁、水、空为一体的立体化交通枢纽的重要一环。2013年，韶关机场项目已列入全国民用机场布局规划和广东省"十二五"规划重点建设项目计划。目前，韶关机场各项工作正在加紧推进。

7. 客货枢纽站场

韶关作为国家公路运输枢纽之一，客、货运枢纽的建设顺应现代物流的发展，根据《韶关市综合交通运输体系发展规划》，到规划末期，全市将构建以综合客运枢纽为核心，以铁路客运站、国家公路运输枢纽、县域重点客运站为基础，以乡镇客运站为补充的覆盖全市域的层次分明、级配合理、有效衔接、功能完善、运转高效的客运枢纽，同时依托国家公路运输枢纽、铁路货运站、港口等运输方式节点，构建以综合货运枢纽为核心的物流节点体系，实现社会物流资源的充分整合，从而构筑功能完善、运营高效、服务优质的物流基础设施系统。韶关市将本着"一次统筹规划，分期建设实施"的原则，按需求、按条件、按计划、按步骤组织实施。目前，武广客运专线韶关综合客运枢纽正加快推进建设，计划2017年建成。[1]

---

〔1〕 资料来源：韶关市人民政府门户网：http://www.sg.gov.cn/website/newportal/portalSiteAction.action，2016年5月23日访问。

作为南北交通走向的“黄金通道”，韶关市行政区域范围内的交通运输安全，直接关涉南北交通客、货运输良性运转，关系到广东省北大门交通运输枢纽的安全。因此，韶关市行政区域范围内的烟花爆竹运输安全的重任自然就落到了韶关市人民政府肩上。《管理条例》对烟花爆竹运输行为进行规制，正是适应了这一历史时代的需要。

（三）燃放行为

每逢除夕之夜，一家人都会团团围坐在一起，吃着热气腾腾的年夜饭，述说着过去一年中发生的幸福、快乐、惋惜和对未来的憧憬。屋外“噼里啪啦”的烟花爆竹声震耳欲聋，绚丽的烟花在夜空竞相绽放出五彩缤纷的花朵——这便是在中国人心目中挥之不去的幸福家庭、美满生活的真实写照和理想图景。过年，在中国人眼里和心里，曾经是一个充满诱惑的词。对年幼的小孩子来说，意味着穿新衣、吃美食、放爆竹，而对于成年人来说，意味着富足、团圆与幸福的时刻。在人们的互相祝福声、爆竹的“噼里啪啦”声中，中国人完成了对新的一年的无限憧憬和美好期望。中国的传统节日之产生乃至传承发展的根源在于几千年的农耕文明，其中蕴含了工业文明以前的原始文化的大量信息。但随着现代工业社会，尤其是信息社会的高速发展，时尚流行的文化潮流，正以前所未有的速度扩展、渗透、推进；还有外来文化的冲击，使中国的传统民俗节日包括除夕、春节在内面临危机，一些节日民俗或萎缩，或淡化，或迷失，或远去。人们惊呼“年味越来越淡”即是对年节文化淡化的一种担忧。[1]随着现代工业文明和外来文化的冲击，中国传统民俗节日文化正在走向衰落，如何拯救延续两千年的中华民族烟花爆竹文化，不仅是民俗学者所面临的重大课题，而且也是中国中央人民政府及地方各级人民政府需要承担起来的重大政治任务。

然而，中华民族从过去几百万、几千万人至几亿人分散居住在广袤农村的农业社会，发展到如今十几亿人口且已有一半集中居住在城市的现代工业社会，燃放烟花爆竹的环境发生了难以想象的巨大变化。在空旷辽远的农村，燃放烟花爆竹带来的安全与噪声等负面因素，在农户之间互相影响较小。而且在物质生活相当贫困的过去，农村只有春节期间和婚丧家事中才燃放鞭炮。

---

〔1〕 吴翔之：“年节文化中声音符号的象征意义及解读——以拜年和放爆竹为例”，载《温州大学学报（社会科学版）》2007年第1期。

但是在现在的城市里，不但人们摩肩接踵十分拥挤，而且生活水平大大提高，掏钱购买烟花爆竹俨然是眼睛眨都不眨的小菜一碟。除了春节以外，平时都可以随心所欲地随手燃放，甚至心情不好的时候都要去燃放取乐或消遣。这个问题伴随城市化的继续进展所引发的矛盾，将愈发凸显。[1]在已经发生翻天覆地变化的现代社会里，燃放的空间、人群、时间、环境、条件、人的性情、价值观念以及烟花爆竹本身结构都发生了根本性变化。在这种情况下，如何在延续中华民族传统烟花爆竹文化和避免燃放烟花爆竹所带来的负面影响之间找到最佳的契合点，既不影响传统文化的传承，又能有效地避免烟花爆竹的燃放对人身、财产和环境造成损害，就需要发挥人的主观能动性，制定出科学合理的法律法规，对燃放烟花爆竹行为进行科学的引导和规制。这就是《管理条例》对烟花爆竹燃放行为进行调整的法理基础，也是实现《管理条例》立法目的的重中之重。

〔1〕 柏文学："烟花爆竹，想说爱你不容易"，载《标准生活》2016 年第 1 期。

第二章　政府及其职能部门的职责

第三条　安全生产监督管理部门负责烟花爆竹经营的安全生产监督管理。

公安部门负责烟花爆竹的运输、燃放安全管理。

质量监督检验部门、工商行政管理部门、邮政管理部门和交通运输部门应当按照各自职责做好烟花爆竹安全管理工作。

乡、镇人民政府和街道办事处应当加强对本行政区域内烟花爆竹经营的安全监督检查，协助上级人民政府有关部门依法履行烟花爆竹安全生产监督管理职责。

【导读与释义】

本条是关于政府及其职能部门有关烟花爆竹经营、运输及燃放等方面的职责的规定。

本条共有4款内容，分别对安全生产监督管理部门、公安部门、质量监督检验部门、工商行政管理部门、邮政管理部门、交通运输部门以及乡镇人民政府和街道办事处等政府职能部门在烟花爆竹经营、运输及燃放等方面的职责做出了明确规定，责任明确具体。

一、安全生产监督管理部门管理职责

根据本条第1款的规定，安全生产监督管理部门主要负责烟花爆竹经营方面的安全生产监督管理。

烟花爆竹安全经营关系人民群众生命和财产安全，关系改革发展稳定大局。党中央、国务院历来高度重视烟花爆竹安全生产经营工作，始终把安全生产经营摆在十分重要的位置，新中国成立以来特别是改革开放以来，我国采取了包括建立安全生产经营监管体系，加强安全生产经营监督管理在内的一系列重大举措加强安全生产经营工作。加强烟花爆竹安全生产经营监督管理对于防止和减少伤亡事故，保障人民生命和财产安全，促进经济发展具有十分重要的意义。

（一）安全生产经营监督管理的意义

1. 适应市场经济条件下对安全生产经营提出的客观要求

在市场经济条件下，烟花爆竹经营企业是市场竞争主体，也是提供安全生产经营保障条件的责任主体。企业管理，关键是成本管理。成本越低，企业的效益越高。企业在市场竞争中，力争效益的最大化，必然千方百计地降低成本。由于烟花爆竹安全经营事故客观上具有偶然性、随机性，职业病具有潜伏性，隐患具有隐蔽性的特点，企业，特别是非公有制的中小企业为了追求经济效益的最大化，往往忽视安全生产经营工作。事故一旦发生，不但会给他人的生命财产造成损害，还会给环境带来严重污染，生产经营者自身也会遭受重大损失。国家和地方政府作为公共利益的维护者，为了保障人民群众的生命财产安全，保护环境，维护公共安全，为了全体社会成员的共同利益，必须运用国家权力，对安全生产实施有效的监督管理，以保证党和国家的安全生产方针、政策和法律、法规、标准在生产经营单位得到贯彻落实。

2. 为规范和整顿烟花爆竹经营市场秩序服务

由于烟花爆竹行业利润可观，市场竞争比较激烈，而激烈的市场竞争必须要有良好的市场经济秩序作为保障，才能确保各市场竞争的主体在公平的市场条件下进行有序经营。由于生产安全事故具有一定的偶然性，有的生产经营单位通过减少安全生产经营投入，采用投机取巧的手段来降低经营成本，以便提高其在市场中的竞争能力，如果在一段时间内又不发生事故的话，它就有可能比竞争对手获得更多的经济利益，这对遵纪守法的生产经营单位不公平。为了使烟花爆竹经营市场竞争公平、有序，必须加强安全生产经营监督管理，促使各生产经营企业保证必要的安全生产投入，加强安全生产管理，将经营企业在烟花爆竹经营过程中的安全隐患降到最低。

3. 确保人民生命财产安全，保护环境

烟花爆竹行业既能给经营单位带来丰厚的收益，同时也会给其带来巨大的安全隐患。由于烟花爆竹属于易燃易爆产品，加上经营单位的逐利性，经营单位在烟花爆竹经营过程中，为了获取最大的经济效益，可能不择手段地降低企业经营成本，从而导致在经营场所、经营厂房、经营设备、人员配备、人员安全知识培训、烟花爆竹储存、运输等方面，达不到行业规定的标准和法律法规的规范要求。这种情况下，安全生产监督管理部门应当对烟花爆竹经营单位进行不定期的监督检查，督促其进行整改，避免事故发生，以确保人民生命财产安全，保护环境。

（二）安全生产监督管理部门有关烟花爆竹经营监督管理职责的具体内容

《中华人民共和国安全生产法》（以下简称《安全生产法》）第3条规定："安全生产工作应当以人为本，坚持安全发展，坚持安全第一、预防为主、综合治理的方针，强化和落实生产经营单位的主体责任，建立生产经营单位负责、职工参与、政府监管、行业自律和社会监督的机制。"根据该条规定，"以人为本，坚持安全发展，坚持安全第一、预防为主、综合治理"是安全生产的指导方针，当然也是安全生产监督管理部门工作人员在其监督管理工作中必须首先坚持的基本原则。《安全生产法》第9条规定："国务院安全生产监督管理部门依照本法，对全国安全生产工作实施综合监督管理；县级以上地方各级人民政府安全生产监督管理部门依照本法，对本行政区域内安全生产工作实施综合监督管理。国务院有关部门依照本法和其他有关法律、行政法规的规定，在各自的职责范围内对有关行业、领域的安全生产工作实施监督管理；县级以上地方各级人民政府有关部门依照本法和其他有关法律、法规的规定，在各自的职责范围内对有关行业、领域的安全生产工作实施监督管理。安全生产监督管理部门和对有关行业、领域的安全生产工作实施监督管理的部门，统称负有安全生产监督管理职责的部门。"从该条规定的内容来看，《安全生产法》是国家和地方安全生产监督管理部门行使职权的法律依据。《安全生产法》第62条对安全生产监督管理部门的职权作出了明确的规定。其具体内容为："安全生产监督管理部门和其他负有安全生产监督管理职责的部门依法开展安全生产行政执法工作，对生产经营单位执行有关安全生产的法律、法规和国家标准或者行业标准的情况进行监督检查，行使以下职权：（一）进入生产经营单位进行检查，调阅有关资料，向有关单位和人员了解情况；（二）对检查中发现的安全生产违法行为，当场予以纠正或者要求限期改正；对依法应当给予行政处罚的行为，依照本法和其他有关法律、行政法规的规定作出行政处罚决定；（三）对检查中发现的事故隐患，应当责令立即排除；重大事故隐患排除前或者排除过程中无法保证安全的，应当责令从危险区域内撤出作业人员，责令暂时停产停业或者停止使用相关设施、设备；重大事故隐患排除后，经审查同意，方可恢复生产经营和使用；（四）对有根据认为不符合保障安全生产的国家标准或者行业标准的设施、设备、器材以及违法生产、储存、使用、经营、运输的危险物品予以查封或者扣押，对违法生产、储存、使用、经营危险物品的作业场所予以查封，并依法作出处理决定。监督检查不得影响被检查单位的正常生产经营活动。"结合法律和行政法规及烟花爆竹经营行业的特点，安全生产监督管理部门的职权在监督和管理烟花爆竹经营过程中具体表现为以下几个方面：

1. 经营销售单位建筑物结构、场所、布局、安全距离等方面安全生产监督管理

安全生产监督管理部门应首先对烟花爆竹经营销售单位建筑物结构、场所、布局、安全距离等方面安全生产监督管理。[1]烟花爆竹在其经营销售建筑物结构、场所、布局、安全距离等方面都有严格的国家标准和要求。

2009年11月11日，中华人民共和国住房和城乡建设部与中华人民共和国国家质量监督检验检疫总局联合发布的《烟花爆竹工程设计安全规范》(GB50161-2009)（以下简称《安全规范》）第3条对"建筑物危险等级"做了明确规定。其具体内容为："危险性建筑物的危险等级，应按下列规定划分为1.1、1.3级：1.1级建筑物为建筑物内的危险品在制造、储存、运输中具有整体爆炸危险或有迸射危险，其破坏效应将波及周围。根据破坏能力划分为1.1^{-1}、1.1^{-2}级；1.1^{-1}级建筑物为建筑物内的危险品发生爆炸事故时，其破坏能力相当于TNT的厂房和仓库；1.1^{-2}级建筑物为建筑物内的危险品发生爆炸事故时，其破坏能力相当于黑火药的厂房和仓库；1.3级建筑物为建筑物内的危险品在制造、储存、运输中具有燃烧危险，偶尔有较小爆炸或较小迸射危险，或两者兼有，但无整体爆炸危险，其破坏效应局限于本建筑物内，对周围建筑物影响较小；仓库的危险等级应由其中所储存最危险的物品确定；危险性建筑物内采取了分隔防护措施，危险品相互间不会引起同时爆炸或燃烧的药量可分别计算，取其最大值为危险性建筑物的计算药量。"第5条对危险建筑物安全距离作了明确规定。其主要内容为："危险性建筑物之间、危险性建筑物与其他建筑物之间的距离应符合内部最小允许距离的要求"；"危险品总仓库区的总平面布置应符合下列规定：应根据仓库的危险等级和计算药量结合地形布置；比较危险或计算药量较大的危险品仓库，不宜布置在库区出入口的附近；危险品运输道路不应在其他防护屏障内穿行通过；不同类别

〔1〕 查俊如、郑乐宪编著：《安全生产监督管理读本》，江西高校出版社2005年版，第62页。

仓库应考虑分区布置，同一危险等级的仓库宜集中布置，计算药量大或危险性大的仓库宜布置在总仓库区的边缘或其他有利于安全的地形处”；“危险品生产区和危险品总仓库区的围墙设置应符合下列规定：危险品生产区和危险品总仓库区应设置高度不低于2m的围墙；围墙与危险性建筑物、构筑物之间的距离宜设为12m，且不应小于5m；围墙应为密砌墙，特殊地形设置密砌围墙有困难时，局部地段可设置刺丝围墙”；“危险品生产区和危险品总仓库区的绿化，宜种植阔叶树；距离危险性建筑物、构筑物外墙四周5m内宜设置防火隔离带”。第8.6项对“危险品总仓库区危险品仓库的建筑结构”作了如下规定：“危险品仓库应根据当地气候和存放物品的要求，采取防潮、隔热、通风、防小动物等措施；危险品仓库宜采用现浇钢筋混凝土框架结构，也可采用钢筋混凝土柱、梁承重结构或砌体承重结构。屋盖宜采用现浇钢筋混凝土屋盖，也可采用轻质泄压或轻质易碎屋盖；1.3级仓库屋盖当采用现浇钢筋混凝土屋盖时，宜多设置门和高窗或采用轻型转护结构等”；“危险品仓库安全出口的设置应符合下列规定：当仓库（或储存隔间）的建筑面积大于100 m^2（或长度大于18m）时，安全出口不应少于2个；当仓库（或储存隔间）的建筑面积小于100m^2，且长度小于18m时，可设1个安全出口；仓库内任一点至安全出口的距离不应大于15m”；“危险品仓库门的设计应符合下列规定：仓库的门应向外平开，门洞的宽度不宜小于1.5m，不得设门槛；当仓库设计门斗时，应采用外门斗，且内、外两层门均应向外开启；总仓库的门宜为双层，内层门为通风用门，通风用门应有防小动物进入的措施。外层门为防火门，两层门均应向外开启”；“危险品总仓库的窗宜设可开启的高窗，并应配置铁栅和金属网。在勒脚处宜设置可开关的活动百叶窗或带活动防护板的固定百叶窗，窗应有防小动物进入的措施；危险品仓库的地面应符合本规范第8.5.5项的规定。当危险品已装箱并不在库内开箱时，可采用一般地面”。

《安全规范》第4.1.1项规定：“烟花爆竹生产项目和经营批发仓库的选址应符合城乡规划的要求，并应避开居民点、学校、工业区、旅游区、铁路和公路运输线、高压输电线等。”该款是《烟花爆竹工厂设计安全规范》对烟花爆竹经营批发仓库的选址作出的明确规定，安全生产监督管理部门在行使职权过程中应当首先监督检查经营批发仓库是否达到国家规定的标准。《安全规范》第4.1.5项规定：“烟花爆竹经营批发企业设置危险品仓库时，应符合本规范第4.3项危险品总仓库区外部最小允许距离和第5.3项危险品总仓库区内部最小允许距离的规定。”所谓“危险品总仓库区外部最小允许距离”是指，危险品生产区内的危险性建筑物与其周围零散住户、村庄、公路、铁路、城镇和本企业总仓库区等外部最小允许距离；而“危险品总仓库区内部最小允许距离”是指，危险品总仓库区内各建筑物之间的内部最小允许距离。《安全生产法》第39条规定：“生产、经营、储存、使用危险物品的车间、商店、仓库不得与员工宿舍在同一座建筑物内，并应当与员工宿舍保持安全距离。”

2. 经营单位储存设施、方式等方面安全生产监督管理

《安全规范》第7.1项对危险品储存作了如下规定：“危险品的储存应符合现行国家标准《烟花爆竹劳动安全技术规程》GB11652有关储存的规定”；“库房（仓库）危险品的存药量和建设规模应符合下列规定：危险品生产区内，1.1级中转库单库存药量不应超过500kg，1.3级中转库单库存药量不应超过1000kg；危险品总仓库区内，1.1级成品仓库单库存药量不宜超过10 000kg，1.3级成品仓库单库存药量不宜超过20 000kg；烟火药、黑火药、引火线仓库单库存药量不宜超过5000kg；危险品总仓库区内，1.1级成品仓库单栋建筑面积不宜超过500m^2，1.3级成品仓库单栋建筑面积不宜超过1000m^2，每个防火区面积不超过500m^2，烟火药、黑火药、引火线仓库单栋建筑面积不宜超过100m^2”；“库房（仓库）内危险品的堆放应符合下列规定：危险品堆垛间应留有检查、清点、装运的通道。堆垛之间的距离不宜小于0.7m，堆垛距内墙壁距离不宜少于0.45m；搬运通道的宽度不宜小于1.5m；烟火药、黑火药堆垛的高度不应超过1.0m；半成品与未成箱成品堆垛的高度不应超过1.5m；成箱成品堆垛的高度不应超过2.5m”。

2012年7月31日，中华人民共和国国家质量监督检验检疫总局和中国国家标准化管理委员会共同发布的《烟花爆竹作业安全技术规程》（GB11652-2012）（以下简称《安全技术规程》）第9.3项对烟花爆竹生产经营单位储存做了严格的规范要求。该条规定：“各类物品应按不同性质分别设库储存，性质不相容的物品不应混存；危险品仓库的危险等级划分应按GB50161规定执行；不应改变危险等级或超过核定数量储存，应储存在危险等级高的仓库、中转库的物品不应储存在危险等级低的仓库、中转库，摩擦药、含摩擦药的半成品、成品应在单独专用库房储存；仓库内木地板、垛架和木箱上使用的铁钉，钉头要低于木板外表面3毫米以上，钉孔要用油灰填实；未做防潮处理的地面，应铺设防潮材料或设置大于等于20厘米高的垛架；库房温度控制

范围应为-20℃~45℃，相对湿度控制范围为50%~85%；库房内应有温、湿度计，每天对库房内温、湿度进行检测记录；应适时作好库房通风、防潮、降温处理，环境湿度较高的地区应设除（去）湿设备；烟火药、效果件、引火线等应经彻底干燥、冷却经包装后方可收存入库；包装物或盛装容器应使用防潮、防静电的材质，包装应符合GB10631等标准要求；仓库内应保持卫生整洁，通道畅通，物品摆放整齐、平码堆放；堆垛与库墙之间宜留有大于等于0.45米的通风巷，堆垛与堆垛之间应留有大于等于0.7米的检查通道，通往安全出口的主通道宽度应大于等于1.5米，每个堆垛的边长应小于等于10米；仓库内物品堆垛高度应符合表6规定；仓库应设专门保管人员；保管人员应熟悉所储存物品的安全性能和消防器材的使用方法，加强对消防设施（器材）以及通风、防潮、防鼠等设施的维护，保障其功能有效、适用安全要求；应分库建立危险品登记台账，严格出入库登记手续，并定期进行货账核对；严禁在库房区域内进行钉箱、分箱、成箱、串引、蘸（点）药、封口等生产作业；总仓库区域内物品应整箱（件）出入；危险品分类储存条件和灭火物质应符合表7规定。”

3. 经营条件和环境安全生产监督管理

《安全技术规程》第10.2项对烟花爆竹经营条件和环境作出了明确规定。其主要内容为：“经营企业应具备与其经营规模相适应的经营场所，并设置明显安全警示标志；批发企业应有符合GB50161规定的仓库及防爆、防雷、防静电、消防等安全设施，并配备符合规定要求的仓库保管、守护员；批发企业宜分设办公区、样品陈列区和商品存放（仓库）区，样品陈列区陈列的样品应是无药样品；批发企业应建立事故应急组织机构，编制应急预案，配备必要的应急救援队伍、设施设备、物资，并每年至少演练一次；零售点宜专店销售，应有明显安全警示标志，并配备足够的消防器材；店内不应吸烟、生火；零售点不应与居住场所设置在同一建筑物内，并与加油站等易燃易爆生产、储存及人员密集场所保持足够的安全距离；零售点应根据周围环境、距离确定总药量，但最大不宜超过300千克；产品销售过程中应提示并指导消费者按燃放说明燃放。”安全生产监督管理部门在行使职权过程中，应当严格地按照《烟花爆竹作业安全技术规程》中的有关规定，对经营单位经营条件和环境进行检查和监督，消除烟花爆竹安全隐患。

4. 消防安全生产监督管理

《安全规范》第九节对烟花爆竹经营单位消防措施作了明确规定："烟花爆竹生产项目和经营批发仓库必须设置消防给水设施，消防给水可采用消火栓、手抬机动消防泵等不同形式的给水系统；消防给水的水源必须充足可靠，当利用天然水源时，在枯水期应有可靠的取水设施；当水源来自市政给水管网而厂区内无消防蓄水设施时，消防给水管网应设计成环状，并有两条输水干管接自市政给水管网；当采用自备水源井时，应设置消防蓄水设施；当厂区内设置蓄水池或有天然河、湖、池塘可利用时，应设有固定式消防泵或手抬机动消防泵，消防泵宜设有备用泵；危险品生产厂房和中转库的室外消防用水量，应按现行国家标准《建筑设计防火规范》GB50016 中甲类建筑物的规定执行。当单个建筑物的体积均不超过 300m^3 时，室外消防用水量可按 10L/s 计算，消防延续时间可按 2h 计算；1.3 级厂房宜设室内消火栓系统，室内消火栓系统的设置应符合现行国家标准《建筑设计防火规范》GB50016 中对甲类建筑物的规定"；"易发生燃烧事故的工作间宜设置雨淋灭火系统，并应符合下列规定：存药量大于 1kg 且为单人作业的工作间内，宜在工作台上方设置手动控制的雨淋灭火系统或翻斗水箱等相应灭火设施。翻斗水箱容积应根据工作台面积，按 16L/m^2 计算确定；作业人员少于 6 人，建筑面积大于 9 m^{2}且小于 60 m^{2}的工作间内，宜设置手动控制的雨淋灭火系统，消防延续时间按 30min 计算；雨淋灭火系统的喷水强度不宜低于 16L/min · m^2，最不利点的喷头压力不宜低于 0.05MPa；对产品或原料与水接触能引起燃烧、爆炸或助长火势蔓延的厂房，不应设置以水为灭火剂的消防设施，应根据产品和原料的特性选择灭火剂和消防设施；危险品总仓库区根据当地消防供水条件，可设消防蓄水池、高位水池、室外消火栓或利用天然河、塘。室外消防用水量应按现行国家标准《建筑设计防火规范》GB50016 中甲类仓库的规定执行，消防延续时间按 3h 计算。供消防车或手抬机动消防泵取水的消防蓄水池的保护半径不应大于 150m；消防储备水应有平时不被动用的措施。使用后的补给恢复时间不宜超过 48h；烟花爆竹生产项目和经营批发仓库宜按现行国家标准《建筑灭火器配置设计规范》GB50140 的有关规定配置灭火器"。

消防安全是一道非常重要的消除烟花爆竹安全隐患的防火墙。消防安全工作如果存在疏漏，就会大大提高易爆易燃的烟花爆竹安全事故发生概率，危及人身、财产安全和公共安全，影响到环境质量。因此，安全生产监督管理机构在实践中履行其职责时，应将消防安全当作重点工作抓紧抓好，筑起一道牢不可破的消防安全防火墙。

5. 应急防范措施安全生产监督管理

《安全技术规程》第 12.9 项规定："危险品生产区和危险品总仓库区应设置畅通的固定电话；危险场所电话设备选型及线路的技术要求应符合本规范的有关规定。"该条是对烟花爆竹生产经营场所通信设施所作的明确规定。第 12.10 项规定："危险品生产场所和危险品总仓库区宜设置视频监控系统，系统的构成应符合相关规范的规定；危险场所视频监控设计，电气设备选型、线路技术要求及敷设方式等均应符合本规范的规定。"该条是关于烟花爆竹生产经营场所视频监控系统的规定。第 12.11 项规定："危险品生产区和危险品总仓库区可设置火灾自动报警系统；危险场所火灾自动报警设计，电气设备选型、线路技术要求及敷设方式、防雷接地均应符合本规范的规定；当危险品生产区和危险品总仓库区不设置火灾自动报警系统时，可采用畅通的电话系统兼作火灾报警装置。"该条是关于烟花爆竹生产经营场所火灾报警系统的规定。第 12.12 项规定："烟花爆竹总仓库区及库房的安全防范措施应采用'人防、物防、技防'相结合的方式；烟花爆竹的危险品仓库及库区宜设置安全防范系统。"该条是关于烟花爆竹生产经营场所安全防范措施的规定。

6. 应急救援安全生产监督管理

《安全生产法》第 77 条规定："县级以上地方各级人民政府应当组织有关部门制定本行政区域内生产安全事故应急救援预案，建立应急救援体系。"第 78 条规定："生产经营单位应当制定本单位生产安全事故应急救援预案，与所在地县级以上地方人民政府组织制定的生产安全事故应急救援预案相衔接，并定期组织演练。"第 79 条规定："危险物品的生产、经营、储存单位以及矿山、金属冶炼、城市轨道交通运营、建筑施工单位应当建立应急救援组织；生产经营规模较小的，可以不建立应急救援组织，但应当指定兼职的应急救援人员；危险物品的生产、经营、储存、运输单位以及矿山、金属冶炼、城市轨道交通运营、建筑施工单位应当配备必要的应急救援器材、设备和物资，并进行经常性维护、保养，保证正常运转。"第 81 条规定："负有安全生产监督管理职责的部门接到事故报告后，应当立即按照国家有关规定上报事故情况。负有安全生产监督管理职责的部门和有关地方人民政府对事故情况不得隐瞒不报、谎报或者迟报。"第 82 条规定："有关地方人民政府和负有安全生产监督管理职责的部门的负责人接到生产安全事故报告后，应当按照生产安全事故应急救援预案的要求立即赶到事故现场，组织事故抢救；参与事故抢救的部门和单位应当服从统一指挥，加强协同联动，采取有效的应急救援措施，并根据事故救援的需要采取警戒、疏散等措施，防止事故扩大和次生灾害的发生，减少人员伤亡和财产损失；事故抢救过程中应当采取必要措施，避免或者减少对环境造成的危害；任何单位和个人都应当支持、配合事故抢救，并提供一切便利条件。”第 83 条规定：“事故调查处理应当按照科学严谨、依法依规、实事求是、注重实效的原则，及时、准确地查清事故原因，查明事故性质和责任，总结事故教训，提出整改措施，并对事故责任者提出处理意见。事故调查报告应当依法及时向社会公布。事故调查和处理的具体办法由国务院制定；事故发生单位应当及时全面落实整改措施，负有安全生产监督管理职责的部门应当加强监督检查。”

安全生产监督管理部门在履行职责过程中，应当对烟花爆竹生产经营企业应急救援预案及应急救援体系进行安全监督检查；接到安全事故报告之后，应积极组织抢救，防止事故扩大和次生灾害的发生，减少人员伤亡和财产损失。

7. 从业人员安全生产监督管理

《安全生产法》第 25 条规定：“生产经营单位应当对从业人员进行安全生产教育和培训，保证从业人员具备必要的安全生产知识，熟悉有关的安全生产规章制度和安全操作规程，掌握本岗位的安全操作技能，了解事故应急处理措施，知悉自身在安全生产方面的权利和义务。未经安全生产教育和培训合格的从业人员，不得上岗作业；生产经营单位使用被派遣劳动者的，应当将被派遣劳动者纳入本单位从业人员统一管理，对被派遣劳动者进行岗位安全操作规程和安全操作技能的教育和培训。劳务派遣单位应当对被派遣劳动者进行必要的安全生产教育和培训；生产经营单位接收中等职业学校、高等学校学生实习的，应当对实习学生进行相应的安全生产教育和培训，提供必要的劳动防护用品。学校应当协助生产经营单位对实习学生进行安全生产教育和培训；生产经营单位应当建立安全生产教育和培训档案，如实记录安全生产教育和培训的时间、内容、参加人员以及考核结果等情况。”《安全技术规程》第 12 条规定：“所有从事烟花爆竹有药工序生产、经营、管理人员应身体健康，且年龄满 18 周岁；从事混药、造粒、筛选、装药、筑药、压药、切引、插引、封口、搬运的人员不应有身体残疾、精神障碍或年龄超过60周岁；从事粉尘作业或与有毒有害物质接触的人员在上岗前应进行健康检查，上岗后定期进行健康检查；患职业禁忌证者，不应安排从事有禁忌的作业；企业的主要负责人、分管负责人、安全管理人员、危险工序作业人员应依法培训考核合格，持证上岗；从业人员均应经相应的安全知识教育培训后方可上岗，从事新工种、新工艺的人员应进行相应安全知识和操作技能的教育和培训；不应擅自变换工作岗位、离岗、互相串岗和违反劳动纪律。”

法律和部门规章对生产经营单位从业人员安全生产教育培训都作了明确规定。通过对从业人员上岗培养，促使他们掌握安全生产知识，熟悉有关安全生产规章制度和安全操作规程，掌握本岗位的安全操作技能，了解事故应急处理措施。生产经营单位从业人员是否经过了安全生产教育培训，不仅关系到烟花爆竹生产经营行业从业人员的从业资格，而且关系到事故的防范和事故应急处理能力的培养。然而，实践中，生产经营单位为了节约生产经营成本，节约开支，往往省略这一重要环节，放低用工条件，让没有经过任何培训的人员直接上岗，为事故埋下了很大隐患。安全生产监督管理部门不能忽视对烟花爆竹生产经营单位这一环节的监督检查。

8. 事故调查

2007年3月28日国务院第一百七十二次常务会议通过的《生产安全事故报告和调查处理条例》（国务院令493号）第22条第2款规定：“根据事故的具体情况，事故调查组由有关人民政府、安全生产监督管理部门、负有安全生产监督管理职责的有关部门、监察机关、公安机关以及工会派人组成，并应当邀请人民检察院派人参加。”根据该条例的规定，安全生产监督管理部门负有事故调查职责。安全生产监督管理部门应积极配合政府其他职能部门做好事故调查工作，并与其他部门共同制定好事故调查报告。调查报告内容应当包括以下几个方面：事故发生单位概况；事故发生经过和事故救援情况；事故造成的人员伤亡和直接经济损失；事故发生的原因和事故性质；事故责任的认定以及对事故责任者的处理建议；事故防范和整改措施。

“事故调查”是安全生产监督管理部门的一项重要职责，是追究事故发生根源、追查相关责任人、总结事故处理过程中经验、汲取事故教训、为生产经营者提供活生生教材的重要途径和手段，因此，应当引起安全生产监督管理部门高度重视。

二、公安部门管理职责

公安机关是我国人民民主专政政权中具有武装性质的治安行政和刑事执法机关。[1]公安机关的职责由《中华人民共和国人民警察法》《中华人民共和国治安管理处罚法》《中华人民共和国国家安全法》等有关法律法规明文规定，是国家意志的体现。它要求公安机关人民警察必须严格依法履行职责，坚持秉公执法。[2]

《中华人民共和国人民警察法》第6条规定："公安机关的人民警察按照职责分工，依法履行下列职责：（一）预防、制止和侦查违法犯罪活动；（二）维护社会治安秩序，制止危害社会治安秩序的行为；（三）维护交通安全和交通秩序，处理交通事故；（四）组织、实施消防工作，实行消防监督；（五）管理枪支弹药、管制刀具和易燃易爆、剧毒、放射性等危险物品；（六）对法律、法规规定的特种行业进行管理；（七）警卫国家规定的特定人员，守卫重要的场所和设施；（八）管理集会、游行、示威活动；（九）管理户政、国籍、入境出境事务和外国人在中国境内居留、旅行的有关事务；（十）维护国（边）境地区的治安秩序；（十一）对被判处管制、拘役、剥夺政治权利的罪犯和监外执行的罪犯执行刑罚，对被宣告缓刑、假释的罪犯实行监督、考察；（十二）监督管理计算机信息系统的安全保护工作；（十三）指导和监督国家机关、社会团体、企业事业组织和重点建设工程的治安保卫工作，指导治安保卫委员会等群众性组织的治安防范工作；（十四）法律、法规规定的其他职责。"《中华人民共和国人民警察法》第6条有关人民警察的职责的规定详细、具体，共列举了13项职责。但是考虑到形势的不断发展和变化，还会出现许多新的问题，所以又增加了一个概括性条款，即"法律、法规规定的其他职责"。这里的"法律"，是指全国人民代表大会及其常务委员会制定的法律。"法规"，包括行政法规和地方性法规两种，其中行政法规是指由国务院颁布或者批准的规范性文件；地方性法规是指省、自治区、直辖市人民代表大会及其常务委员会所制定的规范性文件。

---

〔1〕 张开贵等主编：《公安学基础理论新编》，中国人民公安大学出版社2004年版，第67页。

〔2〕 傅俊华编著：《公安基础理论》，河南人民出版社2010年版，第92页。

公安机关分多种警种。[1]警种是依据警察职位及工作特征对人民警察作出的类别划分，主要有治安警察、户籍警察、刑事警察、交通警察、外事警察、巡逻警察、督察警察、边防警察、消防警察。[2]公安机关为了使人民警察更好地履行职责，完成各项工作任务，设置了不同的业务部门，从而形成了不同的警种。然而人民警察是个整体，其战斗力取决于各警种协同作战、整体作战的能力。因此，各警种之间的分工是根据各警种的任务、职责、权限的不同而划分的，其目的是便利日常工作。这种分工是相对的，在发生重大事件或突发性事件时，往往是各警种联合作战，在需要履行职责时，不允许人民警察借口不属其职责范围而拒绝执行。[3]

涉及《韶关市烟花爆竹燃放安全管理条例》第3条第2款烟花爆竹运输和燃放安全管理职责的公安部门主要有交通警察部门和治安警察部门。

（一）交通警察部门的职责

交通警察简称“交警”，是负责维护交通安全和交通秩序，处理交通事故，进行交通安全管理工作的人民警察。交通警察的执法根据是《中华人民共和国道路交通安全法》《中华人民共和国道路交通安全法实施条例》《道路交通事故处理程序规定》《中华人民共和国机动车驾驶证管理办法》《机动车登记工作规范》《道路交通违法处理程序规定》等法律法规以及相关的地方性法规。其主要职责是：依照国家有关交通安全管理的法律、法规，对道路、行人车辆和驾驶人员进行管理；防止和处理交通事故；开展交通安全的宣传教育；维护交通秩序，保障交通安全和道路畅通。烟花爆竹运输首先涉及运输道路交通安全，“保持交通安全和道路畅通”是公安交警部门首要职责。如果在运输过程中发生烟花爆竹燃烧或爆炸事故，及时疏通交通及保证其他运输车辆的安全尤为重要。[4]

《安全技术规程》第9.2项对烟花爆竹运输作了明确规定。其具体内容为：“运输工具应使用符合安全要求的机动车、板车、手推车，不应使用自卸车、挂车、三轮车、摩托车、畜力车和独轮手推车等；工房之间的物品搬运可采用肩挑、手抬（提）等方式；所运输的物品堆码应平稳、整齐，遮盖严

---

〔1〕傅俊华编著：《公安基础理论》，河南人民出版社2010年版，第95页。

〔2〕王文成主编：《公安基础知识》，中国青年出版社2007年版，第34～36页。

〔3〕傅俊华编著：《公安基础理论》，河南人民出版社2010年版，第98页。

〔4〕傅俊华编著：《公安基础理论》，河南人民出版社2010年版，第96页。

密，物品堆码高度不应超过运输工具围板、挡板高度”；“厂内运输应遵守以下规定：机动车辆进入生产区和仓库区时，排气管应安装阻火器，速度小于等于15千米每小时；使用手推车、板车在坡道上运输时，应有人协助并以低速行驶；道路纵坡大于6度时不应使用板车、手推车运输；手推车、板车以及抬架应安装挡板，外延轮盘应是橡胶制品，车（架）脚应为木质或包裹橡胶；肩挑、手抬（提）的绳索、扁担、挑、抬（提）架应牢靠、稳固”；“厂区、库区之间运输应遵守以下规定：车辆应配备消防灭火器，并设置明显的爆炸危险品标志；车辆速度应低于有关限速规定，应当保持车距，不应抢道，避免紧急制动”；“危险品运输车辆不应混装性质不相容的物品，除驾驶员和押运员外，不应有其他人员搭乘”。《安全规范》第7.2项对危险物品运输作了如下规定：“危险品的运输宜采用符合安全要求并带有防火罩的汽车运输；厂内运输可采用符合安全要求的手推车运输，厂房之间的运输也可采用人工提送的方式。不宜采用三轮车运输，严禁用畜力车、翻斗车和各种挂车运输”；“危险品生产区运输危险品的主干道中心线与各级危险性建筑物的距离应符合下列规定：距1.1级建筑物不宜小于20m，有防护屏障时可不小于12m；距1.3级建筑物不宜小于12m；距实墙面可不小于6m；运输裸露危险品的道路中心线距有明火或散发火星的建构筑物不应小于35m”；“危险品总仓库区运输危险品的主干道中心线与各级危险性建筑物的距离不应小于10m；危险品生产区和危险品总仓库区内汽车运输危险品的主干道纵坡不宜大于6%；手推车运输危险品的道路纵坡不宜大于2%；机动车不应直接进入1.1级和1.3级建筑物内，装卸作业宜在各级危险性建筑物门前不小于2.5m以外处进行；人工提送危险品时，宜设专用人行道，道路纵坡不宜大于8%，路面应平整，且不应设有台阶”。

公安交警无论是对道理安全交通进行执法检查，还是与其他政府职能部门对烟花爆竹生产经营场所进行执法检查，都必须严格按照《中华人民共和国道路交通安全法》《中华人民共和国道路交通安全法实施条例》等法律法规以及《安全规范》和《安全技术规程》履行职责，将烟花爆竹安全隐患消灭在运输环节。

（二）治安警察部门的职责

治安警察是负责维护社会治安秩序，保障公共安全的人民警察。其主要职责是：依照国家有关法律、法规进行社会治安管理，维护社会治安秩序；

处理治安案件；管理特种行业；查禁违禁物品；预防犯罪；了解并掌握社会治安动态；预防和处理治安灾害事故；进行治安巡逻；发动群众参加维护社会治安秩序等工作。[1]《中华人民共和国治安管理处罚法》是治安警察执法的依据。

烟花爆竹燃放行为不当，可能造成人员伤亡、火灾等安全事故，甚至会对公共安全构成严重威胁。如果燃放烟花爆竹行为所造成的社会危害性较小，不构成刑事犯罪，但触犯了《中华人民共和国治安管理处罚法》的，治安警察应当依据该法律对相关责任人给予相应的行政处罚；如果燃放行为造成了严重的社会危害，构成犯罪的，应当依据《中华人民共和国刑法》对犯罪嫌疑人追究相应的刑事责任。《中华人民共和国治安管理处罚法》第2条规定："扰乱公共秩序，妨害公共安全，侵犯人身权利、财产权利，妨害社会管理，具有社会危害性，依照《中华人民共和国刑法》的规定构成犯罪的，依法追究刑事责任；尚不够刑事处罚的，由公安机关依照本法给予治安管理处罚。"

三、质量监督检验部门、工商行政管理部门、邮政管理部门和交通运输部门的管理职责

"质量监督检验部门、工商行政管理部门、邮政管理部门和交通运输部门的管理职责"被规定在《韶关市烟花爆竹燃放安全管理条例》第3条第3款当中，其主要内容是关于质量监督检验部门、工商行政管理部门、邮政部门和交通运输部门，在其各自职责范围内，对烟花爆竹生产经营单位或个人的生产经营活动进行监督检查的规定。

《国务院关于进一步加强企业安全生产工作的通知》（国发〔2010〕23号）第11条规定："进一步加大安全监管力度。强化安全生产监管部门对安全生产的综合监管，全面落实公安、交通、国土资源、建设、工商、质检等部门的安全生产监督管理及工业主管部门的安全生产指导职责，形成安全生产综合监管与行业监管指导相结合的工作机制，加强协作，形成合力。在各级政府统一领导下，严厉打击非法违法生产、经营、建设等影响安全生产的行为，安全生产综合监管和行业管理部门要会同司法机关联合执法，以强有力措施查处、取缔非法企业。对重大安全隐患治理实行逐级挂牌督办、公告

〔1〕 傅俊华编著：《公安基础理论》，河南人民出版社2010年版，第95页。

制度，重大隐患治理由省级安全生产监管部门或行业主管部门挂牌督办，国家相关部门加强督促检查。对拒不执行监管监察指令的企业，要依法依规从重处罚。进一步加强监管力量建设，提高监管人员专业素质和技术装备水平，强化基层站点监管能力，加强对企业安全生产的现场监管和技术指导。”任何一项安全管理工作都不可能仅仅依靠一个安全生产监督管理部门单独完成，烟花爆竹生产经营行业也不例外。烟花爆竹安全管理工作，既涉及烟花爆竹生产经营过程中安全生产监督管理问题，也涉及烟花爆竹生产经营资格问题、流通过程及其本身质量保证问题、邮递问题和交通运输安全问题。因此烟花爆竹安全管理问题，除了关系安全生产监督管理部门和公安部门之外，还需要质量监督检验部门对烟花爆竹质量的监督管理；需要工商行政管理部门对烟花爆竹生产、经营和零售单位与个人的生产营销资格进行监督管理；需要邮政管理部门对含有烟花爆竹的邮件物品进行监督管理；需要交通运输部门对烟花爆竹交通运输过程中道路交通安全进行监督管理。

（一）质量监督检验管理职责

国家标准 GB/T6583 对质量监督的定义是：“为保证满足质量要求，由用户或第三方对程序、方法、条件、产品、过程和服务进行连续评价，并按规定标准或合同要求对记录进行分析。”该定义的监督主体是企业本身，所以是一种狭义的质量监督。[1]广义的质量监督是指调动各方面的社会力量，采用行政管理、群众监督以及社会舆论等手段，按照有关的国家法规、标准和规定的要求，通过生产认证、质量审核、评比检查、市场管理、标准化管理和消费者运动等形式，对产品质量进行分析、鉴别并对企业的质量管理效能进行检查、评比和评价，以促进生产经营者提高和保证产品质量，维护用户利益的一种监督活动。[2]

2013 年 3 月 1 日，中华人民共和国国家质量监督检验检疫总局与中国国家标准化管理委员会联合发布的《烟花爆竹安全与质量》（GB 10631-2013）是质量监督检验管理部门在履行对烟花爆竹质量监督检验职责时必须遵守的国家标准。根据《烟花爆竹安全与质量》的规定，质量监督检验主要对烟花

---

〔1〕季任天、黄旭辉、杨幽红：《质量监督检验检疫概论》，中国计量出版社 2007 年版，第 8 页。

〔2〕冯叙桥、赵静主编：《食品质量管理学》，中国轻工业出版社 1995 年版，第 29 页。

爆竹如下一些事项进行监督检验：（1）产品的运输包装标志和销售包装标志；（2）产品的销售包装（含内包装）和运输包装；（3）产品的外观；（4）产品的部件；（5）产品的结构和材质；（6）产品的药种、药量及安全性能；（7）燃放性能。此外，质量监督检验部门还应当遵守《烟花爆竹安全与质量》中规定的“组批检验”和“型式检验”两种检验规则。

烟花爆竹不仅因生产、经营、运输、储存、销售及燃放等不当行为而造成安全事故，烟花爆竹的质量出现问题也会带来严重的安全隐患。因此，质量监督检验部门职责的认真履行在控制烟花爆竹安全事故过程中所起的作用不可小觑，应当引起相关政府部门的高度重视。

（二）工商行政管理部门管理职责

所谓工商行政管理，是指为了建立和维护市场经济秩序，国家通过特设的行政管理机构，对市场主体及其市场经济活动，依法进行的管理和监督。[1]《工商行政管理暂行规定》（已失效）第2条对工商行政管理机关的基本任务作了明确规定。其具体内容为：“各级工商行政管理机关是各级人民政府的职能机构，主管市场监督管理和行政执法；工商行政管理机关的基本任务是：确认市场主体资格，规范市场主体行为，维护市场经济秩序，保护商品生产经营者和消费者的合法权益；参与市场体系的规划、培育；负责商标的统一注册和管理；实施对广告业的宏观指导；监督管理个体、私营经济，指导其健康发展。”根据《工商行政管理暂行规定》的有关规定，工商行政管理部门主要职责有以下几个方面：

1. 登记注册管理职责

依法对市场主体进入市场、退出市场的行为进行登记管理与监督管理，确认企业法人及各类生产经营者的合法地位，把好市场准入关。《工商行政管理暂行规定》第14条规定：“工商行政管理机关是法律、法规确定的登记主管机关，负责确认从事商品生产、经营活动的各类企业、事业单位、社会团体、公民个人（简称‘经营者’，下同）的法人资格或合法经营地位，依法履行下列登记管理职责：（一）受理经营者的设立、变更或者注销登记申请，并依照法律、法规规定的原则和程序，审查是否予以核准登记；（二）通过年度检验制度等方式，对经营者的登记注册行为及其相关活动进行监督；

[1] 曹英耀、曹毅编著：《工商行政管理教程》，中山大学出版社2005年版，第1页。

（三）查处各类违反有关登记管理规定的行为；（四）法律、法规规定的其他登记管理职责。”

2. 市场管理职责

依法对各类市场主体在商品市场、生产要素市场等各种类型市场的经营活动进行监督控制，按照有关法律、法规和社会主义统一大市场的要求，对经济活动行为进行全方位、全过程的监督管理，保护合法经营，制止和打击非法经营。《工商行政管理暂行规定》第 15 条规定：“工商行政管理机关是经营者市场交易活动的监督管理机关，负责查处下列违法行为：（一）不正当竞争行为和违法的垄断行为；（二）损害消费者权益的行为；（三）投机倒把行为；（四）其他违法、违章的市场交易行为。”

3. 合同管理职责

社会主义市场经济条件下，社会经济活动都要通过合同来确定各方的权利、义务关系，以保障协作关系的巩固和社会再生产各环节的衔接，使市场经济正常运转。工商行政管理通过对合同的订立、履行的监督管理与合同鉴证工作，检查、发现、制止违法合同行为，打击合同诈骗行为，保证社会经济的顺利进行。《工商行政管理暂行规定》第 16 条规定：“工商行政管理机关负责合同的监督检查，依法履行下列职责：（一）查处利用合同危害国家利益、社会公共利益，以及侵害他人合法权益的行为；（二）对企业以动产（航空器、船舶、车辆除外）设定抵押，订立抵押合同的，负责有关动产抵押物的登记，并对违反有关抵押物登记管理规定的行为进行查处；（三）法律、法规规定的其他合同管理职责。”

4. 商标注册管理职责

依法受理商标登记注册，确认和保护注册商标的专用权，打击假冒注册商标的违法犯罪行为，并对未注册商标的使用进行监督管理。《工商行政管理暂行规定》第 17 条规定：“国家工商行政管理局负责商标的注册和管理，依法履行下列职责：（一）受理经营者商标注册申请和其他有关注册商标的转让、变更、续展申请，并依照法律、法规规定的原则和程序，审查决定是否予以核准注册；（二）对注册商标使用进行监督管理，对是否撤销注册商标作出决定；（三）受理商标使用许可合同备案；（四）受理商标专用权出质登记；（五）驰名商标的认定和保护；（六）处理商标争议事宜，对商标评审案件作出终局裁定或者决定；（七）指定或者认可商标代理机构，并指导其工作；（八）法律、法规规定的其他相关职责。”

5. 公平交易执法职责

依法对市场主体及其市场经济活动进行监督检查和公平交易执法，反对不正当竞争行为，维护生产经营者和消费者的合法权益，维护市场经济秩序。《工商行政管理暂行规定》第 18 条规定：“工商行政管理机关对各类商品交易市场实施监督管理，依法履行下列职责：（一）开展各类商品交易市场登记及统计工作；（二）对消费品、生产资料市场中的交易行为进行规范和监督，查处其中各类违反有关市场管理规定的行为；（三）参与金融、劳动力、房地产、技术、信息、期货、文化等市场的监督管理；（四）参与我国市场体系的培育、发展和有关市场布局的论证、规划。”第 19 条规定：“工商行政管理机关依法监督管理个体工商户、个人合伙和私营企业，规范其经营行为，指导其健康发展，并参与有关个体、私营经济发展的方针、政策的制订和规划。”

6. 广告监督管理职责

广告监督管理不单是工商行政管理机关的任务，同时要有其他有关部门的把关和配合。首先要有业务主管部门对广告的事前审批，其后有广告经营单位对广告的事前审查，最后才是广告监督管理机关——工商行政管理局——对广告的事后监督、检查和处理。特别是对一些虚假广告行为，要给予严厉的查处，以保障市场经济的公平竞争和健康发展。《工商行政管理暂行规定》第 20 条规定：“工商行政管理机关是广告监督管理机关，依法履行下列职责：（一）负责实施广告经营许可制度，对广告经营资格进行审批，对户外广告进行登记；（二）查处各类广告违法行为；（三）制订并实施广告业发展的方针、政策和规划；（四）指导广告审查机构和广告行业组织的工作。”

7. 其他管理职责

工商行政管理部门除了以上法律职责之外，还负有指导各种协会的职责。如《工商行政管理暂行规定》第 21 条规定：“工商行政管理机关负责对工商行政管理学会和消费者协会、广告协会、商标协会、个体劳动者协会、私营企业协会等有关协会的工作进行指导。”

工商行政管理机关应当依据《工商行政管理暂行规定》的规定履行其各项职责，法律、法规有规定的，依照其规定；法律、法规没有规定的，依照国家有关政策、国务院决定或者工商行政管理规章执行。此外，国家工商行政管理局可以按照法律、法规的规定或者国务院的指示，并根据实际工作需要，单独或者与国务院有关部门联合制定规章或者发布其他具有同等效力的规范性文件，对工商行政管理范围内的各种社会关系进行规范。各级工商行政管理机关应当加强工商行政管理法制宣传，以增加管理对象及全社会的法制观念，使各类市场行为依法有序进行。

烟花爆竹行业是社会主义市场经济的组成部分，既是一种经济产业，更是一种文化产业，其良性运行不仅关系到地区经济的发展，也关系到中华民族历史文化的传承。由于烟花爆竹易燃易爆属性，法律法规对烟花爆竹生产经营和销售单位或个人规定了严格的市场准入条件。2013 年国家安全生产监督管理总局颁布的《烟花爆竹经营许可实施办法》第 3 条规定："从事烟花爆竹批发的企业（以下简称'批发企业'）和从事烟花爆竹零售的经营者（以下简称'零售经营者'）应当按照本办法的规定，分别取得《烟花爆竹经营（批发）许可证》（以下简称'批发许可证'）和《烟花爆竹经营（零售）许可证》（以下简称'零售许可证'）"，"未取得烟花爆竹经营许可证的，任何单位或者个人不得从事烟花爆竹经营活动"。该法第 16 条对零售经营者经营条件作了如下规定："（一）符合所在地县级安全监管局制定的零售经营布点规划；（二）主要负责人经过安全培训合格，销售人员经过安全知识教育；（三）春节期间零售点、城市长期零售点实行专店销售。乡村长期零售点在淡季实行专柜销售时，安排专人销售，专柜相对独立，并与其他柜台保持一定的距离，保证安全通道畅通；（四）零售场所的面积不小于 10 平方米，其周边 50 米范围内没有其他烟花爆竹零售点，并与学校、幼儿园、医院、集贸市场等人员密集场所和加油站等易燃易爆物品生产、储存设施等重点建筑物保持 100 米以上的安全距离；（五）零售场所配备必要的消防器材，张贴明显的安全警示标志；（六）法律、法规规定的其他条件。"工商行政管理部门在行使烟花爆竹安全生产监督管理职责时，应当依法对经营和销售单位或个人的经营销售资格、营业执照的发放、市场营销行为等方面进行督促和检查，严厉打击非法经营销售和扰乱市场竞争行为，净化烟花爆竹市场环境，从经营销售单位或个人市场准入条件和市场经营行为两个方面防止烟花爆竹安全事故发生。

（三）邮政管理部门管理职责

人们对邮政的概念可从多个角度加以认知：（1）从行业的角度，传统邮政是国家开办并直接管理的、利用运输工具以传递实物载体信息为主的通信行业；（2）从发挥的社会作用来看，传统邮政是人们进行政治、经济、科学、文化、教育等活动和人们联系交往的公用性基础设施；（3）从提供的服务来看，传统邮政是以实物为载体传递信息的一种通信方式。随着邮政改革的深入，邮政的内涵也发生了很大变化。在一些改革的国家，邮政不再由国家直接管理，而是成了一个公司；另外，邮政业务也发生了重大变化，邮政开始从事诸如物流、邮购等业务。综合上述各种角度，可以将邮政定义为：邮政是利用遍布世界各地的寄递网络，向社会提供传递实物载体信息、传递物励以及其他相关服务的行业。从邮政的概念可以看出，邮政是一个服务行业，邮政的主体业务是寄递服务。而其他服务是利用邮政网络优势和便利而提供的。邮政向社会提供通信服务，但这种通信服务的一个重要特点是信息以实物为载体。〔1〕邮政通信是关系国家主权、国家信息安全和国计民生的特殊行业。邮电分营后，邮政已成了国民经济中独立运行的一个部门。正确认识邮政在国民经济中的地位和作用，让邮政更好地服务于社会，更多地提供高效、优质的邮政信息服务。〔2〕邮政寄递类业务主要包括函件业务、包件业务、特快专递业务、机要通信业务等四个方面。〔3〕邮政寄递类业务的开展需要借助于一定的邮路。邮路是邮政网的连线，即在邮政局所、邮件处理中心以及相互之间按照规定的班期、固定路线运输邮件所行驶的路线。各种邮路相互贯通组成邮政运输系统。各种邮路和邮路上运行的各种邮运工具连接着各收寄端、邮件处理中心、投递端以及车站、机场、码头，担负着运输邮件的任务。〔4〕

2015年修订的《中华人民共和国邮政法》第61~66条对邮政管理部门监督检查职权作了明确规定：（1）进入邮政企业、快递企业或者涉嫌发生违反本法活动的其他场所实施现场检查；（2）向有关单位和个人了解情况；（3）查阅、复制有关文件、资料、凭证；（4）经邮政管理部门负责人批准，查封与违反本法活动有关的场所，扣押用于违反本法活动的运输工具以及相关物品，对信件以外的涉嫌夹带禁止寄递或者限制寄递物品的邮件、快件开拆检查；（5）邮政管理部门根据履行监督管理职责的需要，可以要求邮政企业和快递

〔1〕 赵栓亮等编：《邮政业务与管理》，天津大学出版社2010年版，第13页。

〔2〕 王为民主编：《邮政通信组织管理》，北京邮电大学出版社2008年版，第2页。

〔3〕 王为民主编：《邮政管理基础知识》，人民邮电出版社2003年版，第6页。

〔4〕 王为民主编：《邮政基础管理实务》，北京邮电大学出版社2010年版，第64页。

企业报告有关经营情况；（6）邮政管理部门进行监督检查时，监督检查人员不得少于二人，并应当出示执法证件。对邮政管理部门依法进行的监督检查，有关单位和个人应当配合，不得拒绝、阻碍；（7）邮政管理部门工作人员对监督检查中知悉的商业秘密，负有保密义务；（8）邮政企业和快递企业应当及时、妥善处理用户对服务质量提出的异议。用户对处理结果不满意的，可以向邮政管理部门申诉，邮政管理部门应当及时依法处理，并自接到申诉之日起30日内作出答复；（9）任何单位和个人对违反本法规定的行为，有权向邮政管理部门举报。邮政管理部门接到举报后，应当及时依法处理。

《中华人民共和国邮政法》第26条规定："邮政企业发现邮件内夹带禁止寄递或者限制寄递的物品的，应当按照国家有关规定处理。"《中华人民共和国邮政法实施细则》第33条规定："禁止寄递或者在邮件内夹带下列物品：（一）法律规定禁止流通或者寄递的物品；（二）反动报刊书籍、宣传品或者淫秽物品；（三）爆炸性、易燃性、腐蚀性、放射性、毒性等危险物品；（四）妨害公共卫生的物品；（五）容易腐烂的物品；（六）各种活的动物；（七）各种货币；（八）不适合邮寄条件的物品；（九）包装不妥，可能危害人身安全、污染或者损毁其他邮件、设备的物品。前款物品，符合邮电部特准交寄规定并确保安全的，可以收寄。"

烟花爆竹属于易燃易爆物品，当然归属于《中华人民共和国邮政法实施细则》第33条规定的"禁止寄递物品"。由于邮政寄递类业务涉及的邮路非常广泛，既涉及铁路、公路运输，也涉及河道运输、航空运输和海洋运输。如果邮政管理部门没有尽其管理职责，让烟花爆竹流入邮政邮路之中，将会给寄递物品的运输安全带来极大的安全隐患。是故，在烟花爆竹安全生产监督管理过程中，邮政管理部门的监督管理职责不可忽视。

（四）交通运输部门管理职责

所谓交通运输，是指运输工具在运输网络上的流动和运输工具上载运的人员与物资在两地之间位移这一经济活动的总称。[1]交通运输业是国民经济的重要组成部分，是保证人们在政治、经济、文化、军事等方面联系交往的手段，也是衔接生产和消费的一个重要环节。因此，交通运输业在现代社会的各个方面起着十分重要的作用。现代化交通运输主要包括铁路、水路、公

〔1〕 连义平主编：《综合交通运输概论》，西南交通大学出版社2006年版，第2页。

路、航空和管道五种运输方式，[1]这五种运输方式各有其不同的技术经济特征与使用范围，必须综合协调发展，充分发挥各种运输方式的优势，扬长避短，才能最大限度地节省运输建设投资和运输费用，为各种方式的加速发展、不断更新技术和提高服务质量提供条件。[2]交通运输系统是复杂的人—机动态系统，其运输生产过程是多工种联合的多环节（如货物运输的承运、保管、装卸、运送、途中作业、交付等）作业过程，涉及设备数量庞大、种类繁多、设备布局的网络状态和作业岗位独立分散的特点，使各工种和各环节的协同配合都离不开严格有效的管理。因此，交通运输安全在很大程度上取决于管理的效能。[3]

造成交通事故的因素很多，按照交通工程学的观点，交通事故是人、车、路、环境和管理互不协调的综合反映，所以造成交通事故的原因主要也就是人、车、路、环境和管理这五个方面的因素。[4]既有主观因素，也有客观因素。在交通事故中，人，既是交通事故的受害者，同时又是交通事故的制造者。在任何一起交通事故中，没有不存在人的因素的，[5]既有机动车驾驶员、非机动车驾车人、行人、乘车人等人的因素，也有交通运输管理者的因素。

烟花爆竹交通运输安全既涉及烟花爆竹货物运输过程中的安全问题，也涉及其他货物或旅客运输过程中非法装运或携带烟花爆竹的道路运输安全问题。这就要求交通运输管理部门认真履行其职责，在规划好烟花爆竹道路运输线路的同时，对包括烟花爆竹货物运输车辆在内的各种货物或旅客运输车辆进行安全检查，彻底消除交通运输安全隐患，确保交通运输生命线安全、畅通。

四、乡、镇人民政府和街道办事处的管理职责

《中华人民共和国宪法》第30条规定："中华人民共和国的行政区域划分如下：（一）全国分为省、自治区、直辖市；（二）省、自治区分为自治州、县、自治县、市；（三）县、自治县分为乡、民族乡、镇。"根据本条的规定，

---

[1] 刘南主编：《交通运输学》，浙江大学出版社2009年版，第1页。

[2] 杨浩主编：《交通运输概论》，中国铁道出版社2009年版，第1页。

[3] 顾正洪主编：《交通运输安全》，东南大学出版社2009年版，第14页。

[4] 王昆元主编：《道路交通运输安全管理》，机械工业出版社2004年版，第123页。

[5] 王昆元主编：《道路交通运输安全管理》，机械工业出版社2004年版，第120页。

我国的行政区域一般分为以下三个层级：一是省级行政区划，即省、自治区和直辖市；二是县级行政区划，包括县、自治县、不设区的市、市辖区；三是乡级行政区划，包括乡、民族乡、镇。而在设立自治州和设区市的地方行政区域，行政区划则是分为四个层级：一是省、自治区；二是自治州、设区的市；三是县、自治县、不设区的市、市辖区；四是乡、民族乡、镇。实际上，如今大多数地方的行政区划都是分为四个层级。可见，在我国，乡、镇人民政府是最低层次行政机关，行使一个层级人民政府法定职权。

现行的《中华人民共和国地方各级人民代表大会和地方各级人民政府组织法》第61条对乡、镇人民政府的职责作了明确规定。其具体内容如下："乡、民族乡、镇的人民政府行使下列职权：（一）执行本级人民代表大会的决议和上级国家行政机关的决定和命令，发布决定和命令；（二）执行本行政区域内的经济和社会发展计划、预算，管理本行政区域内的经济、教育、科学、文化、卫生、体育事业和财政、民政、公安、司法行政、计划生育等行政工作；（三）保护社会主义的全民所有的财产和劳动群众集体所有的财产，保护公民私人所有的合法财产，维护社会秩序，保障公民的人身权利、民主权利和其他权利；（四）保护各种经济组织的合法权益；（五）保障少数民族的权利和尊重少数民族的风俗习惯；（六）保障宪法和法律赋予妇女的男女平等、同工同酬和婚姻自由等各项权利；（七）办理上级人民政府交办的其他事项。"

街道办事处的性质不同于乡、镇人民政府。《中华人民共和国地方各级人民代表大会和地方各级人民政府组织法》第68条规定："省、自治区的人民政府在必要的时候，经国务院批准，可以设立若干派出机关。"现行《地方组织法》第68条还规定，县、自治县的人民政府在必要时，经省、自治区、直辖市的人民政府批准，可以设若干区公所，作为它的派出机关；市辖区、不设区的市的人民政府，经上一级人民政府批准，可以设立若干街道办事处，作为它的派出机关。[1]可见，与乡、镇人民政府不同，街道办事处不是一级行政区划，而是市辖区、不设区的市的人民政府的派出机关。

街道办事处虽然不是一级政府组织，但是它作为政府组织系统的基层行政是直接面对社会的。它在党委、政府的领导下，贯彻执行党的路线、方针、

〔1〕 许崇德主编：《宪法》，中国人民大学出版社2009年版，第265页。

政策和国家的各项法律、法规，负责街区内的地区性、群众性、公益性、社会性的工作。[1]街道办事处是市辖区人民政府或不设区的市人民政府的派出机关，受市辖区人民政府或不设区的市人民政府领导，行使市辖区或不设区的市人民政府赋予的职权。基本职能是：（1）贯彻执行党和国家的路线方针、政策以及市、区关于街道工作方面的指示，制订具体的管理办法并组织实施；（2）指导、搞好辖区内居委会的工作，支持、帮助居民委员会加强思想、组织、制度建设，向上级人民政府和有关部门及时反映居民的意见、建议和要求；（3）抓好社区文化建设，开展文明街道、文明单位、文明小区建设活动，组织居民开展经常性的文化、娱乐、体育活动；（4）负责街道的人民调解、治安保卫工作，加强对违法青少年的帮教转化，保护老人、妇女、儿童的合法权益；（5）协助有关部门做好辖区拥军优属、优抚安置、社会救济、殡葬改革、残疾人就业等工作，积极开展便民利民的社区服务和社区教育工作；（6）会同有关部门做好辖区内常住和流动人口的管理及计划生育工作，完成区下达的各项计划生育指标任务；（7）协助武装部门做好辖区民兵训练和公民服兵役工作；（8）负责在辖区开展普法教育工作，做好民事调解，开展法律咨询、服务等工作，维护居民的合法权益，搞好辖区内社会管理综合治理工作；（9）负责本辖区的城市管理工作，发动群众开展爱国卫生运动，绿化、美化、净化城市环境，协助有关部门做好环境卫生、环境保护工作；（10）负责本辖区的综合执法工作，维护辖区的良好秩序；（11）负责研究辖区经济发展的规划，协助有关部门抓好安全生产工作；（12）配合有关部门做好辖区内的三防、抢险救灾、安全生产检查、居民迁移等工作；（13）承办区委、区政府交办的其他工作。

无论是一级人民政府，还是上级人民政府派出机关，乡、镇人民政府和街道办事处除了认真履行自身的职责之外，还必须认真办理上级人民政府交办的工作，其中协助上级人民政府工作是其重要的职责内涵。《安全生产法》第8条第3款规定：“乡、镇人民政府以及街道办事处、开发区管理机构等地方人民政府的派出机关应当按照职责，加强对本行政区域内生产经营单位安全生产状况的监督检查，协助上级人民政府有关部门依法履行安全生产监督

〔1〕白杰：《街道办事处权力运作逻辑——对宣南的实证研究》，中国商业出版社2010年版，第2页。

管理职责。”在烟花爆竹安全生产监督管理工作中，乡、镇人民政府以及街道办事处除了应当加强对本行政区域内烟花爆竹经营的安全监督检查，还应当协助上级人民政府有关部门依法履行烟花爆竹安全生产监督管理职责。

对于基层人民政府的地位和作用，费孝通先生在其《乡土中国》一书中曾经说过这样耐人寻味的话：“我想提出来讨论的是地方基层行政，这是普通不太注意但是和老百姓生活最密切的一层。”〔1〕乡、镇人民政府和街道办事处是基层人民政府，其行政管理与近十亿中国普通老百姓的生活息息相关。作为广东省粤北山区，韶关下辖浈江区、武江区、曲江区、仁化县、始兴县、翁源县、新丰县和乳源瑶族自治县，代管乐昌市和南雄市，共 9 个街道办事处、4 个办事处、93 个镇、1 个民族乡。全市土地面积 1.85 万平方公里，居广东省第二位。至 2015 年末，韶关市全市户籍人口 330.21 万人，其中城镇人口 149.02 万人，乡村人口 181.19 万人。韶关市还是广东省少数民族主要聚居地区之一，世居少数民族为瑶族和畲族，少数民族总人口约 5.5 万人，占全市总人口的 1.7%。其中瑶族 3.2 万人，畲族 1.1 万人，主要分布在乳源瑶族自治县、始兴县、南雄市、曲江区、翁源县、仁化县、乐昌市、武江区等 8 个县（市、区）的 51 个乡镇、130 个行政村、376 个自然村。辖有一个自治县即乳源瑶族自治县，一个民族乡即始兴县深渡水瑶族乡。在地形结构上，韶关地形以山地丘陵为主，河谷盆地分布其中，平原、台地面积约占 20 %。地势北高南低，海拔 1902 米的石坑崆为广东第一高峰。河流主要属珠江水系北江流域，北江以浈江为干流，主要支流有武江、墨江、锦江、翁江、南水。属中亚热带湿润型季风气候区，气候宜人。年平均温度为 21℃，年平均降雨量为 1700 毫米，全年无霜冻期为 310 天左右，冬季北部有雪。韶关是全国重点林区，广东用材林、水源林和重点毛竹基地，被誉为华南生物基因库和珠江三角洲的生态屏障；林业用地面积 142 万公顷，活立木总蓄积量 8475 万立方米，森林覆盖率 75%。〔2〕

在如此复杂的社会构造和独特的地形结构情况下，烟花爆竹非法生产、经营、销售、储存和运输的不法分子，很容易将自己隐匿起来，从事烟花爆

〔1〕 费孝通：《乡土中国》（1948 年），世纪出版集团、上海人民出版社 2007 年版，第 146 页。

〔2〕 资料来源：韶关市人民政府门户网：http://www.sg.gov.cn/website/newportal/portalSiteAction.action，2016 年 5 月 23 日访问。

竹非法生产经营活动。如果不能有效、及时地加以治理，韶关地区烟花爆竹安全隐患就不能彻底地得以根除。因此，在烟花爆竹安全生产监督管理过程中，乡、镇人民政府和街道办事处对本行政区域内烟花爆竹生产经营的安全监督检查及对上级人民政府有关部门依法履行烟花爆竹安全生产经营监督管理职责的协助，在韶关地区显得尤为重要。

第四条　市、县（市、区）人民政府应当定期组织公安、安全生产监督管理、质量监督检验、工商行政管理、邮政管理和交通运输等部门开展烟花爆竹安全监督检查，对烟花爆竹安全隐患进行排查处理，打击非法经营、储存、运输烟花爆竹的行为。烟花爆竹相关行业协会应当积极配合有关部门开展烟花爆竹安全监督检查。

【导读与释义】

本条是关于政府及其各职能部门在烟花爆竹安全隐患排查中联合履行各自职责以及要求烟花爆竹相关行业积极配合的规定。

烟花爆竹安全事故既可能发生在生产和燃放过程中，也可能发生在经营、储存和运输过程中。由于管理上疏漏或管理死角的存在，加上可观的行业利益的诱惑，非法生产烟花爆竹的厂商总是在某个角落活跃着。这些非法生产厂商的存在，由于厂房、设备、资金、人员素质、技术、工艺、原材料、管理等方面存在严重缺陷，导致劣质烟花爆竹产品的出现不可避免。即使是合法正规厂商，也会因获取最大利润的动机，偷工减料，采取非法生产手段和工序进行生产，烟花爆竹的质量也很难得到保障。这些劣质的烟花爆竹产品一旦经过流通程序流入市场，不仅会给运输安全带来隐患，而且会给经营、储存、销售和燃放等各个环节带来极大的安全隐患。现实生活中血淋淋事实给我们充分地展示了这一点，需要引起各有关部门高度重视。

一、烟花爆竹安全事故历史回顾

2006 年至 2015 年的 12 月份，全国共发生烟花爆竹生产经营事故 108 起、死亡 193 人，其中，较大事故 18 起、死亡 80 人；2006 年至 2015 年的 11 月份，全国共发生烟花爆竹生产经营事故 103 起、死亡 247 人，其中，较大事故20起、死亡82人，重大事故4起、死亡47人；2006年至2015年的10月份，全国共发生烟花爆竹生产事故97起、死亡184人，其中，重大事故1起、死亡19人，较大事故19起、死亡73人；2006年至2015年的9月份，全国共发生烟花爆竹生产事故55起、死亡110人，其中，重大事故1起、死亡14人，较大事故10起、死亡38人；2006年至2015年的8月份，全国共发生烟花爆竹生产事故38起、死亡132人，其中，特别重大事故1起、死亡37人，重大事故1起、死亡17人，较大事故10起、死亡46人；2006年至2015年的7月份，全国共发生烟花爆竹生产事故37起、死亡80人，其中，重大事故1起、死亡22人；较大事故3起、死亡15人；2006年至2015年的6月份，全国共发生烟花爆竹生产事故43起、死亡105人，其中，重大事故1起、死亡28人，较大事故9起、死亡37人；2006年至2015年的5月份，全国共发生烟花爆竹生产经营事故73起、死亡125人，其中，重大事故1起、死亡13人，较大事故9起、死亡38人；2006年至2015年的4月份，全国共发生烟花爆竹生产事故71起、死亡112人，其中，较大事故5起、死亡28人，没有发生重大及以上事故；2006年至2015年的3月份，全国共发生烟花爆竹生产经营事故77起、死亡119人，其中，较大事故10起、死亡41人，没有发生重大及以上事故；2006年至2015年的2月份，全国共发生烟花爆竹生产经营事故35起、死亡76人，其中，较大事故10起、死亡42人，没有发生重大及以上事故；2006年至2015年的1月份，全国共发生烟花爆竹生产经营事故109起、死亡227人，其中，较大事故21起、死亡94人，重大事故2起、死亡23人，没有发生特别重大事故。[1]在这些众多的烟花爆竹安全事故中，既有发生在生产环节的，也有发生在经营、储存、运输和燃放环节的。在生产环节，有合法生产但违规操作导致的烟花爆竹安全事故，如2016年1月底以来，广西壮族自治区接连发生3起烟花爆竹事故：1月30日，钦州市浦北县泉水烟花基地（烟花爆竹生产企业）发生爆炸，造成2人死亡，事故的原因是，该企业有2个生产区，事发生产区原为组合烟花生产线，2012年以来一直处于停产状态，2015年12月该生产区改造为爆竹生产线，该企业将剩余的工房出租给他人，违法组织生产组合烟花时发生爆炸；2月24日，玉林市博

〔1〕 资料来源：国家安全生产监督管理总局官网：http://www.chinasafety.gov.cn/newpage/Contents/Channel_ 21156/2016/0329/266923/content_ 266923.htm，2016年12月19日访问。

白县龙潭爆竹厂称量工房发生爆炸，造成1人死亡，事故的原因是，该企业违反停产整顿指令组织生产，作业人员违规在称量工房内同时称量氧化剂和还原剂，在清扫散落在地面的氧化剂与还原剂时发生爆炸；3月2日，北海市安兴达化工有限公司（黑火药生产企业）发生爆炸，造成2人死亡、2人受伤，事故的原因是，该企业压药工房发生爆炸，继而引起相邻包片工房爆炸，造成包片工房的2名作业人员死亡，压药控制室内2名作业人员受伤。也有非法生产导致的烟花爆竹安全事故，如2016年初接连发生了河南开封通许"1·14"重大烟花爆竹爆炸事故、安徽马鞍山和县"1·15"非法生产烟花爆竹较大事故、江西上饶广丰"1·20"较大烟花爆竹爆炸事故和贵州毕节威宁"2·1"非法制造爆炸物较大爆炸事故，这些事故都是非法生产所造成的。在经营环节，烟花爆竹安全事故大多数是经营者安全意识淡薄所造成的，如2015年2月19日（正月初一）16时许，浙江省金华市永康市象珠镇清渭街文雄烟花爆竹零售点发生爆炸并引起火灾，造成5人死亡、3人受伤，事故的原因是，业主安全意识淡薄，违规在零售点试放，引燃店内外存放的烟花爆竹，经营场所存放的产品超许可限量，并违规将部分产品堆放在店外空地上，零售点"下店上宅"（即楼房下层为零售店，上层为居民住宅），不符合许可安全要求，导致居民楼内人员受伤；2007年2月15日下午，济南市仲宫一非法形成的烟花爆竹市场内因客户在摊位前燃放花炮导致140余摊位陆续引燃，30余辆机动车被烧毁；2006年1月29日，河南林州市临淇镇梨林花炮有限责任公司花炮仓库违规存储的半成品被顽童点燃爆炸，造成附近参加庙会人员36人死亡，48人受伤。在储存环节，烟花爆竹安全事故多半是违规储存和搬运不当酿成的，如2015年2月25日（正月初七）9时许，湖南省岳阳市华容县恒兴烟花爆竹批发公司仓库，工人在装卸烟花爆竹时发生爆炸，造成2人死亡、1人受伤，事故的原因是该批发企业仓库非法储存"鱼雷"（用于炸鱼的爆炸物品）等违禁物品和禁止内销的摩擦型产品；2015年12月28日10点45分，河南省武陟县西陶镇石荆村用村北的闲置厂房储存烟花爆竹时发生了烟花爆竹爆炸事故，造成3人遇难、4人受伤，事故原因是，工人在搬卸烟花爆竹过程中，搬卸不当造成烟花爆竹摩擦碰撞而引起爆炸。在运输环节，烟花爆竹安全事故主要是运输不当造成的，如2005年3月17日，沪瑞高速公路梨温段一辆运输烟花爆竹、药料的货车发生爆炸，在现场的一辆客车同时被炸毁，共造成20余人死亡，爆炸现场附近6人受伤，6栋民房受损；2008年

3月26日19时，新疆S202省道（吐鲁番市区至七泉湖镇）以北三四公里戈壁滩沟壑内（距离市区30公里），卸载准备集中销毁的烟花爆竹时，突然发生重大爆炸事故，造成参与销毁的工作人员中26人死亡，3人下落不明，9人受伤，9辆车毁坏，1辆车受损等严重损失，运输工具不当、运输行为和装卸行为不当是造成这次严重事故的根本原因。在燃放环节，烟花爆竹事故主要是由于燃放行为不当造成的，如2008年9月20日，深圳市龙岗区舞王俱乐部因在舞台上燃放烟花引燃天花板吊顶发生特大火灾，死亡44人，受伤90人；2016年5月17日，湖南省长沙市浏阳市荷花出口烟花厂发生一起爆炸事故，造成5人死亡、1人受伤，据初步调查，事发时该企业违规在工厂办公楼和食堂附近的平台上进行样品试放，引起违规放置在食堂屋顶通往办公楼的通道内4箱（100公斤）黑火药爆炸。

二、烟花爆竹安全事故发生的原因梳理

根据轨迹交叉事故模型来分析事故发生原因，伤害事故是许多相互联系的事件顺序发展的结果，事件有人、物（包括环境）两大发展系列，轨迹交叉理论强调人的因素和物的因素在事故致因中占有同样重要的地位，两者相互联系，互为因果。[1]

烟花爆竹事故的原因由基础原因、间接原因和直接原因构成，基础原因即各类社会因素，包括遗传、经济、文化、教育培训、社会历史、法律设计、制造缺陷、标准缺乏等；间接原因也是本质原因即管理缺陷，受烟花爆竹行业从业人员的生理和心理状态、知识技能情况、工作状态、企业规章制度、人际关系、领导水平以及机器维护保养不当、保管不良、故障、使用错误影响；人的不安全行为与物的不安全状态则是导致事故发生的直接原因。在烟花爆竹的生产事故中，机器的运动轨迹受烟花爆竹生产机器设计、制造缺陷等社会因素与机器维护保养不当、保管不良等管理缺陷影响，从业人员的行为轨迹受遗传、经济、文化等社会因素与生理心理状态、知识技能情况、工作态度、规章制度等管理缺陷影响，当物的不安全状态与人的不安全行为两轨迹相接触时，能量转移至人体，事故发生。[2]

---

〔1〕 田水承、景国勋主编：《安全管理学》，机械工业出版社2009年版，第34页。

〔2〕 田水承、景国勋主编：《安全管理学》，机械工业出版社2009年版，第35页。

三、政府各职能部门相互配合以有效预防烟花爆竹安全事故发生

烟花爆竹安全事故重在预防。2016 年 2 月《国务院安委会办公室关于坚决遏制烟花爆竹事故的紧急通知》针对 2016 年初发生的“贵州省贵安新区在山沟里组织集中销毁已关闭烟花爆竹厂剩余原料过程中发生爆炸事故”“河南开封通许‘1·14’重大烟花爆竹爆炸事故”“安徽马鞍山和县‘1·15’非法生产烟花爆竹较大事故”“江西上饶广丰‘1·20’较大烟花爆竹爆炸事故”和“贵州毕节威宁‘2·1’非法制造爆炸物较大爆炸事故”强调指出：(1) 各地区要立即组织有关部门对烟花爆竹生产、经营、运输、燃放各环节开展全面排查，不漏一个生产经营单位，各环节不留死角，及时发现并消除各类隐患，严防事故发生，确保春节元宵节期间烟花爆竹安全生产形势稳定。对烟花爆竹生产企业，要重点排查节日停产期间安全管理和值班职守制度落实情况，严防丢失、被盗事件发生；对烟花爆竹经营企业，要重点排查仓库安全管理和产品配送安全管理情况；对烟花爆竹零售点，要重点排查销售场所是否存在存放产品超量、销售非法产品的问题；在烟花爆竹运输环节，要重点排查无证非法运输和使用非危险货物运输车辆问题；在烟花爆竹燃放环节，要重点排查违反“禁限放”规定等违法行为。对排查发现的违法违规问题，要依法严格处罚，构成犯罪的，依法追究刑事责任。(2) 各级安全监管、公安、质检、工商、交通运输等部门要依法依规履行好各自的烟花爆竹安全管理职责，本着对人民群众生命财产安全高度负责的态度，牢固树立安全生产红线意识，各司其职，各负其责，严格执法，切实强化烟花爆竹生产、经营、运输、燃放等各环节安全管理。对履职不到位、排查不认真、执法不严格，导致事故发生或隐患长期存在的，要依法依规依纪严肃追究责任。

可见，《管理条例》第 4 条规定的目的重在：在预防烟花爆竹安全事故过程中，公安、安全生产监督管理、质量监督检验、工商行政管理、邮政管理和交通运输等政府职能部门，必须定期和不定期地开展烟花爆竹安全联合监督检查，各司其职，排查处理烟花爆竹安全隐患，打击非法经营、非法储存、非法运输烟花爆竹的行为。在此过程中，需要烟花爆竹相关行业协会协助履行其职责的，烟花爆竹相关行业协会应当积极配合有关部门开展烟花爆竹安全监督检查，做到防患于未然，将烟花爆竹安全事故风险降到最低。

第三章　烟花爆竹安全预防制度

第五条　烟花爆竹经营、运输和举办大型焰火燃放活动依法实行许可证制度。

未经许可，任何单位和个人不得经营、运输烟花爆竹和举办大型焰火燃放活动。

本市行政区域内禁止生产烟花爆竹。

【导读与释义】

本条是关于烟花爆竹经营、运输和举办大型焰火燃放活动的许可制度及关于禁止生产烟花爆竹的规定。

本条共有3款内容，第1款明确规定了烟花爆竹经营、运输和举办大型焰火燃放活动必须依据法定的程序和条件取得许可证；第2款是关于未经许可的禁止性规定；第3款明确指出在韶关市行政区划内禁止生产烟花爆竹。

一、许可证制度一般法理性导读

“许可”是行政机关允许相对人从事某种活动、授予他某种权利的行为，即许可是赋权行为。相对人本没有这项权利，只是因为行政机关的允诺和赋予，才获得该项一般人不能享有的特权。[1]从政府管制的角度看，行政许可是政府运用公权力对个人自由、社会经济活动预防性的（preventative）事前管制机制。行政许可作为政府经常运用的管制技术，主要目的在于预防对公共利益和社会秩序可能造成侵害或影响的活动。[2]一般认为，行政许可发挥的社会功能在于两个方面：一是防范过度的个人自由给公共利益造成危险和

〔1〕［美］伯纳德·施瓦茨：《行政法》，徐炳译，群众出版社1986年版，第7页。

〔2〕See David Gwynn Morgan & Gerard Hogan, *Administrative Law in Ireland* (2nd ed.), Sweet & Maxwell, 1991, p. 226.

侵害；二是国家公权力对市场适度介入以合理地配置资源。[1]运用包括行政许可在内的管制手段来试图纠正社会经济生活中的弊病，是近代管制国家（regulatory state）的一个重要特征。其本质是通过政府干预，修正或控制生产者或消费者的行为，从而达到某个特定的目的。[2]

作为政府管理的一种形式，行政许可具有以下四个主要特征[3]：(1) 它含有一个“通知”的要求——要求申请人将他们从事某一特定行为的意愿以及此种行为的特征（比如营业场所和法人名称）告知许可的授予机构；(2) 它为从事特定行为设立了“实体标准”，即任何人从事这些特定行为都必须满足的条件。其中一些条件是必须事前达到的“准入标准”，其他条件则需要在从事这些行为及其他活动当中得到遵循；(3) 它包括一个“事先批准”的要求——在从事特定活动前，申请人需要取得许可授予机构的批准，在决定是否授予这一事先的批准时，许可授予机构必须检验申请人是否满足了准入标准，当然，许可授予机构通常有一定程度的自由裁量权；(4) 申请的批准是“强制性”的，任何人没有获得许可，不得从事相关行为及其他活动，否则则视为非法。因此，如果行为人没有获得许可而从事特定行为或活动，一旦被确认，他可能受到严厉的法律惩罚，而即使得到许可，如果他在从事商业行为及其他活动时没有遵守后续标准，也可能被吊销许可。[4]

行政许可被广泛地运用于众多领域，如执业资格的准入控制、与公共安全和公共利益相关的职业和商业活动（如公用事业许可）、具有高风险的产品或器材、有限自然资源的开发（如土地和石油）以及稀缺资源的分配（如航空线路）。[5]一般而言，许可可以分为两类：第一类是指授予所有满足最低标准的申请人并鼓励尽可能多的适格申请人参与市场竞争的许可。典型的例子如执业资格许可、产品和器材的许可；第二类许可授予个人或企业一项排他性的或垄断性的权利，使其独占整个市场，从事特定活动，因此，只能从大

---

〔1〕 刘恒主编：《行政许可与政府管制》，北京大学出版社 2007 年版，第 1 页。

〔2〕 ［美］小贾尔斯·伯吉斯：《管制与反垄断经济学》，冯金华译，上海财经大学出版社 2003 年版，第 4 页。

〔3〕 See “Bureau of Industry Economics (Australia)”, *Business licences and Regulation Reform* (1996), p. 5, 18.

〔4〕 张卿：《行政许可法和经济学》，北京大学出版社 2013 年版，第 2 页。

〔5〕 See C. Scott and J. Black, *Cranston's Consumers and the Law* (2000), p. 447.

量适格的申请人中选择最佳的申请人，[1]公用事业许可就是一个典型的例子。与前一种类型的许可相比，第二种类型的许可在许可标准及程序方面有着不同的依据，经常被称为“特许经营权”。[2]

综上所述，“行政许可”即“行政准许”“行政允许”之意，指作为行政机关的行政管理一方允许另一方行政相对人从事某种活动，非经允许不得为之，否则属违法。行政许可行为的生存空间很大，既有管理领域的许可，也有政治、经济、社会等领域的许可。然而，行政许可作为一种正式而独立的法律制度，主要表现为民事许可和行政许可。其中，民事许可为民事权利让渡的一种方式，行政许可则是行政权对公民权利和自由进行事前抑制与干预的一种手段。在行政法领域，公民要从事特定的行为，首先要经行政机关审查同意，并获得相应的许可凭证（我国古代对许可凭证曾有不同的称呼，例如“验符”“公验”“公凭”等）。[3]从行政机关的角度来看，行政许可可以合理配置稀缺资源，预防危害社会的行为或事件发生，保持经济持续发展和社会协调进步；对公民而言，公民获得了行政机关就其申请的特定行为所给予的准许，同时也就意味着行政机关不得随意干预其已获准许的特定行为。因此，许可就成了备受行政机关青睐的管理手段，被各国广泛应用于行政管理活动之中。[4]

二、经营单位取得烟花爆竹经营许可证的条件

烟花爆竹的批发业和零售业显然属于上述的第二类许可，属于“特许经营权”。根据国家安全生产监督管理总局2013年颁布并实施的《烟花爆竹经营许可实施办法》第6条、第7条和第16条的规定，批发和零售烟花爆竹的经营者必须具备一定的条件，方可取得经营许可证。

批发烟花爆竹的经营者必须符合下列条件：(1) 具备企业法人条件；(2) 符合所在地省级安全监管局制定的批发企业布点规划；(3) 具有与其经营规模和产品相适应的仓储设施。仓库的内外部安全距离、库房布局、建筑

---

〔1〕 See A. Ogus: Regulation: *Legal Form and Economic Theory* (1994), p. 214.

〔2〕 张卿：《行政许可法和经济学》，北京大学出版社2013年版，第3页。

〔3〕 张朝霞编著：《行政处罚法学与行政许可法学》，甘肃人民出版社2006年版，第165页。

〔4〕 应松年、杨解君主编：《行政许可法的理论与制度解读》，北京大学出版社2004年版，第1页。

结构、疏散通道、消防、防爆、防雷、防静电等安全设施以及电气设施等，符合《烟花爆竹工程设计安全规范》（GB50161）等国家标准和行业标准的规定。仓储区域及仓库安装有符合《烟花爆竹企业安全监控系统通用技术条件》（AQ4101）规定的监控设施，并设立符合《烟花爆竹安全生产标志》（AQ4114）规定的安全警示标志和标识牌；（4）具备与其经营规模、产品和销售区域范围相适应的配送服务能力；（5）建立安全生产责任制和各项安全管理制度、操作规程。安全管理制度和操作规程至少包括：仓库安全管理制度、仓库保管守卫制度、防火防爆安全管理制度、安全检查和隐患排查治理制度、事故应急救援与事故报告制度、买卖合同管理制度、产品流向登记制度、产品检验验收制度、从业人员安全教育培训制度、违规违章行为处罚制度、企业负责人值（带）班制度、安全生产费用提取和使用制度、装卸（搬运）作业安全规程；（6）有安全管理机构或者专职安全生产管理人员；（7）主要负责人、分管安全生产负责人、安全生产管理人员具备烟花爆竹经营方面的安全知识和管理能力，并经培训考核合格，取得相应资格证书。仓库保管员、守护员接受烟花爆竹专业知识培训，并经考核合格，取得相应资格证书。其他从业人员经本单位安全知识培训合格；（8）按照《烟花爆竹流向登记通用规范》（AQ4102）和烟花爆竹流向信息化管理的有关规定，建立并应用烟花爆竹流向信息化管理系统；（9）有事故应急救援预案、应急救援组织和人员，并配备必要的应急救援器材、设备；（10）依法进行安全评价；（11）法律、法规规定的其他条件；（12）从事黑火药、引火线批发的企业，除具备《烟花爆竹经营许可实施办法》第6条规定的条件外，还应当具备必要的黑火药、引火线安全保管措施，自有的专用运输车辆能够满足其配送服务需要，且符合国家相关标准。

零售烟花爆竹的经营者必须符合下列条件。（1）符合所在地县级安全监管局制定的零售经营布点规划。（2）主要负责人经过安全培训合格，销售人员经过安全知识教育。（3）春节期间零售点、城市长期零售点实行专店销售。乡村长期零售点在淡季实行专柜销售时，安排专人销售，专柜相对独立，并与其他柜台保持一定的距离，保证安全通道畅通。（4）零售场所的面积不小于10平方米，其周边50米范围内没有其他烟花爆竹零售点，并与学校、幼儿园、医院、集贸市场等人员密集场所和加油站等易燃易爆物品生产、储存设施等重点建筑物保持100米以上的安全距离。（5）零售场所配备必要的消防器材，张贴明显的安全警示标志。（6）法律、法规规定的其他条件。

从烟花爆竹批发和零售经营者取得许可证的条件来看，这些条件都是从烟花爆竹经营安全角度加以考量的，是预防和避免经营者在经营烟花爆竹过程中发生安全事故的重要法律举措，也是规范经营者社会能力的重要法律手段和途径。至于运输和举办大型焰火燃放活动方面取得许可证的条件，由于没有相应的法律法规专门对此做出规定，实践中，应交由有关主管部门依据《中华人民共和国道路运输条例》和相关的社会实践加以控制和把握。

三、许可证制度管理的必要性分析

烟花爆竹作为一种特殊的文化消费品，在人们红白喜事和各种庆典文化中有其特殊的不可替代的作用。它的易燃易爆和高度危险性，决定了它在满足人们精神文化生活需要的同时，如果稍有不慎就会极易造成财毁人亡等事故，以至于酿成严重的后果，影响人们安定和谐的生活。[1]因此，各级政府高度重视，对烟花爆竹经营、运输、销售和燃放市场实行严格管理。其中，行政许可制度就是这种管理模式之一，为预防烟花爆竹安全事故的发生、维持烟花爆竹经营市场的良好秩序保驾护航。

从理论上来讲，任何人都有从事某种行业的自然权利，烟花爆竹行业也不例外。然而，权利只是一种可能性，需要用行为加以践行，而行为取决于行为能力，如果没有能力做后盾，权利只能成为“纸上谈兵”的东西，根本就无法实现。例如，《中华人民共和国宪法》第79条第2款规定：“有选举权和被选举权的年满四十五周岁的中华人民共和国公民可以被选为中华人民共和国主席、副主席。”从该条规定可知，只要是年满45岁的中华人民共和国公民，都具有宪法规定的“可以被选为中华人民共和国主席、副主席”的权利，但是，如果一个中华人民共和国公民不具备成为中华人民共和国主席或副主席的能力，即使到了45周岁，也不可能被选为中华人民共和国主席或副主席，绝大多数中国公民都实现不了这个权利。又如，每个人都有用腿走路的权利，但是前提是这个人有走路的能力，对于一个瘫痪的人来说，这种“走路的权利”几近奢谈。

---

〔1〕 张勇：“浅析烟花爆竹安全监管与企业主体责任的辩证关系”，载《花炮科技与市场》2010年第1期。

从自然和社会的区分角度来看，人的行为能力可以分为两大类：自然能力和社会能力。人的自然能力是指，凭借人的智力、身体力量和外界的科学技术手段就可以实施的行为可能，如婴儿到了一定年龄就可能拥有走路的能力、宇航员可以凭借现代科学技术手段登上外太空、人能够凭借现代化武器消灭地球上任何物种等等。人的社会能力是指，人的行为能够为他人和社会所接受的可能，否则将招致他人、社会以及国家的报复，如守法能力、尊重他人能力、服务他人和社会的能力等等。自然能力是从行为主体自身角度进行考量的一种能力，具有单向性；社会能力是从他主体角度出发进行考量的，具有双向性。自然能力是社会能力的基础，社会能力是对自然能力的理性规制。因此，人的行为能力是自然能力和社会能力综合作用的结果和体现。我们通常所说的一个人有能力，实质是指这个人既有自然能力，也有社会能力。对故意伤害他人的人，我们可以对他说：你不具备这种能力，如同你不具备徒身从高楼飞下去的能力一样。[1]据此，任何单位和个人通过自身的努力，都可能具备从事烟花爆竹经营、运输和燃放大型焰火的自然能力，但是由于烟花爆竹本身易燃易爆属性和该行业特殊性要求，不是所有单位和个人都具备社会能力，必须符合法律法规规定的一系列条件方可具备这种社会能力。在烟花爆竹经营、运输和大型焰火燃放等方面引入许可证制度，就是对这种社会能力的鉴别和确认。通常认为，行政许可是公权力基于公共利益等价值考量对私领域的介入和规制。[2]

从烟花爆竹传统文化角度来看，中华人民共和国公民人人都享有制造、销售和燃放烟花爆竹的自然权利；从经济学角度来看，由于资源具有“稀缺性”，不是人人都具有有效地利用资源的能力；从烟花爆竹“易燃易爆”的性能来看，不是所有的经营者单位或个人都能够生产质量合格的烟花爆竹产品；从经营者趋利的本性来看，不是所有经营者都能够正确考量烟花爆竹的文化内涵和价值；从公共利益、公共安全、人身财产安全和环境质量上来看，不是所有经营者都有能力避免烟花爆竹安全事故的发生。是故，在烟花爆竹经营、运输和燃放大型焰火活动的行业中，行政管理部门在兼顾烟花爆竹的文化价值和经营者自然能力的同时，还要着重考虑公共利益、公共安全、人身

〔1〕杜国胜：《司法口才理论与实务》，中国政法大学出版社 2015 年版，第 44 页。
〔2〕刘恒主编：《行政许可与政府管制》，北京大学出版社 2007 年版，第 3 页。

财产安全、环境质量和经营者社会能力，只能从大量适格的申请人中选择最佳的申请人，将烟花爆竹特许经营权授予符合法定条件的经营者。如果没有许可证制度对经营烟花爆竹行业的单位和个人的社会能力加以规制，不仅会给烟花爆竹市场带来混乱，影响良好的市场秩序的建立，而且会大大增加烟花爆竹安全事故的隐患，影响到人身财产安全、公共安全和环境质量。可见，烟花爆竹行业许可证制度源于公共利益、公共安全、人身财产安全和环境保护的需要，是公权力对私人领域自然权利和自然能力的介入及规制。

四、韶关市行政区内企业无烟花爆竹生产许可权

随着地方经济，特别是东部沿海地区经济的发展，政府规制与地方政府施政目标的冲突有所缓解，一些省市宣布退出烟花爆竹生产领域。如天津已于2004年、广东省已于2006年相继退出烟花爆竹生产领域，2008年浙江、辽宁也已全面退出烟花爆竹生产领域，江西省早在2002年就试图退出烟花爆竹生产领域，内蒙古政府于2013年退出烟花爆竹生产领域。截至2015年2月，全国已有北京、天津、山西、内蒙古、辽宁、吉林、黑龙江、上海、江苏、安徽、福建、广东、西藏、青海、宁夏、新疆16个省（区、市）完全退出烟花爆竹生产。

国家安全监管总局党组成员、总工程师王浩水认为，虽然危化品、烟花爆竹安全生产工作取得了积极进展，但仍然存在不少问题和薄弱环节，特别是在当前经济下行压力下，化工行业亏损面加大、烟花爆竹需求萎缩带来企业安全投入下降的潜在风险，给安全生产带来不利影响。王浩水在2015年新年伊始时强调，以后将继续积极推进危化品领域、烟花爆竹行业安全发展，推动和完善安全生产责任体系构建，进一步强化基层监管队伍建设，严格执法检查，推动企业落实安全生产主体责任，提升机械化生产、信息化管理水平，打造本质安全。[1]

由于烟花爆竹生产具有很高的危险性，并且现在地方经济发展的途径越来越多，烟花爆竹生产已经不符合当地的产业规划。当年，广东省在宣布退出烟花爆竹生产领域时指出："烟花爆竹生产行业是重特大事故的易发行业，

〔1〕 王铁辰："我国共16省份完全退出烟花爆竹生产"，载中国经济网：http://www.ce.cn/xwzx/gnsz/gdxw/201502/27/t20150227_4657288.shtml，2015年2月27日访问。

企业普遍生产规模小、生产条件简陋、工艺技术落后、产值占全省 GDP 比例小，不符合全省的产业结构规划。”《管理条例》禁止在韶关市行政区域范围内生产烟花爆竹，不仅与广东省地方发展规划保持一致，而且也完全符合国家安全监管总局对全国烟花爆竹生产计划安排的精神。

第六条　安全生产监督管理部门应当建立烟花爆竹经营企业档案和烟花爆竹打非档案，公安部门应当建立烟花爆竹运输企业、运输车辆档案。

【导读与释义】

本条是关于政府相关职能部门有关烟花爆竹经营、运输及打非档案建立的规定。

一、档案的一般法理性导读

《中华人民共和国档案法》第 2 条定义：“本法所称的档案，是过去和现在的国家机构、社会组织以及个人从事政治、军事、经济、科学、技术、文化、宗教等活动直接形成的对国家和社会有保存价值的各种文字、图表、声像等不同形式的历史记录。”该定义详细地说明了档案的形成者、产生领域、特点和形式。

《档案工作基本术语》（DA/T1—2000）给档案的定义：档案是“国家机构、社会组织或个人在社会活动中直接形成的有价值的各种形式的历史记录”。该定义言简意赅地指出了档案的形成者、特点以及形式。[1]

根据档案形成过程，可以将档案的主要属性归结为以下几个方面：

（一）社会性

档案是人们在社会活动中直接形成的，其内容是对社会活动的内容、过程及结论的原始记录，而非自然界的产物。因为自然界也存在着大量的对自然现象及其演变过程具有原始记录作用的东西，如动物化石、树的年轮、岩石、山川、河流、森林、沙漠等等。这些直观的东西对于人们进行自然科学研究不仅具有原始记录价值，而且是重要的凭据与基础。人们借助相应的理论

---

〔1〕冯强主编：《档案管理》，中国农业出版社 2006 年版，第 1 页。

和技术手段可对其进行研究，发现自然界演化的历史进程和规律，为保护、利用、开发自然资源奠定基础。但档案不是自然界形成的原始记录，而是人类在社会活动中形成的原始记录，其内容虽然会大量涉及自然界，但它毕竟是人类研究、开发、利用自然界的社会实践活动的产物，与自然界形成的原始记录不可混为一谈。

（二）历史性

从时态上讲，档案是已经形成的而不是正在形成的或尚未形成的东西。也正因为如此，这种以往社会活动的原始记录，就可以把过去带到现在或者是未来，也就是所谓的“让历史告诉未来”，从而将过去、现在和将来联系在一起，维系人类社会的时空统一性与整体连续性。所以，人们一般将档案看作是一种历史文化遗产。当然，它不是人类历史文化遗产的全部，而是其中具有基础性支撑意义的重要部分。

（三）确定性

档案内容信息具有清晰性和确定性。换句话说，档案所记录的内容是清清楚楚、明明白白的，而且这些清晰、确定的信息内容又是依附于一定的物质载体形式而存在的，二者缺一不可。这是档案区别于最为邻近的事物——文物——的关键之点。没有载体形式的原始性信息不能成为档案；没有清晰、确定的信息内容的原始记录物也不能成为档案。

（四）原始记录性

档案是人们在社会活动中直接形成的原始性信息记录，对以往社会活动具有直接的原始记录作用。所以，学术界一般认为：“原始记录性”是档案的本质特性之一，是档案区别于其他事物的本质规定性所在。但这一本质属性在现实中和许多复杂事物的本质特性一致，并不是表现得很固化，而是具有明显的相对性和动态性特点。因为事实上，并不是除了某种具体的信息物，其他都不是档案，而是许多信息物只要对于人们理解、考证以往的历史事实具有程度较高、最可信赖的原始作用，人们就会将其视为档案，并将其作为档案来保存、使用。这也是档案的实际存在形式广泛复杂、多种多样的根本原因。从信息理论和人类之所以保存、使用档案的心理根源及实际需求角度讲，档案实际上是人类追求信息的确定性和可靠性的产物，是社会实践必须有确定、可靠的信息支撑方能有效进行的现实需要的产物。原始记录性是档案具有可靠的凭证作用的原因所在。因此，保持档案的原始记录性就成了档案管理与利用工作中的一项神圣职责。我们应该明确，无论何时何地，都不允许任何人改变档案的原始信息内容记录的状态，否则就会使档案失真，从而造成历史事实的扭曲。在我国，档案的原始记录性受到国家法律的保护。《中华人民共和国档案法》规定，对损毁、涂改、伪造档案等行为，根据情节轻重，给予行政处分，直至依法追究刑事责任。因此，各单位的工作人员以及每个公民必须依法保护档案的原始面貌，维护好历史真实性的源头。[1]

档案是保存备查的历史文件，由办理完毕且有保存价值的文件转化而来。[2]中华人民共和国档案行业标准《档案工作基本术语》（DA/T 1-2000）对文件的定义是："国家机构、社会组织或个人在履行其法定职责或处理事务中形成的各种形式的信息记录。"文件由信息符号和载体结合而成，具有记录和存储信息的功能，并可作为一种记载和印证事实的凭证，传递于异时异地，产生传达和交流信息的作用。国家机构可以用它来实施管理、联系群众、为民服务；社会组织可以用它来申明主张、发出号召、办理各项公务；个人或家庭可以用它来记录信息、交流情感、处理种种私人事务。可见，文件的形成者既可以是国家机关、社会组织，也可以是个人；文件的形成原因既可以是公务活动，也可以是私人活动；文件的形态既可以是将文字或图表记录在传统的纸上，也可以是用感光、磁等方式将信息符号记录在相应的载体上。但不管文件的形成者是国家机关、社会组织还是个人，不管文件的形成原因是什么，也不管文件的形态如何，文件的根本属性是信息记录，即它记录了形成者的意图和客观状况，是反映公务和私人活动的原始记录。[3]

根据文件的内容及其形式可以看出作为档案的文件具有以下几个主要特征：（1）文件是形成者履行法定职责和处理事务的产物，其内容直接与形成者的活动相关。文件是国家机构、社会组织或个人在履行其法定职责或处理事务中形成的，直接反映了形成者的意图，其内容自然直接与形成者的活动相关，且内容多是客观真实的。这与其他信息记录有很大的区别，比如，书籍和报刊是传播知识和消息的工具。（2）文件是有特定体式、名称的信息记录。

---

〔1〕 李卓等编著：《现代档案管理》，黑龙江教育出版社 2014 年版，第 10~12 页。

〔2〕 冯强主编：《档案管理》，中国农业出版社 2006 年版，第 2 页。

〔3〕 杨红本主编：《档案管理理论与实务》，上海教育出版社 2016 年版，第 3 页。

在长期的社会实践过程中，人们为了准确、有效地传递和处理文件，根据不同的需要，逐渐形成了特定的体式和名目繁多的名称。文件的体式是根据形成者及性质作用的不同而各有不同的。各单位的正式文件必须按特定体式形成，否则其有效性将受到质疑；私人文件的体式则往往是约定俗成的。（3）文件是同时具有原始记录性、凭证性、传递性等性质的信息记录。国家机关、社会组织在履行其法定职责或处理事务的过程中形成各种文件，记录了处理各种公务活动的起因、过程和结果；个人为维护个人合法权益或处理自身事务也会形成各种文件。它们都是客观地反映事物本来面貌的原始记录。同时，文件是发文者表达自己意图的方式，也是收文者了解与实现对方意图、处理问题的依据，文件也自然而然地成了记载与印证事实的凭证。因此，只有通过传递，使信息为收文者接收或阅览，文件才有可能发挥效用。[1]

文件之所以能够成为档案的主要形式，缘于其现行效应和历史效用。文件的现行效用是指文件在形成时，对收文对象所具有的现行执行效用。文件之所以对收文者具有现行功效和作用，是由发文者和收文者之间存在的某种特定关系决定的。文件的现行效用具有如下特征：一是文件的效用是法定的，它源于文件作者的合法性，作者在其职责范围（或合法诉求）内形成的文件均具有法定的效用；二是文件在其形成时就具有现行效用，收文者自收到之日即应依法依规办理；三是文件的效力、作用范围和有效期限具有明显的不等性，这是由文件形成者的地位、职权范围和具体活动内容决定的。文件的历史效用就是指文件转化为档案后所具有的效用，具体包括两个方面：一是查证和参考作用；二是存史作用。文件处理完毕后，有些文件的内容已执行完毕，有些文件则还需要继续执行一段时间，还有些文件（如法律法规、规划计划）的执行期更长。当文件失去现行效用时，其中的相当部分文件，无论是对以后的工作，还是对保存文件作者的历史，依然具有一定的功效和作用，于是把它作为档案继续保存下去，这就是文件的历史效用。[2]

鉴于档案的主要表现形式——文件的属性及其作用，档案也因此获得了其在社会实践中两项基础性价值，即凭证价值和参考价值。档案的价值是档案存在与发展的生命力之所在。所谓档案的价值，是指档案的利用价值，亦

---

〔1〕 杨红本主编：《档案管理理论与实务》，上海教育出版社 2016 年版，第 3~4 页。

〔2〕 杨红本主编：《档案管理理论与实务》，上海教育出版社 2016 年版，第 5 页。

即档案对社会需要的满足或者说是档案对满足社会需求的有用性。档案的属性特别是本质属性能够满足社会的某种需求时，就形成了档案的价值。档案的价值问题是事关档案“生死”、决定档案事业“存亡”的最根本的问题之一。档案能够满足社会需要的有用性，虽然其具体呈现出多样性、变动性，但归纳起来，基础性的价值主要有两方面：凭证价值、参考价值。档案的其他具体价值都是以此为基础的，可以说，没有“凭证价值”和“参考价值”，诸如文化价值、资源价值等档案的其他价值均无从谈起。

档案的凭证价值是指，档案的证据价值，能够有效证明历史上发生过的事实和过程，可以起到其他文献无法比拟的证据作用。档案的凭证价值是档案最基本和最基础的价值。没有凭证价值，档案也就根本不可能具有并发挥任何其他的作用。从档案文件形成的过程及其结果上看，档案是从当时、当事直接使用的文件转化而来，并非在使用之际临时编造的。它客观地记录了以往的历史情况，是历史真迹，是令人信服的历史证据，具有无可置辩的证据作用。从档案本身的物理形态上看，文件上保留着真切的历史标记。如有的文件上有当事人的亲笔签署或批示，有的文件上有机关或个人的印信，而有的文件上则有原来形象的照片、录像和原声的录音等，这些就成了日后查考、研究、争辩和处理问题的依据。这些原始标记进一步证明了档案是确凿的原始材料和历史证据，是真实的历史凭证。

档案的参考价值是指，档案具有的对他人、他事、他物的借鉴价值。档案作为人类实践真实的原始记录，客观记录了实践的思想、活动经过、实践方法与技术、成绩与问题、经验与教训以及对有关实践活动规律的认识等。而且档案来源非常广泛，记录的知识信息内容极其丰富。档案中有成功的经验和失败的教训，有思想观点和实践事实，既涉及社会的变革又涉及生产的发展等。这些都可为后人和他人提供借鉴，使我们在工作和学习中少走弯路，尽快达到目的。人类社会发展的连续性、承继性，需要档案发挥参考甚至依据作用。与图书资料等相比较，档案的参考价值具有更强的可靠性、系统性。档案是原始记录，是第一手的资料。同时，档案是人类在活动中形成的，具有来源广泛、内容丰富的特点，是可以满足各类社会组织和个人广泛利用需求的。任何单位或个人，遇有难题，都可以到档案部门参考档案，寻找答案。[1]

---

〔1〕 冯强主编：《档案管理》，中国农业出版社 2006 年版，第 10~11 页。

二、本条规定的意义和作用

在现代社会，档案不仅是各类单位在行政管理、产品研发、生产和销售、经营管理等活动中必然生成的原始记录，而且还是各单位管理创新、技术创新和提高竞争力的一种重要的智力资源。[1]为了确保烟花爆竹经营和运输安全，逐步提高烟花爆竹经营和运输过程的安全系数、降低烟花爆竹安全风险、消除烟花爆竹安全事故隐患，建立“烟花爆竹经营企业档案、烟花爆竹运输企业档案、运输车辆档案和烟花爆竹打非档案”势在必行、不可或缺。烟花爆竹经营者和运输企业取得相应的许可证，只能说明该经营者和运输企业当时的条件达到了法律法规所规定的要求，不能就此说明以后经营和运输过程中始终处于良性合法的状态。根据哲学中“运动和静止”的一般原理，运动是绝对的，而静止是相对的。事物的变化是绝对的，而事物的不变是相对的。事物总是处在发展变化过程之中，要么向好的方向发展变化，要么向坏的方向发展变化。据此，烟花爆竹经营者和运输企业及其经营和运输条件是处在不断变化的过程之中，而随着时间的推移，这种变化的很多细节和关键因素很容易被人们淡忘，因此，必须以档案文件的形式将那些重要的部分记录在案并加以保存，以便日后监督和核查，从中汲取经验教训，改进经营观念、经营思路、经营方式和经营策略，改善经营和运输条件，提供安全生产监督管理部门和公安部门管理工作的经验，以确保经营者和运输企业经营和运输条件不断地适应内在和外在的环境变化，始终处在合乎法律法规所规定的条件下运行，防止烟花爆竹安全事故的发生。

烟花爆竹经营企业档案、烟花爆竹运输企业档案、烟花爆竹运输车辆档案和烟花爆竹打非档案的建立，不仅关涉经营企业、运输企业和运输车辆的经营和运输状况的记录，而且也关涉安全生产监督管理部门和公安部门管理工作的记录，不仅对经营者和运输企业的经营状况和运输状况的不断改善具有监督和管理的价值，而且有助于安全生产监督管理部门和公安部门在其管理工作过程中不断总结经验教训，不断完善管理方式和手段，提高管理能力。具体来说，档案的建立对经营者、运输企业和政府职能部门主要有以下几个方面的重要意义和价值。

---

〔1〕 李卓等编著：《现代档案管理》，黑龙江教育出版社 2014 年版，第 4 页。

（一）经营、运输合法性的见证

烟花爆竹经营者和运输企业都必须依法取得经营和运输许可证。经营者和运输企业在申请许可证时，需要向政府有关职能部门提交满足法律法规规定的一系列合法文件，来证明其有条件取得经营和运输许可证。这些申请材料本身就是一种档案，一种记录经营者和运输企业具备合法性的经营条件和运输条件的档案，是经营者和运输企业在日后经营过程中和运输过程中合法行为的一种非常重要的见证，是日后追寻烟花爆竹安全事故发生原因的基本尺度，是判定经营者和运输企业是否承担烟花爆竹安全事故法律责任的客观标准，是衡量经营者和运输企业日后经营条件和运输条件发生良性变化的重要标尺。此外，这些申请材料的档案还是安全生产监督管理部门和公安部门在他们日后对经营者和运输企业管理工作过程中的一种重要管理依据。

（二）经营条件和运输条件变化轨迹的记录和展示

经营者和运输企业在依法申请获得经营和运输许可证时，他们的经营条件和运输条件能够满足法律法规所规定的要求，但这并不意味着此后在经营过程和运输过程中，这些条件恒定不变。除了硬件设施的属性因自然和人为作用而发生变化之外，人的因素也会随着时间的推移而发生改变，甚至发生质的变化，如人的思想、观念、法律意识、工作态度、道德品质、烟花爆竹安全意识、员工的流动、经营管理的理念、新员工安全培训程度、因经营不善而导致的资金流的变化、货源的变化、硬件设施的更换、经营场所各种安全条件的人为改变、运输车辆和运输路线的人为变换等等。这些变化很可能会成为烟花爆竹重大的安全隐患。安全生产监督管理部门和公安部门在日常监督和管理工作中，应对这些变化记录在案，建立相应的档案，对将来可能会导致烟花爆竹安全事故的变化，应责令经营者和运输企业限期整改，对非法经营和运输行为应予以严厉打击和安全思想教育，并建立相应的打非档案，以警示其他烟花爆竹经营者和运输企业，为唤醒全社会守法意识提供生动而原始的素材。

（三）能够最大限度地避免烟花爆竹安全事故的发生

烟花爆竹经营企业档案、运输企业档案和运输车辆档案是安全生产监督管理部门和公安部门，在对烟花爆竹经营企业、运输企业和运输车辆进行日常监督管理工作过程中制作的，记录经营企业和运输企业经营和运输的硬件及软件发生变化的文件材料。这些文件材料是对经营企业和运输企业的经营和运输的合法条件的跟踪，是对经营企业和运输企业及时整改的监督和评价，能够有效约束经营企业和运输企业的经营行为和运输行为，能够最大限度地避免烟花爆竹安全事故的发生。

（四）有效打击烟花爆竹非法经营和非法运输行为

烟花爆竹打非档案记录了打击烟花爆竹非法经营、非法运输的整个环节和过程，同时也记载了非法经营、非法运输的手段、方式和途径。烟花爆竹打非档案的建立，有利于政府职能部门掌握烟花爆竹非法经营和非法运输的运行规律，有利于摸清经营企业和运输企业的非法意图及行踪，为日后及时发现、查处和有效打击烟花爆竹非法经营和非法运输行为提供了经验上的支持，能够有效避免非法经营和非法运输行为的发生。

（五）追查烟花爆竹安全事故原因的重要事实线索

安全生产监督管理部门建立的烟花爆竹经营企业档案、公安部门建立的烟花爆竹运输企业档案和运输车辆档案以及两个政府职能部门建立的烟花爆竹打非档案，记录了烟花爆竹经营者和运输企业及其运输车辆的经营和运输变化轨迹，记录了打击烟花爆竹非法经营和运输的整个事件过程，为日后追查烟花爆竹安全事故的原因提供了事实方面的参考依据。烟花爆竹经营安全事故和运输安全事故，均是因经营者和运输企业原有的合法经营和运输条件，朝着不当的方向发生了质的改变而导致的。由于安全生产监督管理部门和公安部门在日常监督检查工作中，建立了完整的烟花爆竹经营企业档案、烟花爆竹运输企业档案、运输车辆档案以及烟花爆竹打非档案，能够深刻了解和把握烟花爆竹经营和运输的动向，一旦烟花爆竹安全事故发生，政府职能部门就很容易根据档案的记载，排查和发现事故线索，很快找到事故原因所在。

（六）生动的教育材料

烟花爆竹经营企业档案、运输企业档案和运输车辆档案，不仅记录了烟花爆竹经营企业和运输企业的合法的经营条件和运输条件，更多的是安全生产监督管理部门和公安部门在其日常管理监督工作中对经验企业和运输企业的经营条件和运输条件不当变化的记录；不仅是经验企业和运输企业的经营条件和运输条件发生变化的客观记录，而且还是督促整改过程和情况的记录；不仅有未发生烟花爆竹安全事故的情况记录，而且有烟花爆竹安全事故发生情况及事故处理记录。

无论是没有发生安全事故的档案记录，还是发生过安全事故的档案记录，对发生事故经营企业和运输企业、其他同行业企业及社会大众都有深刻的教育意义，都是活生生的生动教材。从未发生过烟花爆竹安全事故的档案材料是一种最为典型的正面教材，可以拿来作为其他烟花爆竹经营企业和运输企业的标杆，其经验可以用作学习材料加以推广。发生过烟花爆竹安全事故的档案材料是一种典型的反面教材，可以用来警示其他烟花爆竹经营企业和运输企业，检查自己的企业有无类似的不足和安全事故隐患，作为前车之鉴，引以为戒，整改自己的不足或避免自己的企业出现类似问题，有效避免类似事故发生。烟花爆竹打非档案不仅警示和教育其它同类烟花爆竹企业遵纪守法、合法经营，而且为社会大众提供一个关于烟花爆竹危险性教育素材，提高他们的安全意识、防范意识和自我保护能力，唤醒全社会对烟花爆竹经营企业和运输企业的经营行为和运输行为进行监督，最大限度地避免烟花爆竹安全事故发生。

（七）管理和监督的重要依据

安全生产监督管理部门和公安部门在行使管理和监督职权过程中所建立的烟花爆竹经营企业档案、运输企业档案、运输车辆档案和打非档案，既是他们管理和监督工作的重要反映，也是发现烟花爆竹经营企业和运输企业所存在的问题的原始材料，更是进一步督促企业整改的重要依据。烟花爆竹经营企业和运输企业在经营和运输过程中有没有影响烟花爆竹安全性问题，有没有重大的安全隐患，有没有非法经营和运输的现象发生。这些情况都以文件的形式加以固定，存档在案，以便日后督促企业加以整改。如果没有这些档案的存在，就会丧失重要的依据，安全生产监督管理部门和公安部门的监督管理工作就会显得很被动，不利于对经营企业和运输企业的运行情况进行全方位把握，失去工作重心，也会遗留关键性因素，必将会给监督和管理工作带来不便。“以事实为依据，以法律为准绳”是法治社会的基本原则，政府职能部门执法时除了要有法律依据之外，还必须有事实依据。由于烟花爆竹经营企业档案、运输企业档案、运输车辆档案和打非档案能够如实地反映企业经营和运输条件和状况，所以它们是政府职能部门管理和监督的重要的事实依据。

（八）总结经验教训的原始素材

烟花爆竹安全事故的发生既有经营企业和运输企业本身的原因，也有政府职能部门监督管理不到位所致。例如，经营企业在经营过程中不严格遵守国家有关安全技术规程和安全规范；运输企业不严格遵守《中华人民共和国道路交通安全法》，不严格执行规定的运输线路，使用不合格的运输车辆；烟花爆竹存在严重的安全质量问题；经营企业和运输企业的安全管理制度不健全；企业不重视员工安全意识的教育和培训；非法生产、经营和运输现象屡禁不止；政府职能部门的安全管理存在漏洞，对事故责任查处打击不严；〔1〕等等。

烟花爆竹安全事故发生的原因都能在烟花爆竹经营企业档案、运输企业档案、运输车辆档案和打非档案中不同程度地反映出来。对照档案，可以发现：有的因素的存在是缘由整改不到位；有的因素的存在是缘由经营企业和运输企业没有及时汲取以往事故的经验教训；有的因素的存在是缘由监管不到位，监督管理过程中出现了死角或遗漏；等等。通过对档案材料和某起烟花爆竹安全事故的比较分析，企业和政府职能管理部门不难发现这些导致烟花爆竹安全事故发生的原因，从而总结经验教训，更好地服务于企业正常运作和政府职能部门的监管职责的履行。

（九）政府职能部门是否尽责的一把重要尺度

政府职能部门监管不力是烟花爆竹安全事故发生的重要原因之一。如何衡量安全生产监督管理部门和公安部门在实践工作中认真履行了他们肩负的法律职责，其中一个重要的尺度就是烟花爆竹经营企业档案、运输企业档案、运输车辆档案和打非档案的建立。这些档案不仅反映了经营企业和运输企业在经营和运输过程中所发生的各方面经营和运输条件的变化，如实反映经营和运输的行为轨迹，同时也是安全生产监督管理部门和公安部门履行法律职责的重要反映。如果经营企业和运输企业的经营和运输行为不当或不合法的现象在烟花爆竹安全事故发生前就早已存在，而相应的档案却无此记载，很难说明安全生产监督管理部门和公安部门在其实践工作中尽到了他们应尽的职责。所以，相关档案的建立健全是衡量安全生产监督管理部门和公安部门是否尽到其应尽的法律职责的一把重要尺度。

第七条 安全生产监督管理部门应当建立烟花爆竹采购、储存、运输、经营的流向信息管理和烟花爆竹安全管理信息共享制度。

〔1〕李义雷："烟花爆竹火灾爆炸事故分析与预防措施"，载《中国科技信息》2011年第13期。

【导读与释义】

本条是关于安全生产监督管理部门有关烟花爆竹的信息管理和信息共享制度建立的规定。

一、关于信息一般法理性导读

今天，工业化社会正在实现向高度信息化社会的转化，各个领域都能看到信息化的高速发展。当人类社会摆脱了仅由物质生产、分配、消费等左右而使信息与生产、分配、消费一样上升为社会的中心课题时，社会就能称作信息化社会了。〔1〕科学技术的迅猛发展，正在为人类社会的各个方面带来一场全面而深刻的变革。正如“数字经济之父”唐·泰普斯科特（Don Tapscott）所言：“信息与信息技术是这场变革的主导力量。”〔2〕以计算机技术、通信技术、网络技术以及智能技术等信息技术为核心的高新技术体系的蓬勃兴起，更从根本上动摇了经济发展的基础，信息资源与物质资源和能量资源一起，已经成了现代社会经济发展的三大支柱。〔3〕

在计算机、通信、网络和智能化时代，信息管理已经成为政府管理不可缺少的重要手段和途径。随着现代社会生产和生活节奏的加快，信息正在发生“大爆炸”，各种信息如“雨后春笋”般层出不穷，同时也呈现出了鱼目混珠、真假难辨的状态。政府职能管理部门必须及时采集、存储、整理、分析、鉴别各种信息，获取其中对行政管理有价值的重要信息，并相互间建立信息共享机制，充分发挥信息管理在政府管理过程中的作用。

（一）信息的概念

“信息”一词早已有之。据考证，在我国古代文献《三国志》中就有了信息一词。然而，直到21世纪，伴随现代信息技术的形成和发展，人们才开始从科学和理论的层次上意识到信息的问题，认识到信息的科学价值和作用，

---

〔1〕［日］工藤市兵卫：《经营信息管理》，凌国良译，东南大学出版社1992年版，第1页。

〔2〕［美］唐·泰普斯科特等：《范式的转变——信息技术的前景》，米克斯译，东北财经大学、McGraw-Hill出版公司1999年版，第1~10页。

〔3〕马费成等：《信息资源管理》，武汉大学出版社2001年版，第3页。

开始对这一问题展开研究。[1]信息是一种非常有价值的资源，人类社会中的一切活动都离不开信息。例如，人们为了实现某些目标或需求，通常需要确定具体的行动方案，并进行必要的决策活动，而某些与决策相关的信息能够对决策的制定和行动效果产生重要的影响。在现代社会中，人类赖以生存与发展的战略资源，除了物质资源之外，还有信息资源。信息资源指的是可供人们直接或间接开发利用的信息集合的总称，包括两种情况：一种是本体论信息资源，即潜在、巨大、未经加工的原始信息资源；另一种是认识论信息资源，即经过主体感知和加工的信息资源。[2]

所谓信息（Information），并非指事物本身，而是指用来表现事物特征的一种普遍形式。我国学者钟义信指出："信息是事物存在的方式或运动的状态，以及这种方式或状态的直接或间接的表述。"从本质上说，信息是事物自身显示其存在方式和运动状态的属性，是客观存在的事物现象。但是，信息与认知主体又有着密切的关系，它必须通过主体的主观认知才能被反映和揭示。这表明，信息是一种比运动、时间、空间等概念更高级的哲学范畴，是一个复杂的、多层次的概念。由此可见，信息不是单一的概念，而是一种有多种层次的概念。在信息概念的诸多层次中，最重要的有两方面层次：一方面是没有任何约束条件的本体论层次；另一方面是受主体约束的认识论层次。从本体论层次上来考察，信息是一种客观存在的现象，是事物的运动状态及其变化方式，亦即"事物内部结构和外部联系的状态以及状态变化的方式"。世间一切事物都在不停地运动，因此都在不断地产生着本体论意义上的信息。如果从主体认识论的角度来考察信息概念，就会引出认识论层次意义上的信息概念：信息就是主体所感知或所表述的事物运动状态及其变化方式，是反映出来的客观事物的属性。[3]

在社会实践中，信息是人们认识自然和社会的结果，多多少少都掺入了人的主观成分，因此，被人们所掌握的信息都是"认识论层次"意义上的信息，纯"本体论层次"意义上信息只不过是"主客观达到高度一致"的结果。鉴于此，本书把信息界定为：信息是指主体对外界事物的感知或表述的，

---

〔1〕 杨文祥主编：《信息管理基础教程》，北京师范大学出版社 2000 年版，第 1 页。

〔2〕 孙道银：《信息管理》（第 2 版），经济管理出版社 2014 年版，第 5~6 页。

〔3〕 岳剑波编著：《信息管理基础》，清华大学出版社 1999 年版，第 2~3 页。

经过加工处理之后，对社会、群体和用户有用的，反映客观事物各种属性的事物运动状态及其变化方式。由于信息是事物运动状态及其变化方式的主观反映，所以信息可以用来描述事物之间相互联系、相互作用的现实状态和情况，体现人们对事物的认识和理解程度。另外，信息是人们从事某项工作和行动所需要的依据，与人的行动密切相关，能对信息使用者的行动产生影响，并通过信息接收者的决策和行动体现出它所具有的价值。信息是人们关心的事情的情况，同一事物的情况对于不同的个人或群体意义不同。某个事物的情况只有对了解情况者的思维活动或行为产生影响时，才能被称为信息。〔1〕

(二) 信息的基本属性

从哲学角度考察，“信息是关于事物运动的状态和方式以及关于这种状态和方式的广义知识”。〔2〕它反映了信息无时不在、无处不有，既与日常的社会、经济生活息息相关，也与众多的学科紧密相连，呈现出多种属性。

1. 普遍性

信息的普遍性是由事物运动的普遍性所决定的。信息是事物运动的状态和方式，那么只要事物有运动就会有信息产生。从哲学意义上讲，运动是事物存在的方式，运动是绝对的，而且还表现出多种多样的状态和方式，事物在运动中，与其他事物相互联系、相互影响、相互作用，从而产生出大量的信息。

2. 客观性

客观性也称为真实性，客观真实才是信息的中心价值，通过对客观真实的信息的分析判断才能做出科学、正确的决策。不符合事实的信息不仅无益，反而有害。因此，客观性是信息最基本的属性。对于经济活动来讲，最基本的信息来源于经济活动第一线，这也是目前很多企业致力于企业信息化建设的原因。企业通过信息化建设，可以实现生产过程的信息化、社会服务的信息化、业务管理的信息化，并实现信息资源的开发与利用，最终达到提升企业竞争能力的目标。

3. 层次性

在实际的管理活动中，存在着各种不同等级的管理层级。而不同的管理

〔1〕 孙道银：《信息管理》（第2版），经济管理出版社2014年版，第1页。
〔2〕 钟义信：《信息的科学》，光明出版社1988年版，第53页。

层级，对信息的需求也是不同的。信息与管理层一样，一般分为战略级、战术级和作业级。不同级别的信息在内容、来源、精度、寿命和使用频率上都不相同。一般来说，越是高层的信息，其内容越抽象，精度和使用频率越低；而越基层的信息，内容越具体，精度和使用频率越高。

4. 可处理性

在一般情况下，人们获得的信息表现为零星、分散、无序，但人们可以按照一定目的要求进行转换、整理、归纳、推测、存贮等程序化操作，通过"去伪存真、去粗存精"的处理，把那些无用的、不重要的冗余信息去掉，使之转换为能为人们所用的信息产品。但在对信息进行处理时，必须注意不能改变信息的客观内容，只能改变它的表现形式和存在方式。

5. 可传递性

所谓传递，是指信息在空间上的扩散。人们之所以能够接收、理解和运用信息，是因为信息具有可传递的属性，信息的扩散好像热源，它能通过各种渠道和方式向四面八方扩散。但信息的传递与物质产品的传递有很大的不同。信息的传递不是"实体"在位置上的变动，而是"实体"特征或属性在不同空间或不同时间上的显现和描述。同时，信息的可传递性也带来两面性：一方面，它有利于知识的传播、有利于对信息价值的充分利用；另一方面它不利于保密，可能会给信息所有者带来利益上的损失。这就要求加强信息法规建设，通过信息法制来解决信息价值的充分利用和保密性能冲突问题。

6. 可存贮性

所谓存贮，是指信息在时间上的传递。信息的客观性和可传递性决定了信息具有可存贮性，信息的可存贮性使信息可以积累，信息通过记忆、记录等方式存贮起来，以便今后使用，因此信息可以被继承。

7. 非消耗性

非消耗性也可被称为共享性。根据能量守恒定律，一般的物质资源在使用过程中或是被消耗，或是被磨损。然而，信息在使用过程中，不仅可以同时供多人使用，而且不会损耗信息的质和量。相反，可能会由于被多人、多角度、多层次使用，信息的质地得以深化、数量得以增加。正是因为信息的共享性和非消耗性，知识才得以传播，社会生产力才得以发展，知识也得以成为第一生产力。

8. 可增值性

世界上一切事物、现象及其过程的内部和外部均处于普遍联系之中，整个世界也是一个相互联系的统一整体。同一信息，人们因为观察目的、观察视角和观察层次不同，能从事物的内部结构和外部联系中分析出若干有价值的信息。例如天气预报，预报期一过就对指导生产不再有用了，但如果将其与各年同时期天气进行比较从而总结变化规律还是能发挥价值的。信息的增值性使人们能从信息“废品”中提炼、挖掘出有用的信息，通过对信息的提炼、挖掘，我们往往会发现更为客观的规律，从而更有利于决策。当然，信息的可增值程度与人们的视野、知识水平、科学技术条件、信息获取手段等密切相关。随着人类知识水平的增加、信息获取手段的完善，信息增值的可能性也在增大。

9. 时效性

尽管信息具有非消耗性的特征，在使用过程中不会被消耗、磨损，但时间却可以使信息“过时”或“老化”，使信息逐渐失去使用价值。这是因为人们获得的信息是事物运动的状态和方式的反映，但客观事物总是处于不断发展变化之中，其所包含的信息也会随之发生相应的变化。而脱离了母体的信息，由于不能及时反映母体的变化，其效用性也会随着时间的推移而逐渐降低，当母体发生质的变化时，其信息效用将会完全丧失，这在经济领域中表现得特别明显。〔1〕

10. 可共享性

信息的可共享性是信息与物质主要的区别之一。信息可以脱离源事物相对独立存在，同时要依附于信息载体才能为人们所共享。信息载体包括语言、文字、图像、纸张、磁带、光盘、硬盘甚至生物存储载体等。信息从一个人传递至另一个人时，信息发送者拥有的信息不会因此消失，而信息接收者增加了掌握的信息，两者的交流，可以在一定程度上提高各方所拥有的信息量。但信息只能共享而不能交换，这是它与物质的本质区别。通常信息共享并不直接造成损失，但是能够间接地造成损失，比如造成信息贬值或者机密信息的泄漏。另外，信息也只有实现共享，才能成为一种有价值的资源。〔2〕

---

〔1〕 颜其礼等编著：《经济信息管理》，科学出版社 2008 年版，第 4~5 页。

〔2〕 孙道银：《信息管理》（第 2 版），经济管理出版社 2014 年版，第 3 页。

（三）信息与几种相关概念的关系

在现实生活中，我们通常把信息与数据、情报、信号、消息、知识等概念混同使用。虽然在一定情况下，由于它们所要表现的内容存在着性质上的一致性，在理解上不会出现偏差，但是严格说来，它们之间是有区别的，不能混淆，以避免失去信息的原本价值。

1. 信息与数据（data）

数据是经常出现的一个词语。它往往用来指那些零散的、片断的、没有联系的事物；而对其进行挖掘，找出其内在联系，形成有价值的、整体性的东西，就是信息。信息是通过对数据进行分析之后产生的。所以可以说，信息是数据经过加工处理后所得到的另外一种形式的数据。但是，也有学者认为，数据是信息的一种表现形式。因为信息具有普遍性，是任何事物运动所表现出来的方式和状态，数据只是表现这些方式、状态的形式之一。笔者认为这种观点不足取，原因是，数据是以一种纯客观的形式存在的，不能造假。而纯客观的数据不能当然地反映事物间的有机联系，如某个地区烟花爆竹事故在过去的一年里发生的数量是既定的，但是只有结合近几年该地区烟花爆竹安全事故发生量进行综合分析，才能正确而客观地对这种数据加以定性分析，才能获取与该数据有关的有价值的信息。

2. 信息与情报（intelligence）

情报是特定的信息，产生于特定的领域。一般来说，“情报”一词应该被理解为“谍报”更准确一些。它具有其他类信息所不具备的保密性、难获得性的特点，如军事情报、政治情报、经济情报等。我们现在大量使用“情报”这个概念指代“信息”，有其历史的根源。我国首次从日本引入这个词汇，而英语却依旧使用“information”这个词汇。由此可见，引入这个词汇的初衷并不是用它来指代“谍报”。现在我国已经全部改称“信息”。

3. 信息与信号（signal）

信号通常被应用于通信领域，它与“信息”的区别比较明显。信息在传递时，总要转化成一定形式的信号。同样的信息，可以用不同的信号形式表现出来。所以说，信号是信息的载体，信息是信号的内容。

4. 信息与消息（message，news）

消息也是在日常生活中大量应用的词汇。消息往往用于指那些最新的动态。消息是信息的外壳，信息是消息的内核。同样的一条消息，对于不同的人，其所能表现出来的信息内容可能会有所不同。可以看出，信息与其接收者是有关系的。一则消息对某个人来说可能是信息，而同样一个消息对于另一个接受者来说可能是数据。[1]

5. 信息与知识（knowledge）

知识是人类在实践中认识客观世界（包括人类自身）的成果，它包括事实、信息的描述或在教育和实践中获得的技能。它可以是关于理论的，也可以是关于实践的。在哲学中，关于知识的研究叫作认识论，知识的获取涉及许多复杂的过程：感觉、交流、推理。知识也可以被看成是构成人类智慧的最根本的因素，知识具有一致性、公允性，判断真伪要遵循逻辑，而不是依据立场。知识是主体认识客观世界的结果，是对事物间本质性联系的反映。信息虽然也能够反映事物间的客观联系，但不一定是本质性联系。例如，“烟花爆竹安全事故与去年同期相比，其发生率在下降”是一条重要信息，但是仅凭这一条信息很难得出“烟花爆竹安全管理方面取得了重大进展”这一结论，该条信息也无法让我们因此获得“烟花爆竹安全事故控制”方面的知识。由此可见，知识与信息的关系可以被概况为：知识是从众多准确信息中提炼出来的对事物间本质性联系的认识，知识离不开信息，信息需要相关知识来鉴别真伪。

总而言之，信息与数据、情报、信号、消息、知识等相关概念既有联系，也有区别，不能混淆。政府职能部门在履行信息管理职责过程中应当注意到它们间的区别、特征，以便在工作中获取有价值的信息，提高政府信息管理工作的效率。

（四）信息采集原则

为了获取对政府行政管理工作有价值的信息，政府在信息管理工作中应当遵循系统性原则、针对性原则、及时性原则、可靠性原则、方便与经济原则、计划性原则以及预见性原则等信息采集原则。

1. 系统性原则

信息采集要力求系统、全面、完整，这样才能完整地反映管理活动和决策对象发展的全貌，为决策的科学性提供保障。当然，在实践上信息采集不可能做到绝对的全面、完整。所以，人们提出了如何在不完整、不完备的信

[1] 张广钦编著：《信息管理教程》，北京大学出版社 2005 年版，第 6~7 页。

息下作出科学决策的问题。

2. 针对性原则

要根据本单位的任务和服务对象，有针对性、有重点、有选择地采集利用价值大的各种信息资源。但是，必须以全面、系统的采集作为前提。

3. 及时性原则

信息的利用价值取决于该信息是否能及时地提供，即它的时效性。信息只有及时、迅速地提供给它的使用者才能有效地发挥作用。特别是决策对信息的要求是“事前”的消息和情报，而不是“马后炮”。所以，只有信息是“事前”的，对决策才是有效的。要及时、主动发现、捕捉各类信息，做到“人无我有、人有我优”。

4. 可靠性原则

或称准确性原则，即要求所采集的信息要真实、准确、可靠，这是信息采集工作最基本的要求。要做到这一点，信息收集者就必须坚持调查研究，对收集到的信息必须不断检验，反复核实，通过比较、鉴别，深入细致地了解各种信息资源的信息含量、实用价值、可靠程度，力求把误差减少到最低限度。

5. 方便、经济原则

同样的信息可能有多种不同的载体形式，应注意首先选择使用方便、目前人们使用较多且比较经济的信息资源。

6. 计划性原则

采集的信息既要满足当前需要，又要照顾未来的发展；既要广辟信息来源，又要持之以恒，日积月累，不是随便的，而是根据本单位的任务、经费等情况制订比较周密详细的采集计划和规章制度。

7. 预见性原则

信息采集人员要掌握社会、经济和科学技术的发展动态，采集的信息既要着眼于现实需求，又要有一定的超前性，要善于抓苗头、抓动向，随时了解未来，采集那些对将来发展有指导作用的预测性信息。[1]

政府只有严格按照信息采集原则从社会实践中收集信息，才能获取对行政管理工作有价值的信息。信息采集技术与信息储存技术相结合，就能有效

---

〔1〕 杨志芳编著：《信息管理基础》，西安交通大学出版社2008年版，第122~123页。

运用信息，确保政府职能部门的信息管理高效运转。

（五）信息储存在信息管理过程中的作用

所谓的信息存储是指，主体针对所采集的信息进行科学有序的存放、保管，以便使用的过程。它包括三层含义：一是将所采集的信息，按照一定规则，记录在相应的信息载体上；二是将这些信息载体，按照一定的特征和内容性质组成系统有序的、可供自己或他人检索的集合体；三是应用计算机等先进的技术和手段，提高信息存储的效率和利用水平。信息储存在信息管理过程中的作用主要体现在以下三点：（1）在企业或组织需要信息的时候，能够及时地获取这些信息，并经加工处理后为控制、管理与决策服务；（2）存储的信息可以供企业或组织的全体人员共享，并可以重复使用，提高信息的利用率；（3）信息的历史性特点也要求将信息予以保存，以便从同一事物不同历史阶段的信息中分析、探讨该事物的发展规律，供管理决策时使用。[1]

综上所述，有效地应用信息技术，建设现代化的政府，已经成了一个受到广泛关注的全球性运动。政府信息化已经成了一个时代的潮流，离开了信息化，不可能有一个现代化的政府；而一个忽视了信息化的政府，也不可能领导和建设一个走向现代化的国家。因此，政府信息化是政府建设中一项具有战略意义的任务，也是政府建设中的一个最重要的时代特征。[2]根据目前的发展来看，从理论上说，政府信息化就是工业时代的政府（即传统政府）向信息时代的政府（即现代政府）演变的过程。具体地说，政府信息化就是应用现代信息和通信技术，将管理和服务通过网络技术进行集成，以及对政府需要的和拥有的信息资源进行开发和管理，来提高政府的工作效率、决策质量、调控能力、廉洁程度，节约政府开支，改进政府的组织结构、业务流程的工作方式，全方位地向社会民众提供超越时间、空间与部门分隔限制的优质、规范、透明且符合国际水准的管理和服务。[3]烟花爆竹安全监督管理也应当跟上时代的步伐，走政府信息管理化之路。

二、信息管理的意义

信息是国家的重要战略资源。在进入信息时代的 21 世纪，随着知识经济

---

〔1〕王志红、陈有富编著：《信息管理概论》，西安地图出版社 2007 年版，第 173 页。

〔2〕金朝崇、熊艺主编：《信息管理概论》，天津大学出版社 2009 年版，第 205 页。

〔3〕金朝崇、熊艺主编：《信息管理概论》，天津大学出版社 2009 年版，第 206 页。

和经济全球化的飞速发展，信息成了科学技术第一生产力的重要组成部分，它在国家和社会的发展中起着越来越重要的作用。数据只有变成信息时，才能据此作出有效的决定并且改进管理行为。随着人们付出更大的努力，信息进一步处理成知识，然后我们就能够开发一个共享的回忆。在一个部门或组织里，同样的一种错误总被新的工作人员所重复，这一点也不奇怪，因为人总是在战胜错误中逐渐成熟起来的。今天，我们可以更好地使用信息来改善我们的行为，成功的信息管理将能够为我们提供更大的效益、更多的机会。信息革命将在强化管理功能、改变管理组织、完善管理方法、革新管理思想等方面发生根本变化。作为现代科技、经济和社会发展的产物，信息管理也因此应运而生，成了现代化管理和政府管理的一门独立的管理体系。〔1〕

信息资源管理（Information Resource Management，IRM）的含义是十分广泛的。虽然众多研究者从不同的角度对 IRM 进行了解释和描述，但在对 IRM 基本含义的认识上依然尚未达成统一。总的来看，这些认识可被划分为以下几种类型：

1. 管理哲学说

该类观点认为，IRM 是用来指导人类管理活动的一种独特的管理哲学，如史密斯和梅德利（1987 年）认为信息资源管理的概念包括两层含义，其第一层含义是，信息资源管理将一个组织机构拥有的信息等价于资本和人力资源，其实质是一种指导性的管理哲学。〔2〕而马尔香和克雷斯莱因（1988 年）则认为，信息资源管理是一种对改进机构生产率和效率有独特认识的管理哲学。〔3〕

2. 管理方法说

该类观点认为 IRM 是利用信息资源的一种系统方法，其代表性人物里克斯和高（1984 年）认为，信息资源管理是为了有效利用信息这一种重要

〔1〕 张景学等：《信息管理：组织者的数字魔方》，军事科学出版社 2003 年版，第 1 页。

〔2〕 Allen N. Smith and Medley, *Information Resource Management*, Cincinrnati (Ohio): South-Western Publishing Co., 1987.

〔3〕 Donald A. Marchand and John C. Kresslein Information, *Resources Management and Public Administration*, See Jack Rabin and Edward M. Jackowski, *Handbook of Information Resource Management*, New York: Marcel Dekker, Inc., 1988, pp. 390~450.

组织资源而实施规划、组织、用人、指挥、控制的系统方法。[1]而泰勒（R. S. Tayor，1982 年）则认为，IRM 是组织中信息处理和管理的一种结构化方法。[2]

3. 管理过程或活动说

该类观点认为，IRM 实际上是针对信息资源的有效开发与利用的管理过程或管理活动。如马丁（1988 年）认为，信息管理就是与信息相关的计划、预算、组织、指挥、培训和控制过程，是使有价值的资源隶属于标准的管理和控制过程以实现其价值的活动。[3]怀特（White，1982 年）则认为，信息资源管理就是有效确定、获取、利用各种信息资源以有效地满足当前和未来的信息需求的过程。[4]而霍顿（1985 年）则认为信息资源管理是一种基于信息生命周期对信息资源实施规划、指导、预算、决算、审计和评估的管理过程。[5]博蒙特和萨瑟兰（1992 年）认为，在企业的所有活动中，信息资源管理起着相当于“平台”的作用，所有其他活动都是在这个平台上进行的，而这个平台包括所有能够确保信息利用的管理活动。[6]

虽然上述观点都从不同的视角揭示、概括了信息资源管理的本质，但信息资源管理的本质实际上应该是上述观点的一种集成。信息资源管理作为一种人类管理活动，管理哲学是该活动的升华，是这种活动的指南，管理方法则是这种活动的实施规则和程序，而管理过程是这种活动在组织中的具体体现。有鉴于此，信息资源管理的基本含义可以理解为，信息资源管理是为了确保信息资源的有效利用，利用先进的技术手段和方法，对信息资源及其相关活动进行计划、预算、组织、指挥、控制和协调的一种人类管理活动。[7]

管理工作可被看成是一种程序，这种程序合乎一定的逻辑，它遵循 PDCA

〔1〕 Betty R. Ricks and Kay F. Gow, *Information Resource Management*, Cincinrnati (Ohio): South-Western Publishing Co., 1982, pp. 1~40.

〔2〕 R. S. Tayor, *Organization Information Environments.*: *Information and the Transfornation of Society*, Amsterdam, The Netherlands: North Holland Publishing Co., 1982.

〔3〕 Martin W. John, *The Information Society*, Lodon: Aslib, Information House, 1988.

〔4〕 M. S. White. “The Development of IRM”, *Information and Transformation of Society*, 1982.

〔5〕 Forest Woody Horton Jr, *Information Resource Management*, Engle-Wood, NewJersey: Prentice-Hall, Inc., 1985.

〔6〕 John R. Beaumont and Ewan. Surherland, *Information Resources Management*, Oxford: Bullterworth-Heinemann, Ltd, 1992.

〔7〕 黄杰：《信息管理集成论》，经济管理出版社 2006 年版，第 45 页。

循环，即任何工作都要依次做到以下几个方面：P（Plan）是指规划，包括确定组织目标及制订工作计划；D（Do）是指执行，即规划中工作内容的具体实现；C（Check）就是检查，检验执行的结果，分析正确和错误的方面，明确效果、找出问题；A（Action）是指处理，经过检查阶段后，要对检查结果进行处理。对于成功的经验，要给予肯定并予以标准化；而对于工作中存在的问题，就需要开始新一轮的 PDCA 循环，以不断地进行改善。[1]作为管理工作的一种，信息管理工作也必须遵循规划、执行、检查和处理四个阶段，依次循环，使信息管理工作不断走向完善。

政府作为人类社会治理体系的基本组成部分及公共组织，既是社会信息资源的最大生产者和拥有者，也是社会信息产品的领先使用者和主要的传播者，其职能也发生了转变，从产密控制转向客观性指导。同时社会越来越需要咨询服务、政策指导，网络和现代通信是实现其目标的重要手段。政府本身也需要上网，树立政府形象。另外，提高全社会的经济效益和国家的综合实力，首先就要提高政府的工作效率和政府的素质，这对于政府的民主决策和科学决策都是非常有必要的。政府上网具有重要的社会效益和经济效益。[2]

信息管理有助于政府作出政策决策。所谓政府决策是指国家行政机关在其管辖权限内所制定的政策，是国家行政机关及其领导者在行政管理过程中，为履行自己的职能，依法处理行政事务而进行的决策活动，也是行政决策者为了达到某一特定目标，对若干备选方案进行选择，以确定行动方案的过程。[3]

信息是决策的基本要素，科学化决策有赖于信息的质与量。决策主体只有借助各种信息，才能了解决策系统内外的环境表征，对决策对象的客观状态作出主观判断，预测决策对象的未来发展，再根据决策目的和需求作出决策方案的最佳选择，并依据决策行为实施后的信息反馈对决策执行过程进行动态调整，使决策效应达到预期目的。因此，采集信息和数据的规模及其及时性、完整性和准确性将直接影响政府决策的质量。传统政府决策模式中，

---

〔1〕 夏洪胜、张世贤主编：《企业信息管理》，经济管理出版社 2014 年版，第 6 页。

〔2〕 苏萍、李旭旦、张丰强主编：《信息管理》，文汇出版社 2007 年版。第 165 页。

〔3〕 竺乾威主编：《公共行政学》（第 2 版），复旦大学出版社 2003 年版，第 96 页。

决策相关信息与资料主要依靠人工或半机械化方式采集，供给数量、时效与信息时代各类信息的数量、生成速度、来源等相比极其有限，决策主体借以了解决策领域整体状况的客观信息源先天不足将严重影响政府决策的科学性。[1]

三、信息资源共享的意义

资源共享是人类一直向往的美好愿望。从历史上看，在国外，早期的信息资源共享基本上是文献信息资源共享，并且主要是从馆际互借（inter library loan）发端的。这一时期，信息资源共享是指“一定范围内的文献情报机构共同纳入一个有组织的网络之中，各文献情报机构之间按照互惠互利、互补余缺的原则，进行协调和共享文献信息资源的活动”。[2]

随着时代的发展，信息资源共享的概念也处在不断深化和发展过程之中。一般认为，信息共享是指信息所有者自愿将信息与其他组织或个人进行交换或者传递。[3]由于《管理条例》所关注的是政府间的信息共享，而政府部门属于公共组织，只有信息的管理权，并且已有研究显示，政府参与信息共享的主要推动力来自于解决紧急问题的需要或者其他政府和部门的压力。[4]因此，本书所阐明的信息共享是指信息的所有者或管理者迫于某种需求或者压力而将信息与其他组织或个人进行交换或者传输。《管理条例》所关注的信息共享主要是政府部门间的电子信息共享，是指政府部门运用信息技术或者网络交互技术将本部门拥有的信息与其他部门所进行的共享，例如运用电子存储设备、电子邮件、互联网、公文流转系统、政府内部网站、网上数据库等方式所进行的政府间的信息共享。[5]

当前，信息技术特别是计算机网络技术的发展使得信息交流和共享可以

---

〔1〕 王宪磊主编：《科学决策和信息管理》，社会科学文献出版社 2008 年版，第 260 页。

〔2〕 马费成、裴雷：“我国信息资源共享实践及理论研究进展”，载《情报学报》2005 年第 3 期。

〔3〕 S. Jarvenpaa and S. Staples，“Exploring Perceptions of organizational ownership of information and expertise”，*Journal of Management Information Systems*，2005，18（1）：130~131.

〔4〕 Sharon S. Dawes，“Interagency Information Sharing：Expected Benefit，Manageable Risk”，*Journal of Policy Analysis and Management*，1996，15（3）：377~394.

〔5〕 胡平：《地方政府公共信息共享机制与管理问题研究》，西安交通大学出版社 2009 年版，第 25 页。

大规模、多形式和多选择地进行。互联网和其他信息系统仅为实现信息共享的技术工具，其网络外部性或使用获得的收益，不是来自于系统互联本身，而是来自于信息共享。信息共享的动力来自于人们不断提高的经济和社会运行效率的要求，经济需求是信息共享的内在动力。信息共享的经济和社会发展意义使知识或信息的扩散速度加快，有利于科技知识的积累和快速转化为生产力，提高经济社会的整体运行效率，减少成本，避免浪费；有利于提高决策水平、完善民主监督机制，方便人民生活和拓宽企业信息的渠道，提高政府管理服务与调控水平。[1]

四、本条规定对烟花爆竹安全监督管理的意义

由于烟花爆竹属于易燃易爆产品，烟花爆竹的生产对企业的生产技术、生产工艺以及生产企业的硬件和软件设施都有严格的要求，法律、法规对烟花爆竹生产企业也规定了严格的许可条件，以确保烟花爆竹生产企业生产出来的产品具有较高的质量，有较高的安全性能。因此，不是所有企业都具有生产烟花爆竹的法律上的权利。然而，由于烟花爆竹行业利润的诱惑，社会上还存在未经许可非法生产烟花爆竹的现象。这些非法生产烟花爆竹的企业或个人为了躲避法律的打击，时常对自己进行伪装，加上政府职能管理部门监督管理工作上的疏漏，他们的非法生产行为可能在一段时间内逍遥法外，这给不法经营商贩从事非法采购提供了可乘之机，严重扰乱了烟花爆竹生产和经营秩序，给烟花爆竹安全带来了重大隐患。为了严厉打击烟花爆竹非法生产行为，从法律上消除烟花爆竹非法生产的空间，不留死角，以保障烟花爆竹生产的法律秩序，确保烟花爆竹的质量安全，政府职能部门除了加强对烟花爆竹生产进行监督管理、建立烟花爆竹生产企业档案、维护良好的生产秩序之外，还应当着手对烟花爆竹经营企业的采购行为进行监督和管理，建立良好的采购渠道，不为烟花爆竹非法生产企业和单位留下可乘之机。

净化烟花爆竹采购渠道有多种法律途径和方式。为了提高政府职能部门行政执法效率，在网络和通信技术十分发达的今天，政府进行信息管理是一种非常有效的途径。安全生产、监督管理部门通过对烟花爆竹经营企业采购

〔1〕胡平：《地方政府公共信息共享机制与管理问题研究》，西安交通大学出版社 2009 年版，第 4 页。

信息的全面采集，经过整理、分析和研究，从中提取有价值的线索和信息，发现烟花爆竹非法生产行为的蛛丝马迹，从烟花爆竹经营企业采购渠道上遏制非法生产行为，确保市场上流通的烟花爆竹的质量安全。

烟花爆竹安全事故有时候是由不当的储存行为造成的。烟花爆竹批发和零售企业和个人在经营过程中可能由于其有意或无意的行为，使烟花爆竹处在非常不安全的储存状态，造成安全隐患。此外，烟花爆竹批发和零售企业和个人可能利用储存行为从事非法经营活动，逃避法律制裁。安全生产监督管理部门在履行烟花爆竹安全监督检查职责时，应对烟花爆竹批发和零售企业和个人有关烟花爆竹储存方面的信息进行全面采集、整理、储存、研究和分析：一方面，从信息管理角度密切注视经营者储存行为，促使其储存行为符合法律、法规规定的要求，防止其利用储存行为从事非法经营活动；另一方面，为日后分析和研究烟花爆竹安全事故储存方面的原因提供大量的信息资料，从中汲取经验教训，促进经营者储存行为和政府职能部门监督管理行为不断完善。

烟花爆竹运输既涉及运输车辆安全、运输线路安全和道路交通安全问题，也涉及运输过程中烟花爆竹的包装、装载、卸载、搬运方法和搬运工具的使用以及临时存放等问题。前者因涉及交通运输方面的专业知识，属于公安部门的监督管理职责范围之内，后者主要涉及烟花爆竹的质量、性能及其本身安全性条件等方面的专业知识，理应归属于主要负责产品质量、性能和安全性条件的安全生产监督管理部门的职责范畴。安全生产监督管理部门在履行监督管理职责时，应当注重烟花爆竹运输过程中包装、装载、卸载、搬运方法和搬运工具的使用以及临时存放等信息的采集、整理、储存、研究、分析和运用，将与影响烟花爆竹质量和安全性能相关的运输问题牢牢把控在自己的监控之下，从而消除因运输过程中不当行为带来的安全隐患。

烟花爆竹经营行为在《管理条例》中主要指烟花爆竹的批发行为和零售行为。经营烟花爆竹批发和零售的单位和个人在经营过程中除了涉及烟花爆竹货源的采购、储存和运输行为之外，还涉及烟花爆竹销售行为，即本条所称的“经营的流向”问题。烟花爆竹经营者的经营流向在社会实践中非常复杂，既有可能将烟花爆竹销售给本地周围用户，也有可能将烟花爆竹销售给外来用户；既有可能将烟花爆竹销售给合法商户，也有可能将烟花爆竹销售给非法商户；既有可能将烟花爆竹销售给《管理条例》允许燃放烟花爆竹地区的居民和商户，也有可能将烟花爆竹销售给《管理条例》明文禁止燃放烟花爆竹地区的居民和商户。安全生产监督管理部门应当注重烟花爆竹经营者经营的各种流向信息的采集、整理、储存、研究、分析和运用，运用信息管理的手段，将经营者经营流向控制在合法范围之内。

安全生产监督管理部门应当深刻理解和掌握信息的一般理论知识，深刻领会信息管理在烟花爆竹安全监督管理工作中的重要地位和意义，熟练掌握信息采集、整理、储存、研究、分析和运用的方法，灵活运用信息管理方式、方法。唯有这样，安全生产监督管理部门才能在烟花爆竹安全监督管理工作中充分发挥信息和信息管理的最大共享，这也是本条对“信息管理”加以规定的根本要旨。

前文已经从一般法理角度分析过“信息共享”的重要意义，这也是本条有关“烟花爆竹安全管理信息共享制度”规定的法理所在，对烟花爆竹安全监督管理的意义不可小觑。烟花爆竹安全监督管理不仅涉及安全生产监督管理部门的职责，同时也涉及公安部门、质量监督检验部门、工商行政管理部门、邮政管理部门、交通运输部门以及乡、镇人民政府和街道办事处等政府职能部门与烟花爆竹安全管理工作相关的监督管理与协助职责。实现信息共享，有助于公安部门、质量监督检验部门、工商行政管理部门、邮政管理部门、交通运输部门以及乡、镇人民政府和街道办事处等政府职能部门在自己的职责范围内对烟花爆竹经营、储存、运输和燃放等有关动态进行了解、跟踪和把握，及时发现问题，作出准确判断并迅速付诸行动，确保韶关市境内烟花爆竹行业的安全，将烟花爆竹安全事故发生率降到最低，直至彻底消灭韶关市境内的烟花爆竹安全事故。信息共享也要求安全生产监督管理部门及时了解其他政府职能部门的执法动态信息，了解其他政府职能部门在执法过程中的信息反馈，促进安全生产监督管理部门信息管理工作日渐完善。

第八条　烟花爆竹经营、运输、燃放的行政许可、行政处罚等有关重要信息，纳入本市公共信用信息服务平台。

【导读与释义】

本条是关于烟花爆竹行政许可和行政处罚公共信用信息平台建设的规定。

社会信用体系建设是经济社会发展的重要基础。党的十八大和十八届三中、四中、五中全会均对加快推进社会信用体系建设提出明确要求。国务院于2014年6月14日印发《社会信用体系建设规划纲要（2014~2020年）》，要求"坚持依法行政。将依法行政贯穿于决策、执行、监督和服务的全过程，全面推进政务公开，在保护国家信息安全、商业秘密和个人隐私的前提下，依法公开在行政管理中掌握的信用信息，建立有效的信息共享机制。切实提高政府工作效率和服务水平，转变政府职能。健全权力运行制约和监督体系，确保决策权、执行权、监督权既相互制约又相互协调。完善政府决策机制和程序，提高决策透明度。进一步推广重大决策事项公示和听证制度，拓宽公众参与政府决策的渠道，加强对权力运行的社会监督和约束，提升政府公信力，树立政府公开、公平、清廉的诚信形象"；"加快推进信用信息系统建设，完善信用信息的记录、整合和应用……逐步推进政务信用信息的交换与共享……逐步形成覆盖全部信用主体、所有信用信息类别、全国所有区域的信用信息网络"。[1]加强公共信用信息共享工作，是促进简政放权，实现放管结合，加强事中、事后监管的必然要求，是实现信用信息资源整合、加强多部门业务协同与联合奖惩的重要手段，是打造透明政府、公信政府和服务型政府的重要体现。在简政放权环境下，各级政府为加强监管，对跨部门、跨区域、跨行业的信用信息共享需求越来越迫切，对信息质量的要求也不断提高，信用体系建设亟经构建可持续的公共信用信息共享机制。[2]

一、公共信用信息一般法理性导读

（一）公共信用信息概念

要准确理解"公共信用信息"这一概念，首先必须弄清"公共信用"和"公共信息"这两个与之相关的概念。"公共信用信息"属于"信息"的一种，但显然不是指所有的信息，而是指与"公共信用"有关的"信息"，是"公共信息"，而不是国家机密或商业秘密。因此，了解"公共信用信息"之

〔1〕"国务院关于印发社会信用体系建设规划纲要（2014年~2020年）的通知"（国发［2014］21号），载中国政府网：http://www.gov.cn/zhengce/content/2014-06/27/content_8913.htm，2016年9月8日访问。

〔2〕王博涵、曹佳："我国公共信用信息共享现状及对策"，载《电子政务》2016年第10期。

前，必须首先了解“公共信用”和“公共信息”这两个与之相关的概念。

1. 公共信用

公共信用是指发生在公共生活领域的信用，是公共生活领域中的特定个人或组织，在与作为泛利益相关群体的公众通过不完全契约或者隐形契约进行交往或交易的过程中，获得公众信任，建立公共信誉的意愿、行为和绩效。[1]学术界已注意到了公共信用问题，譬如很早以前哲学家霍布斯（1651年）就描述了公共生活领域中人与人之间没有任何信任时所面临的困境，认为其结果必然导致“所有人反对所有人的战争”。[2]经济学鼻祖亚当·斯密在其《道德情操论》（1759年）中也指出：“经济活动是基于社会习惯和道德之上，如果离开这些习惯和道德，人们之间的交易活动就会受到重大的影响，交易基础就会动摇。”[3]社会学家福山也在其《信任：社会美德与创造经济繁荣》（1995年）一书中指出：“尽管新古典经济学理论对现实的解释在大部分场合仍然有效，但它不能解释的20%的缺憾需要文化作为补充，其中社会成员之间的信任乃是文化对经济的影响途径和表现形式，它会直接影响甚至决定经济效率。”[4]

2. 公共信息

公共信息是指与公共利益、公共政策制定、公共管理制度安排与执行和公共事务管理活动相关的信息，[5]具有公共物品的非排他性和非竞争性属性，[6]如教育、就业、医疗等与公众利益密切相关的信息和资讯。[7]

公共信息服务是服务型政府建设的基本要求和应有之义。[8]社会治理不

〔1〕 严清华、高璇：“公共信用评价指标体系构建初探”，载《珞珈管理评论》2010年第2期，第77页。

〔2〕［英］托马斯·霍布斯：《利维坦》，黎思复、黎廷弼译，商务印书馆1985年版，第95页。

〔3〕［英］亚当·斯密：《道德情操论》，蒋自强、钦北愚等译，商务印书馆1997年版，第218页。

〔4〕［美］弗朗西斯·福山：《信任：社会美德与创造经济繁荣》，彭志华译，海南出版社2001年版，第16页。

〔5〕 冯惠玲、周毅：“论公共信息服务体系的构建”，载《情报理论与实践》2010年第7期。

〔6〕 夏义堃：“公共信息服务的社会选择——政府与第三部门公共信息服务的相互关系分析”，载《中国图书馆学报》2004年第3期。

〔7〕 王伟军、孙晶：“我国公共信息服务平台建设初探”，载《中国图书馆学报》2007年第2期。

〔8〕 周毅、吉顺权：“公共信息服务社会共治模式构建研究”，载《中国图书馆学报》2015年第5期。

能仅仅依靠政府一方，应当充分调动社会各界人士的力量，让他们也参与到社会治理中来，实现社会共治，这就需要建立公共信息服务平台，通过公共信息共享机制，完成有效的公共信息的社会共治模式。公共信息服务社会共治的基础是强调政府、市场主体、社会组织、公民等社会角色都是社会共治的主体，要承认上述力量的合理性以及在公共信息服务领域合作的可能性，政府、市场主体和社会组织等分别承担不同的角色，有时互相独立，有时互相支持，有时互相牵制，有时互相导向。〔1〕

3. 公共信用信息

公共信用信息是指政府部门，企、事业单位，社会团体以及一些非营利性组织在履行公共管理和服务过程中所产生的信息，其主要来源于四个部分：政府行政机关和司法机关、具有社会管理职能的事业单位、具有公共物品和服务提供职能的企业以及履行社会管理和服务职能的社会团体及其他非营利组织。〔2〕

公共信用信息不是四种组织日常管理和服务过程中产生的所有信息，而是这四种部门在履行公共管理和服务过程中所产生的信息。“公共管理和服务”涉及公共生活领域的信用，涉及“公共生活领域中特定个人或组织，在与作为泛利益相关群体的公众通过不完全契约或者隐形契约进行交往或交易过程中，获得公众信任，建立公共信誉的意愿、行为和绩效”，即“公共信用”。概念中“信息”也不是四种组织在履行公共管理和服务过程中产生的所有信息，而是那些“与公共利益、公共政策制定、公共管理制度安排与执行和公共事务管理活动相关的、具有公共物品的非排他性和非竞争属性信息”，即“公共信息”。因此，“公共信用信息”这一概念既包含了“公共信息”，同时也包含了“公共信用”，是有关“公共信用”的“公共信息”。

（二）公共信用信息服务在社会治理中的意义

“人无信不立，国无信则衰。”诚实守信是中国传统文化的精髓，做人、兴业、治国都要以诚信为重要法则。然而，随着我国社会主义市场经济的飞速发展，传统自律式的诚信与道德对追求利益最大化的企业和个人已经没有

---

〔1〕 J. Johanson and L. G. Mattsson, “Interorganizational Relations in Industrial Systems: a Network Approach Compared With the Transaction-Cost Approach”, *International Studies of Management & Organization*, 1987, 17 (1): 34~48.

〔2〕 吴志明、阳旸：“我国公共信用信息采集：问题与对策”，载《金融经济》2016年第1期。

了足够的约束力，法律、法规不是万能的“神”，无法对所有的失信、失德行为加以约束和制裁。在这种“内省不足，法制无力”的情况下，机会主义和侥幸心理在市场经济主体的心理上发生膨胀，社会上随之出现了不少背离诚信和道德的现象，并已从经济领域向社会各个领域蔓延。在对我国社会主义市场环境造成破坏的同时，无形中增加了市场风险和社会治理成本。

随着社会信用体系建设取得初步成效，信用逐渐成为市场资源配置的重要考量因素。通过体制、机制建设强化社会信用管理，基于公共信用信息公开和共享开展守信激励和失信惩戒以及跨部门、跨地域、跨行业联合奖惩，形成褒扬诚信、惩戒失信的制度机制和社会风尚。[1]不但有利于营造公平诚信的市场环境，也是创新社会治理的有效手段。通过公共信用信息的有效共享，将失信主体蒙骗对方的“一对一”改变为一旦有失信记录即有可能面对全社会惩罚的“一对多”，形成政府部门协同联动，行业组织自律管理，信用服务机构积极参与、社会舆论广泛监督的社会共同治理格局，从而影响信用主体的信用行为选择。[2]

通过守信激励，正向引导守信行为，有助于形成企业和个人争当诚信模范的良好氛围。通过失信惩戒，可使失信行为无处藏身，充分起到警示大众的作用，促进形成不敢失信、自觉守信的良好氛围。通过信用信息共享，推动其他部门和组织依法依、规对危害公共利益和公共安全、人民群众反映强烈、对经济社会发展造成重大负面影响的重点领域和严重失信行为实施联合惩戒，从市场、行业、社会等多角度进行约束，实现公共信用信息的综合联动应用，形成“一处违法、处处受限”的信用约束机制。

公共信用信息服务弥补了法律、法规对市场经济主体诚信行为约束的缺陷，通过公共信用信息服务平台公布市场经济主体的守信和失信行为，让社会公众知晓，引入社会共治模式，将市场经济主体的经济行为带入公众视野，接受社会大众监督，从而有效实现“正向引导守信行为，惩戒失信行为”的社会治理路径，使失信行为无处藏身，充分起到警示大众的作用，最终形成

---

〔1〕“国务院关于建立完善守信联合激励和失信联合惩戒制度加快推进社会诚信建设的指导意见”（国发［2016］33号），载中国政府网站：http://www.gov.cn/zhengce/content/2016-06/12/content_5081222.htm，2016年6月12日访问。

〔2〕程民选、李晓红：“社会信用协同治理：制度、技术与文化”，载《华东师范大学学报（哲学社会科学版）》2015年第3期。

不敢失信、自觉守信的良好的社会主义市场经济氛围。

二、本条规定在烟花爆竹安全管理中的意义

（一）本条规定的法理溯源

烟花爆竹安全状况的保持不仅依赖于合法的经营行为、运输行为和大型焰火燃放行为，还依赖于经营企业、运输企业和大型焰火燃放单位在经营、运输和燃放过程中的诚信行为。烟花爆竹安全事故既有经营企业、运输企业和大型焰火燃放单位的违法行为的因素，也有其失信因素。例如，经营企业、运输企业和大型焰火燃放单位在未取得行政许可的情况下擅自从事经营、运输和燃放活动，当属违法行为，由此造成的烟花爆竹安全事故缘由违法行为造成的结果；经营企业和运输企业向销售商和用户销售与运输烟花爆竹时，故意隐瞒非法货源，并因此造成烟花爆竹安全事故的，应归属于失信范畴。既要对经营企业和运输企业的非法经营和运输行为实施行政处罚，也要对他们的失信行为实施民事制裁。同样，大型焰火燃放单位在燃放过程中没有尽到应尽的注意义务，并因此造成烟花爆竹安全事故的，应承担因失信造成的民事损害赔偿责任，同时也将因失信遭受来自社会的各种惩戒。

诚信体现的是一种人世间的亲和关系；诚信体现在人际交往中，便是“一诺千金”。〔1〕诚信一词是由“诚”和“信”两个字构成的。汉代许慎《说文解字》以诚信两字互训：“信，诚也”；“诚，信也”。可见，这两个字的含义既相互区别，又紧密联系。〔2〕“诚”表述的是人的基本德行和精神状态的道德范畴。《礼记·中庸》云：“诚之者，人之道也。”古人认为，天道的本质特性是诚。人是天地的产物，因而人在德行上也应该与天道相合，达到诚的境界；“信”，在字形结构上从“人”从“言”，强调人所说的话不欺不诈，言由心出，表里如一；“信”在中国古代最初是指人在神面前祷告和盟誓的诚实不欺。

从诚信的本源及其内涵可以看出，“言自心出、行遵言旨”即为“诚信”。从诚信角度来看，经营企业、运输企业和大型焰火燃放单位根据法律、法规规定条件取得行政许可证，意味着经营企业、运输企业和大型焰火燃放

〔1〕周林编著：《诚信》，中国纺织出版社2005年版，第1页。
〔2〕中共长沙市委宣传部、长沙市文明办编：《诚信》，学习出版社2004年版，第2页。

单位向法律、法规许诺："我们已经满足法律、法规所规定的有关烟花爆竹经营、运输和燃放的条件，并表示始终遵照法律、法规的规定从事相关的市场行为，一贯守法，如违背诺言，愿意接受法律、法规的惩处。"可见，守法也是一种诚信，是企业信用的社会展示。反之，违法就是企业的一种失信。是故，《管理条例》第8条关于"行政许可、行政处罚等有关重要信息"的规定当属企业重要的有关"诚信"和"失信"的信用信息，理应纳入韶关市公共信用信息服务平台。

（二）树立企业市场经济行为诚信的典范

将"烟花爆竹经营、运输、燃放的行政许可信息"纳入韶关市公共信用信息服务平台，从正面向社会展示烟花爆竹经营企业、运输企业和大型焰火燃放单位合法的市场经济行为的同时，也向社会展示这些取得行政许可证企业的市场行为的可信度。公共信用信息服务平台处在一个不断更新的动态运行状态，其中有关烟花爆竹经营企业、运输企业和大型焰火燃放单位合法的市场经济行为的信息随着企业市场经济行为性质的变化而发生变动。不变的企业市场经济行为的信息预示着该企业在烟花爆竹行业中的行为始终处在合法和诚信的状态，值得社会大众信赖。相关企业的行政许可信息在公共信用信息服务平台经历的时间越久，且没有其他不良行为记录，越说明其合法性始终处在一个良性的状态。这无疑向社会展示了该企业在烟花爆竹行业有极高的信誉，无形中树立了烟花爆竹行业中的诚信典范。

此外，将行政许可信息与行政处罚信息并列于公共信用信息服务平台，形成了一种鲜明的对比，促使社会大众在比较中认知和感受企业诚信行为的可贵之处，从而引导全社会对企业市场诚信行为的维护和褒扬，以及对企业市场失信行为的鞭笞和惩戒。

（三）鞭笞和惩戒企业市场失信行为

将"烟花爆竹经营、运输、燃放的行政处罚信息"纳入韶关市公共信用信息服务平台，向社会展示政府职能部门对烟花爆竹经营企业、运输企业和大型焰火燃放单位的市场违法行为的行政处理结果的同时，也向社会展示遭到行政处罚的烟花爆竹相关企业的诚信度的变化。尽管行政处罚是对烟花爆竹经营企业、运输企业和大型焰火燃放单位的市场违法行为的惩处，然而，企业的违法行为显然源于其市场失信行为，只不过这种失信行为已经超出了道德的范畴，触犯了《管理条例》的相关规定，以违法行为的形式加以呈现。

因此，政府职能部门对企业施加的行政处罚可从另一个侧面反映出该企业处在失信状态，便于消费者识别和作出正确的消费行为，以此为社会提供正确的市场导向。

行政处罚信息的公布还有另一层面上的意义。如果同一企业受到的行政处罚次数较多，说明其市场信誉较差，其失信度较为严重，可能会遭受失信惩戒。最高人民法院2013年7月出台《关于公布失信被执行人名单信息的若干规定》明确规定了对失信行为的具体惩戒措施，同时也拓展了对失信被执行人开展联合惩戒的范围和深度，对失信被执行人进行一系列限制，其中包括对设立债券、基金等金融类机构，从事采购、融资授信等民商事行为，食品、药品等行业准入，公务员招录等，担任企业高管、法定代表人等重要职务，享受优惠政策或荣誉，高消费及其他消费行为的限制，以及对失信被执行人限制出境、定罪处罚的限制措施，最大限度地挤压失信被执行人的生存和活动空间。截至2016年2月29日，最高人民法院已向社会公众发布失信被执行人信息338.48万例，其中法人和其他组织49.23万名，自然人289.25万名；有关部门共限制失信被执行人乘坐列车78.24万人次、乘坐飞机388.7万人次。10%以上的失信被执行人慑于失信联合惩戒的威力而自动履行义务或者与申请执行人协商达成和解协议。〔1〕最高人民法院出台的法律文件使企业的失信行为不再处在法外之地，为惩戒企业的失信行为提供了法律上的依据。《管理条例》第8条关于“将行政处罚信息纳入公共信用信息服务平台”的规定，为有关政府职能部门依据最高人民法院的此项规定对失信企业实施处罚提供了充分证据，对抑制企业的失信行为、弘扬诚信、净化烟花爆竹市场以及维护烟花爆竹市场经济秩序具有巨大的推动作用，意义深远。

第九条 烟花爆竹经营、储存、运输企业和大型焰火燃放活动主办单位的主要负责人，对本单位的烟花爆竹安全工作负责。

烟花爆竹经营、储存、运输企业和大型焰火燃放活动主办单位应当建立健全安全责任制，制定各项安全管理制度和操作规程，并对从业人员定期进

〔1〕“最高人民法院：已发布失信被执行人信息338.48万例，388.7万人次被限乘飞机”，载经济晚报网：http://epaper.cnjjwb.com/view_ content.asp? article _ bianhao=20160316075，2016年9月8日访问。

行安全教育、法制教育和岗位技术培训。

【导读与释义】

本条是关于烟花爆竹经营、运输企业和大型焰火燃放活动主办单位的烟花爆竹安全工作具体责任人及单位安全责任制的规定

本条共有两款内容，第1款明确规定烟花爆竹经营、运输企业和大型焰火燃放活动主办单位的烟花爆竹安全责任人为单位的主要负责人；第2款主要对烟花爆竹经营、运输企业和大型焰火燃放活动主办单位内部烟花爆竹安全管理作出明确规定。

一、主要负责人负责制

《管理条例》将烟花爆竹安全工作的责任赋予烟花爆竹经营、运输企业和大型焰火燃放活动主办单位的主要负责人，这样规定有其事实和理论依据。一旦发生烟花爆竹安全事故，这种对外安全事故责任应由企业或单位集体承担。

（一）事实和理论依据

企业和单位是由一定数量成员组建的组织，组织性是企业和单位重要的形式特征。任何组织都有体现所有组织成员意志的组织章程。该章程是组织成立和运作的根本性文件，主要对企业和单位成立的宗旨、组织机构、职权、决策程序、执行程序以及组织成员的权利和义务等基本问题作出规定。企业和单位宗旨的实现涉及诸多具体性事务，需要各部门专使其职并协调配合。例如，为实现企业盈利，烟花爆竹经营企业至少涉及烟花爆竹采购、运输、储存、市场调查、市场营销以及烟花爆竹安全工作等主要事务。对于初具规模的烟花爆竹企业来说，这些事务分别由不同的企业部门负责完成；而对于小型企业来说，这些不同事务均由主要事务负责人负责完成。烟花爆竹运输企业和大型焰火燃放活动主办单位亦是如此。可见，在实践中，烟花爆竹经营、运输企业和大型焰火燃放活动主办单位作为一种组织形式，其内部都有专门负责烟花爆竹安全工作的企业或单位的部门或主要负责人，其主要职责是确保烟花爆竹在经营、运输和燃放过程中安全，避免烟花爆竹安全事故的发生。

“术业有专攻。”烟花爆竹安全工作既是一项专业性很强的工作，也是一项涉及货源、质量、运输、储存、销售、消防及软硬件设施安全等全方位的复杂工作，非一般人能够胜任。即使有烟花爆竹安全方面专业知识的人，如果不经常从事这方面的工作，也是无法胜任的。企业或单位对负责烟花爆竹安全工作的人选也是经过慎重考虑、研究之后，才最终作出决定的。烟花爆竹“禁”与“放”是中国传统文化和现代社会文明之间相互协调的结果。法律之所以对其作出限制性规定，源于烟花爆竹本身的易燃、易爆性质。因此，确保烟花爆竹的安全是有关法律、法规的应有之意，企业或单位设立专门负责烟花爆竹安全部门和主要负责人，是法律、法规对之提出的要求。从这个角度来看，烟花爆竹经营、运输企业和大型焰火燃放活动主办单位必须设立烟花爆竹安全部门及其主要负责人，这是合法经营、运输和大型焰火燃放的应有之意。

实践中，一些规模不大的小型烟花爆竹经营、运输企业和大型焰火燃放活动主办单位，由于人手不够，为了充分利用现有的人力资源，一人兼数职的现象普遍存在。这样一来，就会出现企业或单位中一员工既负责烟花爆竹采购，又负责烟花爆竹营销，同时还身兼烟花爆竹安全工作等多重身份的现象，甚至还会出现多人负责同一事务的现象。这种现象的出现既不利于烟花爆竹安全工作的落实，也不利烟花爆竹安全工作经验的积累。一旦出现烟花爆竹安全事故，企业或单位内部就会相互推诿，谁都不愿意负责，实际上也很难分清主要责任人，不利于企业或单位安全工作的实施。《管理条例》将烟花爆竹安全工作的责任赋予了烟花爆竹经营、运输企业和大型焰火燃放活动主办单位的主要负责人，一则是为了加强这些企业或单位的安全责任意识，认真抓好本企业或单位内部烟花爆竹安全工作，做到防患于未然；二则是为了促进企业或单位安全工作的落实和开展，减少和避免烟花爆竹安全事故的发生；三则是一旦发生烟花爆竹安全事故，法律上推定企业或单位应当对安全事故负全责，除非有充分证据证明事故发生的原因来自本企业或单位的外部因素，而本企业或单位负责烟花爆竹安全责任的主要负责人在安全事故发生前尽到了自身应尽的职责。该款规定，既确保了企业或单位内部烟花爆竹安全责任落实到人，同时也确保了追查烟花爆竹安全事故责任的程序效率和程序公正，也有利于对烟花爆竹安全事故原因的分析和研究，符合烟花爆竹行业本身发展的客观规律。

（二）烟花爆竹安全事故责任的承担

企业是经营性的从事生产、流通或服务的某种主体；作为概括的资产、某种营业或者资本和人员集合的经营体，企业也可以作为交易的客体。该词源于英语中的“enterprise”，原意为企图冒险从事某项事业，后来用以指经营组织或经营体。日本用汉字将其意译为“企业”，并传入中国。[1]按照私人投机冒险要求资本扩张、规避风险的逻辑和近代资本主义传统，可以将企业分为个人独资企业、合伙企业和有限责任公司三种典型的法律形态。[2]根据国家安全生产监督管理总局于2013年公布实施的《烟花爆竹经营许可实施办法》第6条的规定，烟花爆竹批发经营企业获得批发许可证的条件之一是“具备企业法人条件”，因此，烟花爆竹批发经营企业必须是法人单位。《烟花爆竹经营许可实施办法》第16条对取得零售许可证的烟花爆竹零售经营企业没有作出“具备企业法人条件”的限制性规定。可见，烟花爆竹零售经营企业可以是企业法人，也可以是不具备法人资格的个人独资企业和合伙企业。

法律、法规没有对烟花爆竹运输企业作出专门规定，实践中也没有专门经营烟花爆竹的运输企业。根据2006年国务院颁布实施的《烟花爆竹安全管理条例》第25条的规定，经由道路运输烟花爆竹的，应当遵守《中华人民共和国道路交通安全法》。由此，运输烟花爆竹的企业应归属于道路运输企业。道路运输企业是指拥有一定数量的装运工具、劳动力、资金等要素，主要从事汽车运输生产经营活动，为满足社会需要和获取利润，实行自主经营、自负盈亏、自我发展、自我约束的经济实体。[3]“自主经营、自负盈亏、自我发展、自我约束”是道路运输企业的重要特征，而这一特征决定了道路运输企业是具有民事法律主体资格的法人单位。

大型焰火燃放活动是一项专业性很强的活动，集技术、安全、环境、氛围、文化、管理和监督于一身的大型专业性活动。法律、法规虽然没有对大型焰火燃放活动主办单位的性质作出硬性规定，然而，由于大型焰火燃放本身的特殊性要求，政府规章一般要求取得焰火燃放许可证的单位必须具备法

---

〔1〕 刘正谈等编：《汉语外来语词典》，上海辞书出版社1984年版，第284页。

〔2〕 史际春：《企业和公司法》（第2版），中国人民大学出版社2008年版，第5页。

〔3〕 李百川主编：《道路运输企业安全管理》，人民交通出版社2006年版，第2页。

人资格，如山西省《焰火燃放许可证的核发许可》要求申请焰火燃放许可证的单位需提交的申请资料中的第一项就是“企业法人的姓名、性别、年龄、职业、住址、所在单位的职务、证件号码的原件（复印件存档）、公安机关送达通知书地址”。[1]由此可以看出，大型焰火燃放活动主办单位是具有民事法律主体资格的法人单位。

《中华人民共和国个人独资企业法》第2条规定：“本法所称个人独资企业，是指依照本法在中国境内设立，由一个自然人投资，财产为投资人个人所有，投资人以其个人财产对企业债务承担无限责任的经营实体。”《中华人民共和国合伙企业法》第2条规定：“本法所称合伙企业，是指自然人、法人和其他组织依照本法在中国境内设立的普通合伙企业和有限合伙企业”；“普通合伙企业由普通合伙人组成，合伙人对合伙企业债务承担无限连带责任。本法对普通合伙人承担责任的形式有特别规定的，从其规定”；“有限合伙企业由普通合伙人和有限合伙人组成，普通合伙人对合伙企业债务承担无限连带责任，有限合伙人以其认缴的出资额为限对合伙企业债务承担责任”。根据《中华人民共和国个人独资企业法》和《中华人民共和国合伙企业法》的有关规定，个人独资企业形式或合伙形式的烟花爆竹零售经营企业，一旦发生了烟花爆竹安全事故，其对外承担法律责任的主体是该企业及其投资人或合伙人。除了合伙企业中的有限合伙人之外，其他人承担的民事赔偿责任形式是无限责任，即不以企业所有的财产为限，企业所有的财产不足以抵偿受害人或单位的损失的，用投资人或无限合伙人个人财产进行偿还。

“法人只是一种社会产物，由于法律使它可能形成独立于各个成员的意思的‘总意思’，也可能通过为它设置个人（‘机关’）而活动，它就能在社会现实中得到自己的有效活动范围。……它通过自己法定的组织，有着自己的财产，安排一些个人为它工作，作为它的机关，这就使它在自己的活动范围内类似一个自然人，在实质上成为一个法律主体。”[2]法人通过章程确定了一种秩序，通过这种秩序可以将自然人本身的行为和其作为法人机关的行为分离开来，“如果个人的行为在一定方式下符合构成社团的特殊秩序，它就是作

---

〔1〕“焰火燃放许可证的核发许可”，载中国政府公开信息整合服务平台（山西分站）：http://govinfo.nlc.gov.cn/sxsfz/xxgk/sxsgat/201009/t20100930_398526.html? classid = 451；443，2010年9月20日访问。

〔2〕［德］卡尔·拉伦茨：《德国民法通论》，王晓晔等译，法律出版社2004年版，第181页。

为社团的机关而行为”,[1]否则就是这些人的个人行为。在我国立法中，法人是公司的一个重要特点，根据《民法通则》对法人概念的规定，它意味着公司拥有权利能力，可以自己的名义享有财产权，独立承担责任。[2]法人内部虽然有主要负责烟花爆竹安全的负责人，但是该负责人是按照法人集体意志行事，其行为属于法人行为，因此法人应当就烟花爆竹安全事故对外承担责任，其责任形式是有限责任，即以法人的财产为限，不足部分无需进行赔偿。

二、企业内部烟花爆竹安全管理制度

烟花爆竹安全监管是政府公共事务管理的重要组成部分，而公共事务本身就是麻烦的同义词。[3]对烟花爆竹安全生产监督管理部门来说，虽然有不少省份宣布退出烟花爆竹生产领域，但是，我国目前烟花爆竹生产企业仍然繁多，并且大部门都分布在广大的农村地区，交通不便，给安全监管工作带来了一定的困难。在这种烟花爆竹市场环境下，烟花爆竹经营企业、运输企业和大型焰火燃放单位的货源变得复杂化，再加上市场经济条件下企业经营的自主性、经营环境、硬件设施、人员状况等诸多因素，仅仅依赖有关政府职能部门的安全监督管理，会增加政府职能部门的工作负担、降低工作效率，无法完全履行烟花爆竹安全监督管理职责，无助于降低和消除企业的烟花爆竹安全隐患，因此企业内部必须加强自身的安全管理制度建设，做到防患于未然。有鉴于此，《管理条例》有必要要求烟花爆竹经营、储存、运输企业和大型焰火燃放活动主办单位建立健全安全责任制，制定各项安全管理制度和操作规程，对从业人员定期进行安全教育、法制教育和岗位技术培训。

法律是人类智慧的结晶，是人类改造自然和社会实践经验的总结，是人的主观能动性的结果，反过来又客观和科学地指导人的实践活动。从形式上看，《管理条例》第9条的规定看似属于企业或单位内部安全治理问题，然而其管理结果显然涉及公共利益和公共安全问题，关涉政府职能部门对社会的治理问题。该条规定是《管理条例》对政府职能部门在烟花爆竹安全管理方

---

〔1〕［奥］凯尔森：《法与国家的一般理论》，沈宗灵译，中国大百科全书出版社2003年版，第111页。

〔2〕张舫编：《公司法的制度解析》，重庆大学出版社2012年版，第22页。

〔3〕焦光前：“政府规制与烟花爆竹生产安全”，石河子大学2009年硕士学位论文，第53页。

面实践经验的总结，两款规定前后呼应，构成了相互联系、相互统一、相互协调的完整统一体。

（一）为企业或单位安全工作主要负责人提供具体规则依据

针对不同的烟花爆竹经营企业、运输企业和大型焰火燃放活动主办单位来说，法律、法规就烟花爆竹安全管理方面的规定显得非常原则、抽象，不可能面面俱到。这就必然要求企业或单位内部建立健全安全责任制、制定各项安全管理制度和操作规程，为烟花爆竹安全工作主要负责人提供具体的规则依据。

企业或单位内部安全责任制的建立和健全，有利于明确责任主体，增强其责任感和使命感，促使其认真做好本企业或单位内部烟花爆竹安全管理工作，积累经验，消除安全隐患，促进企业或单位良性运作，增强其发展的可持续性。

企业或单位内部各项安全管理制度和操作规程是本企业或单位及同行业在烟花爆竹安全管理方面的经验总结，是被实践证明了的有效的行动指南，既为安全管理工作主要负责人提供了管理依据，克服其主观任性，也为企业或单位的从业人员提供了具体的操作指南，最大限度地避免因工作失误带来的安全隐患。

安全责任制、安全管理制度和操作规程的建立，一方面确保烟花爆竹经营、储存、运输企业和大型焰火燃放活动主办单位处在良性运作状态，确保合法经营、储存、运输和安全燃放；另一方面将企业或单位内部安全管理与经营、储存、运输和大型焰火燃放活动有机地联系起来，相互促进，及时总结经验教训，不断完善安全管理工作，为社会不断积累有益经验，最终促进烟花爆竹传统文化与现代社会治理的协调统一。

（二）为从业人员进行职业塑造

不同行业对其从业人员都有严格的素质要求，主要包括岗位技术、职业道德、生产经营安全、遵纪守法意识、敬业精神，等等。不同行业根据自己的行业特点对其从业人员的素质要求都有自己的侧重点。烟花爆竹行业因其行业的特殊性，从业人员安全意识、法制意识和岗位技术等素质要求是该行业从业人员素质的重中之重。这三种素质要求是烟花爆竹行业长期实践经验的总结，是确保烟花爆竹安全的基础性手段。历史上发生过的烟花爆竹安全事故，除了源于意外事件和不可抗力的因素之外，基本上都是由企业或单位从业人员安全意识淡薄、法制意识不强及岗位技术不精等主要因素造成的。因此，从“安全意识、法制意识和岗位技术”等三个主要方面对烟花爆竹经营企业、运输企业和大型焰火燃放活动主办单位的从业人员进行职业塑造，对烟花爆竹行业的安全建设具有十分重要的意义。从业人员职业塑造及其素质状况可以直接反映出企业或单位内部烟花爆竹安全管理体制科学合理性及其在实践中执行情况，直接关系到企业或单位安全运行状况。

1. 安全教育

对烟花爆竹经营企业、运输企业和大型焰火燃放活动主办单位的从业人员进行安全教育是提高其安全意识的重要途径和手段。无论是刚入职的新员工还是入职后的老员工，烟花爆竹安全意识一刻都不能放松。安全意识是确保经营安全、储存安全、运输安全和大型焰火燃放安全的前提和基础，不可掉以轻心，否则将因安全意识不到位或稍有疏忽而酿成烟花爆竹安全事故，这已为无数历史事实所证明。企业或单位除了对其从业人员定期进行安全教育加集中培训之外，负责烟花爆竹安全的主要负责人，还要针对从业人员在日常工作中暴露的具体安全问题进行当场指导，及时地实地开展安全教育工作。将集中安全教育培训与当场进行安全教育结合起来，才能有效完成对从业人员的安全教育工作，两者不可偏废。

2. 法制教育

法治与法制是两个不同的法律概念。根据《现代汉语词典》中对这两个法律概念解释可知，法治是先秦时期法家的政治思想，主张以法为准则，统治人民，处理国事，是指根据法律治理国家和社会；而法制是指法律制度体系，包括一个国家的全部法律、法规以及立法、执法、司法、守法和法律监督等。[1]可见，二者既有区别，也有联系。从简称的角度考察，法治乃法律统治，法制乃法律制度。按照以上词典解释，法治似乎是一种治国方略，一种价值观，一种理念，一种原则和方法，强调以法律治理国家。它的反义词应该是“人治”。法制从狭义上讲，是一种制度体系，一种社会规范，由无数实实在在的条文制度构成，强调建立完善的法律制度，要“有法可依”。法制是法治的基础与前提条件，没有健全的法律制度，法治无从谈起，“无法可

〔1〕 中国社会科学院语言研究所词典编辑室：《现代汉语词典》（第6版），商务印书馆2012年版。

依”。法治似乎是法制的终极目标，仅仅有法制是不够的，还需要有法治保障其得到公正、合理的实施。[1]

从以上“法治”和“法制”两个概念的区别来看，“法治”主要指的是政府依法治理国家和社会，是针对政府“权力”的依据和行使；而“法制”指的是一个国家现行的法律制度规范，针对的是“权利”依据和保护。“法制意识”是指“遵守法律规则的意识”；而“法治意识”是指“不依赖长官的意志，而是依据法律来治理”的意识。由此可见，针对企业或单位的从业人员所进行的是“法制教育”，而不是“法治教育”。法制教育是指企业或单位主要负责人对其从业人员进行有关烟花爆竹方面的法律、法规的学习，教导他们遵纪守法，在工作中的行为一定要符合法律制度的精神和要求，提高他们的守法意识。

法制教育和安全教育两者是相互联系和相互促进的，要同时进行，不可偏废。有了遵纪守法意识，就会促使从业人员始终将法律、法规作为自己的行动指针，违法的事情坚决不做，违反操作规程和企业安全管理制度的事情坚决不做。这样就可以从遵纪守法的角度提高从业人员的安全意识。因为有关烟花爆竹法律、法规的目的是确保烟花爆竹安全，是烟花爆竹经营安全、储存安全、运输安全和大型焰火燃放安全实践经验的总结，只要按照法律制度规定的要求去行事，从业人员就会感受到安全的存在，从而提高自己的安全意识。同样，安全教育也可以有效地促进从业人员遵纪守法意识的提高。如何确保烟花爆竹工作过程的安全，除了掌握岗位技术、遵守相关的操作规程、遵守企业内部规章制度以及尽到应尽的注意义务之外，企业的从业人员还必须考虑到要确保安全以及必须严格按照法律、法规办事，如合法经营、按照指定的运输路线进行运输、不得侵犯他人人身财产权益、保护环境等等。具备了安全意识，从业人员就会时时处处想到安全，“安全第一”深深根植于脑海，工作中就会对有关安全事项进行全方位考量，当然会考虑到法律、法规的规定。这样一来，其遵纪守法意识也可随之得以提高。

3. 岗位技术培训

通过安全教育和法制教育，企业从业人员虽然具备了安全意识和遵纪守法意识，但是并不能保证他们可以进行安全操作，确保烟花爆竹经营、储存、

[1] 王青：“关于‘法治’与‘法制’英译名的探讨”，载《中国科学术语》2016年第4期。

运输和大型焰火燃放活动过程中的安全。如果从业人员没有掌握其岗位所需要的专业技术，即使他们具备安全意识和遵守守法意识，也会因操作技术缺乏而导致烟花爆竹安全事故的发生。因此，在提高从业人员安全意识和遵纪守法意识的同时，还必须对他们进行岗位技术培训，使他们掌握相应岗位所要求的技术水平，确保操作过程的安全。

不同的岗位有相应的技术要求，如烟花爆竹质量好坏的辨别技术、运输过程中所需要的安全运输技术、烟花爆竹安全储存技术、仓库管理技术、大型焰火燃放技术等等。这些技术都含有很多技巧性内容，而且处在不断变化发展的过程中，企业或单位的从业人员，无论是新员工还是资历较老的员工，都要经常接受企业或单位的岗位技术培训，直至达到熟练掌握的程度。岗位技术培训适应烟花爆竹行业的特点，促使企业或单位的从业人员掌握其岗位所需技术，既能为烟花爆竹经营、储存、运输和大型焰火的燃放提供技术支持，也为烟花爆竹行业安全提供了必要的技术保障。对从业人员进行的岗位技术培训与安全教育和法制教育相结合，共同推动企业或单位内部安全管理体制的健全与发展，将共同为烟花爆竹经营、储存、运输和大型焰火燃放活动的安全提供切实、有效的保障。

综上所述，《管理条例》第9条以两款的内容，主要从“主要负责人负责制”和“企业内部烟花爆竹安全管理制度”等两个方面，对烟花爆竹经营、储存、运输企业和大型焰火燃放单位内部安全管理体制作出了明确规定，目的是为了促进和加强企业或单位自身安全工作的建设，便于政府职能部门对烟花爆竹行业安全的监督和管理，降低烟花爆竹安全风险，消除烟花爆竹行业的安全隐患。唯有将政府职能部门的安全监督管理工作与企业或单位内部烟花爆竹安全管理制度结合起来，才能有效地防止烟花爆竹安全事故的发生，确保人身、财产安全和公共安全，保护环境，保障公共利益，维护烟花爆竹行业市场经济秩序。总而言之，《管理条例》第9条规定，既符合烟花爆竹经营、储存、运输和大型焰火燃放活动的自身良性运作和发展规律，也是政府职能部门对烟花爆竹行业进行安全监督、管理的实践经验的总结和对烟花爆竹行业客观规律的能动反映，对烟花爆竹行业的安全管理比较全面、客观。

第十条　烟花爆竹相关行业协会应当加强行业自律管理，组织制定并公布行业自律管理制度，加强行业公共安全的自身监督、检查。引导烟花爆竹经营者依法经营，宣传燃放烟花爆竹相关规定和安全知识，开展烟花爆竹安全教育培训。

【导读与释义】

本条是关于烟花爆竹行业协会对烟花爆竹行业公共安全的监督管理的规定。

本条主要包括"行业自律管理""行业自律管理制度的制定""行业公共安全自身监督检查""烟花爆竹经营者合法经营的引导""烟花爆竹安全知识的宣传"及"烟花爆竹安全教育培训"等六个方面的主要内容，其中，"行业自律管理"是本条规定的立法精神和主线，"行业自律管理制度的制定"是对"行业自律管理"立法精神的制度性贯彻，"行业公共安全自身监督检查"是对"行业自律管理制度"的执行情况的督促和跟踪，"烟花爆竹经营者合法经营的引导"是对烟花爆竹经营者的经营行为合法性的监督，"烟花爆竹安全知识的宣传"和"烟花爆竹安全教育培训"是烟花爆竹行业协会对所有烟花爆竹行业中的市场主体所开展的安全知识教育培训。这六个方面层层递进，共同构建了烟花爆竹行业协会在烟花爆竹安全管理方面的主要职责。

一、行业协会一般法理性分析导读

中国行业协会是现代市场经济体制的重要组成部分，它连接政府和企业，是维持市场秩序的重要组织形式。随着市场化改革的逐渐深入，行业协会发展迅速，作用日益突显。[1]

（一）行业协会的概念

在英文里，行业协会有多个概念和说法，最常用的是"Trade Association"，也可以称为"Trade Promotion Association""Business Association""Employer Association""Industry Association""Interest Association"。由于中国的特殊国情，大部分行业协会是由政府成立或由政府部门转化而来的。近年来，由民间自发成立的行业协会迅速发展。[2]

对于行业协会的界定，我国法律文件和学者、学说都作了积极探讨和尝

---

〔1〕徐家良编著：《行业协会组织治理》，上海交通大学出版社2014年版，第3页。

〔2〕徐家良编著：《行业协会组织治理》，上海交通大学出版社2014年版，第3页。

试。就法律文件的规定来看，我国部门规章、地方性法规和地方政府规章中对行业协会的定义先后之间都有所不同，各有侧重。早期规范性文件，由于强调行业协会在政府和企业间的中介作用，将行业协会定义为“社会中介组织”和“自律性行业管理组织”。如 1997 年国家经济贸易委员会印发的《关于选择若干城市进行行业协会试点的方案》将行业协会定义为：“社会中介组织和自律性行业管理组织。在社会主义市场经济条件下，行业协会应是行业管理的重要方面，是联系政府和企业的桥梁、纽带，在行业内发挥服务、自律、协调、监督的作用。同时又是政府的参谋和助手。”随着经济社会的发展，人们对行业协会的认识也逐渐深入，对行业协会性质的理解也越来越全面。1999 年 4 月发布的《温州市行业协会管理办法》中，行业协会是指“由同一行业的企业、个体商业者及相关的企事业单位自愿组织的民间性、自律性、非营利性社会团体法人”；2003 年 2 月实施的《上海市促进行业协会发展规定》中把行业协会定义为“由同业企业以及其他经济组织自愿组成，实现行业服务和自律管理的非营利性社会团体”，增加了为行业服务功能；2005 年 12 月公布的《广东省行业协会条例》中，行业协会是指“从事相同性质经济活动的经济组织，为维护共同的合法经济利益而自愿组织的非营利性社会团体”，该定义强调了行业协会是共同的合法经济利益的维护者和代表者；2012 年通过的《云南省行业协会条例》中，行业协会是指“在相同、相关行业从事生产经营活动的经济组织及与本行业有关的个人自愿组成，并经民政部门依法登记成立的非营利性社会团体”，该定义突出了行业协会依法登记这一特性。[1]

理论界，国内、外学者从不同角度对行业协会的概念作出了界定。有的学者强调同行业企业、自愿性和共同利益三个特性，认为行业协会是以同行业企业为主体、在自愿基础上为增进共同利益而组织起来的社会经济团体；[2]有的学者突出行业协会为国民经济服务这一特性，认为行业协会是由同行业企业自愿、依法组成的，为促进国民经济的发展提供各种服务的非营利性团体；[3]有的学者重视行业协会多种特性，认为行业协会是一种具

〔1〕 徐家良编著：《行业协会组织治理》，上海交通大学出版社 2014 年版，第 3~4 页。

〔2〕 张理泉：《工业行业管理》，中国人民大学出版社 1991 年版，第 4 页。

〔3〕 陈金罗：《社会立法与社团管理》，法律出版社 1997 年版，第 12 页。

有自发性、市场性、行业性、会员性、非营利性、非政府性和互益性的社会组织；[1]有的学者突出行业协会的经济利益和社会利益，认为行业协会是社会组织的有机组成部分，是市场经济性社会团体法人；[2]有的学者强调行业协会成立的法定程序，认为行业协会是指在中华人民共和国领土范围内，相同或相关行业的经济组织、个体工商户、职业工作者、农业劳动者等市场主体，为实现一定的经济目的而自愿组成，经法定程序成立的实行行业自律、监督、管理和相关市场服务的非营利性社会团体法人。[3]国外学者约瑟夫·F. 布拉德利（Joseph F. Bradley）认为，行业协会是由参加相同或类似经济活动的公司构成的旨在解决共同或普遍性问题的组织。[4]

法律文件及理论界对行业协会的界定各有侧重，综括上述各种观点不难看出，“自愿性”“同行业性”“自律性”及“公共服务性”是行业协会的基本属性，因此可以将行业协会概念简要界定为：行业协会是由同业企业以及其他经济组织自愿组成、为同行业企业解决共同面临的问题、提供公共服务、实现行业自律的社团法人。根据该定义，行业协会具有民间性、互益性、中介性及非营利性等四大主要特征。

（二）行业协会的特征[5]

1. 民间性

行业协会是民间性质的社会团体，具有社会法人地位，有自身运作理念和运作机制。行业协会的民间性意味着其不具有政府行政权力，也不能依靠行政手段发挥作用。

2. 互益性

行业协会主要是在联结企业、政府及社会的过程中，通过为企业（会员）谋利益的自利性活动来达到会员之间的互益。行业协会对行业健康发展起到了重要的维系作用，也对整个社会发展起到了一定的推动作用，成了维护市场秩序和社会公共管理的重要主体。

---

〔1〕 贾西津、沈恒超：《转型时期的行业协会：角色、功能与管理体制》，社会科学文献出版社2004年版，第11页。

〔2〕 徐家良：《互益性组织：中国行业协会研究》，北京师范大学出版社2010年版，第94页。

〔3〕 张经：《中国行业协会商会法民间建议稿》，中国工商出版社2013年版，第1~2页。

〔4〕 See Joseph F. Bradley, *The Role of Trade Association and Professional Business Societies in America*, University Pork Pennsy Brabia, 1965, 82.

〔5〕 张良编著：《行业协会工作实务》，上海交通大学出版社2014年版，第1~2页。

3. 中介性

行业协会在沟通企业与政府及社会的关系上起到了承上启下的桥梁和纽带作用。行业协会可以承担许多社会必须但又不宜或难以由政府和企业直接承担的义务，成了宏观经济管理的参谋助手，是整个国家管理体系中重要的组成部分。

4. 非营利性

行业协会以服务为核心功能，维护企业正当权益，为企业提供情况交流、调查研究、市场信息、人员培训、管理咨询等各项服务，并通过提供良好服务加强与企业的密切联系。行业协会提供的服务主要是以非营利为目的的社会服务。同时，行业协会的服务功能体现的是行业整体的利益，而不是个别企业的利益。

（三）行业协会的作用

行业协会作为市场经济社会普遍存在的一种社会经济组织形式，是企业与政府、企业与社会之间的桥梁和纽带，对经济社会生活及行业发展有着重要的影响作用。在我国经济体制转目和社会转目的大背景下，行业协会在争取自身成长空间的同时，也在完善社会主义市场经济、加快政府职能转变和推进社会建设方面起到积极作用。[1]行业协会凭借其行业代表、专业技术权威、信息集中等优势，在行业中实际上处于有利地位，成了某一公共领域的正式权威，拥有行业的权威力量。权威地位又为协会行使规范职能和职权，如权利性规范和技术性规范，提供了合法性资源。需要指出的是，在服务支撑权威的逻辑背后，行业协会对内、对外的权力制约和竞争性服务供给，是绝对不可或缺的因素。[2]

二、本条规定的主要内容

（一）行业自律管理

行业自律就是同行业中的各个企业自我管理、自我监督的约束机制，通过企业间的广泛认同形成一套符合市场运营、法律规定和职业道德的行为规则。该行为规则的制定和运行是以企业形象和企业信用为基础的自发性过

〔1〕 张良编著：《行业协会工作实务》，上海交通大学出版社 2014 年版，第 1 页。

〔2〕 汤蕴懿：《行业协会组织与制度》，上海交通大学出版社 2009 年版，第 24 页。

程。[1]行业自律是为了规范行业行为，协调同行利益关系，维护行业间的公平竞争和正当利益，促进行业发展。自律就是自我约束。行业自律包括两个方面，一方面是行业内对国家法律、法规和政策的遵守与贯彻，另一方面是行业内的行规、行约制约自己的行为。而每一方面都包含对行业内成员的监督和保护的机能。行业自律管理是指，行业协会对行业内企业的自律行为进行治理和监督，以确保行业内企业遵守和贯彻国家的法律、法规和政策，遵守行业内部各种规范，协调行业内企业之间的利益关系，维护公平竞争和正当权益，最终促进行业发展。

遵守《管理条例》显然是行业自律当然的重要内涵之一，确保《管理条例》在烟花爆竹行业中企业或单位得以贯彻执行理应属于烟花爆竹行业协会行业自律管理的重要职责之一。烟花爆竹行业安全监督管理需要法律、法规加以规范，更需要烟花爆竹行业协会的自律管理，没有烟花爆竹行业的自律，就难以确保烟花爆竹行业的安全运行，更难以确保烟花爆竹企业或单位正当利益的获取，最终影响整个烟花爆竹行业的健康发展。

（二）行业自律管理制度的制定

行业协会具有行业中介性，按照中介行业"法律规范，政府监督，行业自律"的发展要求，建立和完善行业自律管理体制，强化行业的自律水平，是行业有效履行职责的重要保障，也是行业健康运行和规范发展的迫切需要。[2]因此，行业自律管理需要相应的管理制度的制定，正所谓"无规矩不成方圆"。行业自律的良性发展离不开行业协会自律管理，行业自律管理需要借助于相应的管理制度的制定和实施。任何性质的管理都需要制度作为其依据，否则就会造成管理者意志独大的局面，不利于管理科学、合理地开展。

行业自律管理制度是行业成员集体意志的体现，是行业自律管理活动的经验总结，是行业自律管理者管理行为的依据。因此，烟花爆竹行业协会应当充分利用其行业代表、专业技术权威、信息集中等优势，充分发挥其在行业中的有利地位，在充分尊重本行业企业或单位意志、烟花爆竹行业自身的发展规律的基础之上，建立健全各项科学合理的行业自律管理制度，完善烟

〔1〕 张良编著：《行业协会工作实务》，上海交通大学出版社 2014 年版，第 11 页。

〔2〕 中国注册会计师协会编：《关于加强行业自律管理体制建设的指导意见》，中国财政经济出版社 2003 年版，第 4 页。

花爆竹行业自律及管理约束机制。通过自律管理，在鼓励烟花爆竹行业公平竞争的同时维护行业信誉，防范和惩戒个别企业影响行业整体形象、破坏行业声誉的违法、违规行为。对烟花爆竹行业发展中的诸如烟花爆竹安全等一些敏感问题，通过行业自律管理制度的自身约束方式，达成基本共识，化解各种矛盾，协调各方利益，提高烟花爆竹行业经营、运输和大型焰火燃放活动的效率。最终树立烟花爆竹行业这一公共领域的正式权威，拥有烟花爆竹行业的权威力量。

（三）行业公共安全自身监督检查

《管理条例》第3条在烟花爆竹安全监督管理方面虽然规定了安全生产监督管理部门、公安部门、质量监督检验部门、工商行政管理部门、邮政管理部门、交通运输部门、乡镇人民政府和街道办事处等政府职能部门有关烟花爆竹经营、运输及燃放方面的安全监督管理职责，但是，烟花爆竹安全监督管理工作涉及面广，细节之处众多，而政府职能部门毕竟不是烟花爆竹行业的一分子，不能时时处处插手烟花爆竹行业经营、运输和内部管理，不能干涉烟花爆竹企业或单位的市场行为。这种处境决定了政府职能部门只能定期或不定期地对烟花爆竹行业中的企业进行烟花爆竹安全监督检查，很难及时、准确地把握烟花爆竹行业中企业市场行为命脉和动向，无法及时处理烟花爆竹经营、运输和燃放过程中存在的安全隐患，以避免烟花爆竹安全事故的发生。政府职能部门烟花爆竹安全监督管理的局限性需要烟花爆竹行业协会进行补充。唯有将两者有机地结合起来，才能做好烟花爆竹安全监督管理工作，将烟花爆竹安全隐患消灭在萌芽状态，最大限度地避免烟花爆竹安全事故的发生。

烟花爆竹“禁”与“限”之争从未停止过，其根本原因是烟花爆竹的易燃易爆性，其本质是中华民族烟花爆竹传统文化与现代社会文明之争。如何协调好两者之间的辩证关系，既让中华民族的传统文化源远流长，又和现代社会文明协调统一；既让人们在烟花爆竹中享受喜悦的气氛，又要维护好公共安全、保护人民大众的人身财产安全、维护环境质量，烟花爆竹安全监督管理工作在此自然起到了决定性作用。从形式上看，某一烟花爆竹企业或单位发生的烟花爆竹安全事故只涉及该企业或单位的前途和命运。然而，从实质上看，一旦烟花爆竹安全事故发生，就会招致全社会重新开启有关烟花爆竹“禁”与“限”之争，其影响必将超出发生烟花爆竹安全事故的企业或单位，殃及整个地区的烟花爆竹行业，危及烟花爆竹整个行业的公共安全。

为了做好烟花爆竹安全监督管理工作，烟花爆竹行业协会应当积极开展行业公共安全自身监督检查，一则是履行行业自律管理职责，二则是监督检查烟花爆竹行业中各企业或单位对烟花爆竹行业自律管理制度的执行状况，消除烟花爆竹安全隐患，维护行业公共安全。与此同时，烟花爆竹行业协会在开展行业公共安全自身监督检查过程中，不断积累行业自律管理经验，不断壮大其在烟花爆竹行业中的地位和优势，充分发挥其行业中介作用。

（四）烟花爆竹经营者合法经营引导

《中华人民共和国宪法》第 5 条第 4 款规定："一切国家机关和武装力量、各政党和各社会团体、各企业事业组织都必须遵守宪法和法律。一切违反宪法和法律的行为，必须予以追究。"合法经营是烟花爆竹经营者的法律义务，不得违反。烟花爆竹经营者毕竟是营利性企业或个人，"追求利益最大化"是其本性，如果不加以适当引导，就很有可能走上违法经营之路。

守法是每个公民应尽的法律义务，当然需要烟花爆竹经营者自觉履行。然而，由于主、客观因素的存在，仅仅依赖烟花爆竹经营者自觉遵守法律、法规，自觉从事合法经营，远远不够，需要政府职能部门和烟花爆竹行业协会加以适当引导。尽管政府职能部门在引导烟花爆竹经营者依法经营方面有着不可推卸的责任，但是由于人力、物力、财力及时空等因素的限制，政府职能部门在行使烟花爆竹安全监督管理职责时不可能完全满足社会现实的需要，而烟花爆竹行业协会因其自身所处的地位优势，时刻把握着烟花爆竹经营者的经营动向，掌握着强大的信息资源，而且能够利用自身的优势地位积极影响烟花爆竹行业中经营者的经营行为，能够常态化、及时和有效地引导烟花爆竹经营者合法经营。可见，烟花爆竹行业协会对烟花爆竹经营者合法经营的引导是政府职能部门所无法替代的。

（五）烟花爆竹安全知识的宣传及安全教育培训

《管理条例》第 9 条也对烟花爆竹经营、储存、运输企业和大型焰火燃放活动主办单位的安全教育职责作了明文规定，但是这条规定的接受安全教育的对象是企业或单位内部的从业人员，是企业或单位负责烟花爆竹安全工作的主要负责人对从业人员开展的安全教育。该条规定没有涉及对企业或单位主要负责人进行的安全教育和安全知识宣传，因此，《管理条例》第 10 条对烟花爆竹行业协会关于"烟花爆竹安全知识的宣传及安全教育培训"职责的规定，是对该法规第 9 条有益的补充。

烟花爆竹经营、储存、运输企业和大型焰火燃放活动主办单位的负责烟花爆竹安全工作的主要负责人，为了胜任本企业或单位的从业人员的烟花爆竹安全教育工作，也必须接受有关烟花爆竹安全教育培训。他们虽然可以通过自主学习相关安全知识，或通过平时烟花爆竹安全工作实践来积累经验，但是由于他们的学习时间和接触范围等因素的限制，很难在短时间内对烟花爆竹安全知识进行全面而系统的把握，而烟花爆竹行业协会因其在行业中的地位和掌握烟花爆竹安全知识的数量及其系统性，再加上行业协会对整个烟花爆竹行业安全状况的了解和掌握，其在烟花爆竹安全知识宣传和安全教育培训方面是其他任何个人都无法比拟的。因此，对烟花爆竹经营、储存、运输企业和大型焰火燃放活动主办单位中负责安全工作的主要负责人进行安全知识宣传和安全教育培训的责任，就历史性地落在了烟花爆竹行业协会肩上。至于烟花爆竹行业协会采取什么形式进行安全知识宣传和安全教育培训，应当由烟花爆竹行业协会根据实际情况作出科学合理的安排，在不影响烟花爆竹经营、储存、运输企业和大型焰火燃放活动的情况下，使烟花爆竹企业或单位负责安全工作的主要负责人及时、有效、全面和系统地掌握烟花爆竹安全知识。烟花爆竹行业协会开展的安全知识宣传可以采取多种形式相结合的方式，如开设宣传专栏、印发烟花爆竹安全知识手册、分发宣传单等，既可以面向烟花爆竹企业或单位负责安全工作的主要负责人，也可以面向企业或单位的从业人员，当然还可以面向社会公众。

第十一条　市和县（市、区）公安、安全生产监督管理部门应当向社会公布举报电话、电子邮箱等，方便公众举报。

鼓励单位和个人通过举报电话、电子邮箱等途径，举报非法生产、经营、储存、运输、燃放烟花爆竹等违法行为。

对查证属实的，有关行政管理部门应当按照规定对举报人给予奖励，对举报人的个人信息应当保密。对于打击报复举报人的行为，公安机关应当依法处理。

【导读与释义】

本条是关于“非法生产、经营、储存、运输、燃放烟花爆竹”等违法行为的社会举报监督的规定。

本条规定共三款内容，分别对公众举报路径、举报范围及对举报人的奖励和保护等三方面作了规定。

一、该条规定一般法理性导读

为保障韶关市公共安全，维护节日期间韶关市社会治安秩序，保护韶关市人民群众生命、财产安全，必须坚决依法严厉打击韶关市行政区域范围内的非法生产、经营、运输、储存烟花爆竹等违法犯罪活动，依法收缴假冒伪劣烟花爆竹，并根据《中华人民共和国刑法》《中华人民共和国治安管理处罚法》《国务院烟花爆竹安全管理条例》《韶关市烟花爆竹燃放安全管理条例》等法律、法规的规定，对非法生产、经营、运输、储存烟花爆竹，销售假冒伪劣烟花爆竹等违法犯罪活动实施法律惩处。

有关烟花爆竹非法活动的表现形式多样，既有非法生产、经营、储存、运输烟花爆竹行为，也有非法邮寄烟花爆竹及列入管制的原材料（黑火药、烟火药、引火线、氯酸钾、高氯酸钾、铝镁合金粉、铝粉、硫黄等）的行为，还有未经许可燃放大型焰火的非法燃放行为，此外，还有在《管理条例》禁止燃放的区域燃放烟花爆竹的行为；既有未经许可或在取得行政许可之前，企业或单位从事的非法生产、经营、储存、运输、销售及燃放等违法行为，也有烟花爆竹合法批发单位和合法零售单位销售假冒伪劣和三无产品等非法批发和零售行为；既有销售给个人或非专业燃放单位 A、B 级产品的非法销售行为，也有在指定地点以外进行非法储存的行为。此外，还有单位、组织和个人将其拥有控制权的房屋或其他建筑物租借给他人或单位从事非法生产、经营和储存烟花爆竹的非法行为。

韶关市地处广东省粤北山区，下辖浈江区、武江区、曲江区、仁化县、始兴县、翁源县、新丰县和乳源瑶族自治县，代管乐昌市和南雄市，共 9 个街道办事处、4 个办事处、93 个镇、1 个民族乡。全市土地面积 1.85 万平方公里，居广东省第二位。在地形结构上，韶关地形以山地、丘陵为主，河谷、盆地分布其中，平原、台地面积约占 20%。韶关是全国重点林区，广东用材林、水源林和重点毛竹基地，被誉为华南生物基因库和珠江三角洲的生态屏障；林业用地面积 142 万公顷，活立木总蓄积量 8475 万立方米，森林覆盖率达到75%。[1]

交通方面，韶关市地处粤北，外接湘赣，内联珠三角，具有丰富的陆路、水路交通运输资源，京广铁路、武广高铁、赣韶铁路、京港澳高速公路、乐广高速公路和G106国道南北贯穿全市，南韶高速公路、G323国道东西贯穿全市，是南北交通走向的“黄金通道”。韶关市有如此复杂的地势地貌，在人口分布广、居住环境复杂、外来人口较多、交通发达的环境下，从事烟花爆竹非法生产、经营、销售、储存和运输的不法分子很容易将自己在如此复杂的社会构造、独特的地形结构及便利的交通环境下隐匿起来，从事烟花爆竹非法生产、经营、储存、运输、销售、燃放活动。如果不能有效、及时地加以治理与打击，韶关地区烟花爆竹安全隐患就不能彻底得以根除，韶关市行政区域范围内的交通运输安全就得不到根本性保障。这直接关涉韶关市范围内烟花爆竹安全建设，关系到韶关市公共安全，关系到韶关市民众人身、财产安全，关系到韶关市环境质量维护，关系到南北交通客、货运输良性运转，关系到广东省北大门交通运输枢纽的安全，关系到韶关市在广东省乃至全国范围内的良好声誉。

与韶关市如此复杂的环境相比，韶关市有关烟花爆竹安全监督管理的政府职能部门能力十分有限，这势必要求广大韶关市人民群众和各企、事业单位要增强安全意识、法制意识，积极向公安部门举报涉及非法生产、经营、运输、储存烟花爆竹的违法行为，提供线索，为韶关市烟花爆竹安全监督管理贡献一分力量。

确保韶关市行政区域内烟花爆竹安全，不仅仅是韶关市人民政府及其职能部门的职责，也是韶关市境内所有民众和企、事业单位的责任。烟花爆竹安全工作关涉韶关市境内民众的人身、财产安全，公共安全和韶关市环境质量，关涉韶关市境内每个民众和企、事业单位的切身利益。因此，不能仅仅将烟花爆竹安全监督管理责任归结到韶关市人民政府及其职能部门，社会大众及企、事业单位应当积极投身到维护人民的人身、财产安全，公共安全和环境质量保护工作去，积极投身到与非法生产、经营、运输、储存烟花爆竹违法行为做斗争的战役中来。一旦发现烟花爆竹违法犯罪行为，每个市民和

[1] 资料来源：韶关市人民政府门户网：http://www.sg.gov.cn/website/newportal/portalSiteAction.action，2016年5月23日访问。

单位都有责任向有关政府职能部门举报，让韶关市境内烟花爆竹违法犯罪行为无处遁形。韶关市民众应当和韶关市人民政府及其职能部门一起为建设美好家园尽心尽力，让中华民族传统文化在韶关的大地上源远流长。

二、有关举报路径的规定

《管理条例》就举报路径规定了两种形式，即举报电话和举报电子邮箱。

（一）举报电话

在电讯发达的今天，几乎人人都拥有一部手机。因体型小、质量轻、功能齐全及便于携带等特点，手机成了市民日常生活中不可缺少的通信工具。随着通信技术的发展，现如今韶关市移动、电信及铁通信号几乎能够覆盖韶关市全境。在为韶关市人民的日常生活带来便捷的同时，手机也成了连接韶关市市民与韶关市人民政府及其职能部门的桥梁和纽带，既为韶关市人民政府及其职能部门及时和有效地了解韶关市民诉求提供有效的手段和方式，也为韶关市市民向政府及其职能部门举报社会上包括“非法生产、经营、储存、运输、燃放烟花爆竹行为”在内的违法犯罪行为提供了快捷的途径。韶关市市民通过拨打政府职能部门公布的举报电话，让韶关市和县（市、区）公安、安全生产监督管理部门及其他相关职能部门及时了解韶关市辖区内非法生产、经营、储存、运输、燃放烟花爆竹行为的活动情况，并予以有效打击，使有关烟花爆竹违法犯罪行为无处遁形，确保一方平安。

一般从事非法生产、经营、储存、运输、燃放烟花爆竹的违法犯罪行为人，为了躲避政府职能部门的打击，都会将自己伪装起来，或藏匿在人迹罕至的偏远山村，或隐藏在废弃的厂房里，或对其隐匿的场所进行伪装，也可能藏匿在不易被发现的居民楼中。针对这种情形，在公安部门和烟花爆竹安全监督检查部门不易察觉的情况下，生活在周围的民众及周边的企、事业单位就可以大显身手，在日常生活和工作中发生蛛丝马迹。一旦社会大众发现非法生产、经营、储存、运输、燃放烟花爆竹行为的迹象时，民众和单位一般第一个想到的就是通过拨打电话的方式与有关政府职能部门进行联系，因此，让民众和企、事业单位知晓举报电话就显得尤为重要。《管理条例》要求由韶关市和县（市、区）公安、安全生产监督管理部门向社会公布举报电话，让社会公众和企、事业单位知晓，为公众和单位举报烟花爆竹相关违法行为提供方便。一般情况下，市和县（市、区）公安、安全生产监督管理部门都会在其官方网站上公布举报电话，但这是远远不够的，网络毕竟不像电讯那样普及，还有很多偏远乡村不通网络，也有相当一部分民众不会上网。这样，仅仅通过网络公布举报电话，无法达到家喻户晓的状态，也不能做到方便公众知晓的程度。因此，市和县（市、区）公安、安全生产监督管理部门还必须在宣传栏内，在各城市、乡村主要街道路口粘贴宣传广告，通过韶关有线电视民生频道向韶关市市民宣传和公布举报电话。通过各种途径方便公众熟悉和查找举报电话，及时向有关政府职能部门举报非法生产、经营、储存、运输、燃放烟花爆竹行为，便于公安部门与安全生产监督部门对其进行及时和有效的打击。

（二）举报电子邮箱

电子邮箱（E-MAIL BOX）是通过网络电子邮局为网络客户提供网络交流的电子信息空间。电子邮箱具有存储和收发电子信息的功能，是因特网中最重要的信息交流工具。在网络中，电子邮箱可以自动接收网络任何电子邮箱所发的电子邮件，并能存储规定大小的多种格式的电子文件。电子邮箱具有单独的网络域名，其电子邮局地址在@后标注。利用电子邮箱业务是一种基于计算机和通信网的信息传递业务，是利用电信号传递和存储信息的方式为用户提供传送电子信函、文件数字传真、图像和数字化语音等各类型的信息。电子邮件可以使人们在任何地方、时间收、发信件，解决了时空的限制，大大提高了工作效率，为办公自动化、商业活动提供了很大便利。用户利用电子邮箱不但可以发送普通信、挂号信、加急信，也可以要求系统在对方收到信件后回送通知，或阅读信件后送回条等。另外还有定时发送、读信后立即回信或转发他人、多址投送（一封信同时发给多人）等功能。用户还可以直接在邮箱系统内写信，对方可将收到的信件归类存档，删除无用信件。网络电子邮箱以其特有的属性为民众举报非法生产、经营、储存、运输、燃放烟花爆竹行为提供了有效、方便的路径。

网上有很多网站均设有免费的电子信箱，而且种类繁多，如163邮箱、新浪邮箱、搜狐邮箱、QQ邮箱、139邮箱等等。广大网民和企、事业单位都可以免费申请一个或多个电子邮箱。由于QQ的普及，申请获得一个QQ号的同时就自动拥有了一个QQ邮箱。这就意味着，拥有QQ号的民众，即使没有去网站申请电子邮箱，他们也至少拥有一个QQ邮箱。因此通过电子邮箱发送举报信息成为可行的途径。再加上电子邮箱的保密功能，民众和企、事业单位在不方便或不愿意使用举报电话的情况下，可以悄无声息地将举报信息发送至市和县（市、区）公安、安全生产监督管理部门公布的官方电子邮箱，方便快捷。政府职能部门公布举报电子邮箱的同时可以连同举报电话一起向公众公布。

三、有关举报范围的规定

民众和企、事业单位所举报的范围一般涉及烟花爆竹非法生产、非法经营、非法储存、非法运输和非法燃放等五个方面。

（一）非法生产烟花爆竹

广东省早在2006年就宣布退出烟花爆竹生产领域，《管理条例》也在第5条第3款明文禁止在韶关市行政区域内生产烟花爆竹。因此，在韶关市行政区域范围内任何单位或个人生产烟花爆竹的行为都属于违法行为，一旦韶关市境内民众和企、事业单位发现有生产烟花爆竹的现象，就可以立即通过举报电话或者举报电子邮箱向相关政府职能部门进行举报。

（二）非法经营烟花爆竹

非法经营行为在实践中有多种表现形式，主要包括未取得烟花爆竹经营许可证擅自经营、从事烟花爆竹批发和零售企业采购及销售非法生产和经营的烟花爆竹、从事烟花爆竹批发的企业向非法从事烟花爆竹零售的经营者供应烟花爆竹、从事烟花爆竹零售的经营者向从事烟花爆竹批发之外的企业采购烟花爆竹、从事烟花爆竹批发的企业向从事烟花爆竹零售的经营者供应按照国家标准规定应由专业燃放人员燃放的烟花爆竹、从事烟花爆竹零售的经营者销售按照国家标准规定应由专业燃放人员燃放的烟花爆竹等等。一旦发现上述非法经营现象，单位和个人都可以对该非法经营行为进行举报。

（三）非法储存烟花爆竹

在储存烟花爆竹仓库设施方面，包括烟花爆竹经营单位不具有与其经营规模和产品相适应的仓储设施；其仓库的内、外部安全距离，库房布局，建筑结构，疏散通道，消防，防爆，防雷，防静电等安全设施以及电气设施等，不符合《烟花爆竹工程设计安全规范》（GB50161）等国家标准和行业标准的规定；其仓储区域及仓库没有安装符合《烟花爆竹企业安全监控系统通用技术条件》（AQ4101）规定的监控设施，也未设立符合《烟花爆竹安全生产标志》（AQ4114）规定的安全警示标志和标识牌。在储存烟花爆竹仓库的位置方面，包括烟花爆竹经营单位将仓库设在学校、医院、居民楼、养老院、山林、草原等重点防火区安全距离范围之内，甚至将烟花爆竹储存在居民楼内。在仓储方式方面，包括烟花爆竹经营单位严重违反有关法律、法规对烟花爆竹储存要求，将烟花爆竹与其他易燃易爆的物品堆放在一起。在仓储烟花爆竹性质方面，包括烟花爆竹经营单位储存劣质、破损的烟花爆竹，储存非法采购的烟花爆竹。此外，非法储存烟花爆竹的行为还表现为，没有取得烟花爆竹经营单位和个人擅自储存烟花爆竹。

（四）非法运输烟花爆竹

非法运输烟花爆竹主要包括以下几种行为：（1）没有合法取得烟花爆竹道路运输许可证的单位和个人擅自运输烟花爆竹；（2）违反《中华人民共和国道路运输条例》进行烟花爆竹运输的；（3）一次性运输有效期限、起始地点、行驶路线、经停地点、烟花爆竹的种类、规格和数量等方面违反烟花爆竹道路运输许可证上载明的运输许可事项的；（4）运输车辆没有悬挂或者没有安装符合国家标准的易燃、易爆危险物品警示标志的；（5）烟花爆竹的装载违反国家有关标准和规范的；（6）装载烟花爆竹的车厢同时载有人员或运输车辆未按照规定的要求限速行驶，途中经停时没有专人看守。此外，利用公共交通工具运载烟花爆竹，邮寄烟花爆竹以及在托运的行李、包裹、邮件中夹带烟花爆竹的行为，都属于非法运输烟花爆竹行为，均在个人和单位举报之列。

（五）非法燃放烟花爆竹

非法燃放烟花爆竹行为主要体现在以下几个方面：（1）未取得焰火燃放许可证单位举办焰火晚会以及其他大型焰火燃放等活动；（2）焰火晚会以及其他大型焰火燃放活动燃放作业单位和作业人员，没有按照焰火燃放安全规程和经许可的燃放作业方案进行燃放作业；（3）单位和个人在《管理条例》明文禁止燃放的区域燃放烟花爆竹。此外，以危害公共安全，生命、财产安全和环境安全的方式燃放烟花爆竹的行为，亦属于非法燃放烟花爆竹行为。

总之，政府职能部门应当加大宣传力度，让民众和单位了解和把握烟花爆竹非法生产、非法经营、非法储存、非法运输和非法燃放的各种表现形式，方面民众和单位有效鉴别，及时发现，及时举报，这样才能对烟花爆竹非法生产、非法经营、非法储存、非法运输和非法燃放行为予以及时、有效的打击。

四、有关对举报人的奖励和保护的规定

“韶关是我家，建设靠大家。”建设美丽的韶关家园，对非法生产、经营、储存、运输、燃放烟花爆竹的违法犯罪行为进行举报，是每一位韶关市市民应尽的责任。然而，由于民众的认知能力、素质和修养参差不齐，再加上“事不关己高高挂起”的中国封建落后文化作祟，不是每一个市民都有较高的觉悟，也不是所有的民众遇到此类烟花爆竹违法犯罪行为时，都积极进行举报。在这种情况下，为了鼓励市民积极举报，有必要在《管理条例》中规定相应的奖励措施。对于举报人举报的情况，经过查证一旦属实，就应依照有关规定予以相应的现金奖励。

违法犯罪行为人之所以敢冒天下之大不韪，冒险从事非法生产、经营、储存、运输、燃放烟花爆竹的违法犯罪行为，其根本原因在于利欲熏心。一旦有举报人将他们的丑陋行径暴露在大庭广众之下，免不了招至法律的严厉处罚。这可能引起他们对举报人的报复心理。一旦举报人的信息被泄露，就很难避免遭到违法犯罪行为人对其实施的报复。只要有一件报复事件发生，就可能引起社会的恐慌心理，不利于后续民众对有关烟花爆竹违法行为进行举报，最终影响对此类违法犯罪行为的及时、有效的打击。因此，有必要对举报人的个人信息进行严格保密。除了对举报人实施现金奖励之外，不宜采取其他诸如颁发奖状、大会表扬、向社会宣传等不利于保护举报人个人信息的奖励方式。

保密工作做得再好，也难免存在疏漏。另外，由于种种原因，并非因保密工作的疏漏也会导致举报人的个人信息泄露。不管是什么原因导致举报人个人信息泄露，一旦违法犯罪行为人及与其有利害关系的人对举报人实施打击报复，公安机关都应当对打击报复举报人的行为依法予以严厉惩处，绝不能姑息。唯有将对举报人的鼓励与对打击报复举报人的行为惩处有机地结合起来，才能有效地鼓励单位和个人对各种非法生产、经营、储存、运输、燃放烟花爆竹的违法犯罪行为积极举报，才能有效地净化烟花爆竹行业市场，维持良好的市场秩序，消除烟花爆竹安全隐患，给韶关市全体市民营造一个

欢乐祥和的家园。

第十二条 市和县（市、区）人民政府及其有关部门应当运用广播、电视、报刊、互联网等媒体开展烟花爆竹安全管理等法律、法规的宣传。

教育主管部门应当组织学校加强对学生有关烟花爆竹的法律、法规和燃放常识的教育。

社区居民委员会、村民委员会、业主委员会、物业服务企业应当加强对群众进行有关烟花爆竹安全管理、安全燃放知识的宣传。

【导读与释义】

本条是关于烟花爆竹安全管理法律、法规知识和燃放安全知识宣传的规定。

本条共有三款内容，分别对烟花爆竹安全管理法律、法规宣传的媒介，教育主管部门宣传的职责及对群众进行烟花爆竹安全管理和安全燃放知识宣传作了明确规定。

一、烟花爆竹安全管理法律法规宣传的媒介

（一）法制宣传的一般法理性导读

1999年3月15日，第九届全国人民代表大会第二次会议通过的《中华人民共和国宪法修正案》第13条规定：《宪法》第5条增加1款，作为第1款，规定“中华人民共和国实行依法治国”。至此，“依法治国”在我国已经上升到了宪法的高度，开启了“依法治国，建设社会主义法治国家”的法治建设之旅。关于法治，古希腊哲学家亚里士多德曾经有过经典论述。他曾指出，法治是指“已成立的法律获得普遍的服从，而大家所服从的法律又应该本身是制订良好的法律”。[1]可见，“良好的法律”和“法律获得普遍的服从”是实现法治的两大最基本条件。

“徒法不足以自行。”法律的实施不能仅仅依靠政府执法部门和司法部门在社会实践中执行法律和在司法实践中适用法律，而要依靠全体公民养成守

〔1〕［古希腊］亚里士多德：《政治学》，吴寿彭译，商务印书馆1965年版，第199页。

法的良好习惯，达到“法律获得普遍的服从”之程度。而公民服从法律首先要知道、了解和掌握法律的相关内容，切实懂得法律规定的好处，这是公民守法的前提和基础。1993 年《中华人民共和国宪法修正案》第 3 条规定：“把我国建设成为富强、民主、文明的社会主义国家。”“良好的法律”和“法律获得普遍的服从”，都涉及活生生的人，而人的“意识、认识、情感、思想、观念、心理、性别、秉性、背景、环境、文化素养、道德品质、人生经历、价值取向”等个性化特质千差万别，这必然会影响到法律的质量和法律得到遵守的程度。如果法治将其自身的使命仅限于对违法犯罪行为的惩处，仅仅满足于对人治的批判，满足于表面的守法现象、形式的司法审判、偶尔的行政执法、庞大的法律规范的制定，而不注重于人性的塑造、对违法犯罪根源的挖掘、对事物发生和发展的本质性认识，那么法治下的专制将不可避免，人类社会的文明进步将变得遥不可及。所以，“塑造人性善、促进公民文明之行为、推动人类社会之进步”是法治社会的宏伟目标和终极使命。[1]要实现法治社会的宏伟目标，提高全体公民的文明程度，就必须普及法律知识教育，正所谓“不知者不为过”。“过程”是构成违法犯罪的重要要件之一，不知道法律的规定，甚至不知道有这样的法律存在，行为人主观方面就谈不上存在什么“过错”，其行为也就谈不上构成违法犯罪，就不应当对其行为实施法律惩处。如果将没有过错的行为定性为违法犯罪行为且对其实施法律制裁的话，不仅违背了法律责任的构成要件，违反了法律责任追究的基本精神，而且不能令人信服，更谈不上促进人们行为文明，也就谈不上让人们懂法、守法，不但法治社会的宏伟目标不能实现，而且还会有“法律压迫”“披着法律外衣干的是人治勾当”之嫌疑，实为不值提倡。人们只有懂法之后，才能知法，才能了解法律规定的好处，才能自觉守法，才能按照法律的规定行事，才能促进自己行为文明，最终促进人类社会之文明进步。由此可见，法制宣传责任重大。

（二）宣传的媒介及其效果

1. 宣传媒介

广播、电视、报刊、互联网等媒体是宣传烟花爆竹安全管理等法律、法规的重要媒介。现如今，电视已经遍及韶关市千家万户，有线网络电视已经

〔1〕 杜国胜：《司法口才理论与实务》，中国政法大学出版社 2015 年版，第 7 页。

覆盖韶关市行政区域内所有城镇和乡村，而且经过一天劳累之后的市民夜晚都有看电视修整、娱乐的习惯，因此，通过电视媒介进行烟花爆竹安全管理等法律、法规知识的宣传，可以达到家家户户都至少有一个成员知道和了解有关烟花爆竹安全管理的法律、法规规定的目的，再通过相互告知，达到全民皆知的程度。相对于电视来说，报刊和互联网的普及范围要小一些，但是这两种媒介也不可忽视。报刊对老年群体来说，是一种深受欢迎的阅读媒介，是老年人了解外界的重要窗口。韶关市已经实现了各公交车站站点的规划，每个公交车站站点都有宣传栏，人们可以在宣传栏中看到粘贴的报纸，这是宣传烟花爆竹安全管理等法律、法规的最好的方式和途径。互联网对于年轻的一代人来说，是深受欢迎的沟通方式，是年轻人了解外界、获取信息的重要窗口，通过互联网可以让这个阶层的人了解有关烟花爆竹安全管理法律、法规的规定，达到法制普及的目的。至于“广播”这一媒介，虽然在网络、电视、通讯高度发达的今天，已经褪去了往日的光环，但是其作用也不可小觑。公交车、出租车、车站、码头、飞机场、商场等公共场所，“广播”仍然是一个重要的宣传媒介。特别是节日庆典，烟花爆竹市场兴旺的时候，在公共场所利用广播进行有关烟花爆竹安全管理的法律、法规知识宣传，效果是电视、报刊和互联网等媒介无法替代的。

2. 宣传效果

宣传必须讲究宣传效果，而宣传效果主要体现在广大民众对法律、法规规定的理解上，不能仅仅停留在知识性介绍中。不仅要让民众知道烟花爆竹安全管理等法律、法规的规定，还要让他们懂得这些规定所蕴含的道理。唯有这样，才能达到理想的宣传效果，才能促使广大民众自觉遵守烟花爆竹安全管理等法律、法规的规定，最终实现宣传的目的。

法律知识是一项专门知识，对法律、法规规定的准确理解和宣传不是一般人能够胜任的，需要法律专业人士直接参与。因此，通过广播和电视等听觉和视觉媒体来宣传烟花爆竹安全管理等法律、法规的知识内容，不能简单地将其交给广播员和电视节目主持人负责宣传，而应当由韶关市和县（市、区）人民政府及其有关部门具有法律专业知识的工作人员负责宣传，以便广大民众对烟花爆竹安全管理等法律、法规知识内容的理解。在报刊和互联网等媒介上通常是以文章的形式来宣传烟花爆竹安全管理等法律、法规的知识内容。这些文章不能只是介绍性地将相关的法律、法规原封不动地刊登出来，而是应当由韶关市和县（市、区）人民政府及其有关部门具有法律专业知识的工作人员，利用其对相关法律、法规规定的准确理解，以民众容易读懂的形式，将相关的宣传内容加以呈现。唯有这样，韶关市和县（市、区）人民政府及有关部门运用广播、电视、报刊、互联网等媒体开展的烟花爆竹安全管理等法律、法规的宣传工作才能有成效，才能取得预期宣传效果。

二、教育主管部门宣传的职责

“少年强则国强。”年轻一代是国家的未来，法制宣传教育应当从在校学生抓起，包括小学、中学和大学。政府职能部门和法律界人士都应当重视对学校学生的法制宣传教育。节日以放烟花爆竹为主要娱乐形式的大多集中在这一群体。让他们懂得有关烟花爆竹的法律、法规和燃放常识，对于确保烟花爆竹的燃放安全、避免伤害事故发生非常必要，而且可行。

对于小学生来说，有关烟花爆竹的法律、法规的宣传教育应当结合其日常生活实际进行，把法律、法规的语言转换成他们能够理解的生活语言，让法律、法规知识宣传变得更加生动，使他们更加容易接受。而对小学生的燃放常识的宣传教育则更加重要，这一群孩子在盛大节日时最喜欢放烟花和爆竹，也最容易因燃放烟花爆竹的行为而伤及他人和周围的财产。因此对小学生的教育应当更加耐心细致。对中学生和大学生来说，他们具备了一定的理解能力，所以对他们进行有关烟花爆竹的法律、法规知识的宣传，应当更加注重对知识的理解以及有关烟花爆竹法律、法规存在的价值和意义。对这群学生的宣传教育，还可以为社会培养小宣传员，让他们对其周围人群和社会进行宣传，从而推广有关烟花爆竹的法律、法规方面的知识和燃放知识。

教育主管部门是学校的上级领导机构，负责对其所属学校日常教学工作的总体安排，同时也肩负着对所属学校开设课程合理性、教学效果的监督和检查职责，由其出面组织学校加强对学生有关烟花爆竹的法律、法规和燃放常识的教育，一方面使法制宣传教育组织化、常规化、科学化和合理化，另一方面又促使其本身在组织管理过程中总结经验，分析和研究更加适当的宣传方式，并加以推行。因此，《管理条例》规定由教育部门组织学校加强对学生有关烟花爆竹的法律、法规和燃放常识的教育，比较科学合理，应予以推广。

三、对群众进行烟花爆竹安全管理和安全燃放知识宣传

每一个居民，无论是常住人口，还是外来务工人员，都生活在一定的地理区域内。其中，分散居住的居民主要受社区居民委员会或村民委员会管理，集中居住的居民除了受社区居民委员会或村民委员会管理之外，还可能有为自身利益服务的业主委员会和物业服务企业。社区居民委员会和村民委员会作为基础人民群众自治组织，肩负着包括负责社区居住区和村庄安全在内的各种管理职责，他们有责任对所属群众进行有关烟花爆竹安全管理、安全燃放知识的宣传，以保一方平安。

2009 年 12 月中华人民共和国住房和城乡建设部颁布实施的《业主大会和业主委员会指导规则》第 3 条规定："业主委员会由业主大会依法选举产生，履行业主大会赋予的职责，执行业主大会决定的事项，接受业主的监督。"第 2 条规定："业主大会由物业管理区域内的全体业主组成，代表和维护物业管理区域内全体业主在物业管理活动中的合法权利，履行相应的义务。"可见，业主委员会是由业主组成的业主大会选举产生的、维护全体业主合法权利的业主自治组织。盛大节日期间，物业管理区域内烟花爆竹安全的维护自然属于业主委员会的职责范畴。因此，在盛大节日来临之前，业主委员会应当加强对物业管理区域内的全体业主进行有关烟花爆竹安全管理、安全燃放知识宣传，做到防患于未然，确保物业管理区域内的烟花爆竹安全。

物业服务企业，是指依法成立、具备专门资质并具有独立企业法人地位，依据物业服务合同从事物业管理相关活动的经济实体。物业管理具有一定的特殊性。物业管理服务实质是对业主共同事务进行管理的一种活动，带有公共产品的性质。在物业管理区域内，物业服务企业要依照全体业主的授权，约束个别业主的行为，以维护全体业主的利益和社会公共利益。烟花爆竹安全管理及安全燃放关系到物业管理区域内公共安全和公共财产安全。物业服务企业接受业主的授权对全体业主共同事务进行管理。在物业管理区域内对燃放烟花爆竹行为的管理自然属于物业服务企业职责范围内事务。为了确保盛大节日期间物业管理区域内居民燃放烟花爆竹的安全，物业服务企业应当加强有关烟花爆竹安全管理、安全燃放知识宣传，确保其管辖区域内的公共安全和公共财产安全。

第四章　烟花爆竹安全管理制度

第十三条　市安全生产监督管理部门负责全市烟花爆竹批发点的布点规划，县（市、区）安全生产监督管理部门负责本行政区烟花爆竹零售点的布点规划，规划布点应当遵循保障安全、统一规划、合理布局、总量控制、适度竞争的原则。

烟花爆竹禁放区内不得许可经营烟花爆竹。

【导读与释义】

本条是关于烟花爆竹批发点布点及零售点布点规划原则的规定。

烟花爆竹批发点的布点规划是市安全生产监督管理部门对全市范围内烟花爆竹批发经营网点的控制与管理，烟花爆竹零售点的布点规划是县（市、区）安全生产监督管理部门对其管辖区域范围内烟花爆竹零售经营网点的控制与管理。烟花爆竹批发和零售行业是特殊行业，需要取得相应的行政许可后方能从事经营的行业，不是任何企业或个人在任何地点都可以经营的，需要市和县（市、区）安全生产监督管理部门根据其管辖区域的特点、市场适度竞争原则、便民利民等客观实际进行统一规划和合理布局，以确保烟花爆竹批发经营和零售经营的适度、有序及安全。

烟花爆竹批发和零售网点布点规划工作如果控制和管理不当，将给经营者、市场和社会带来危害，其后果不堪设想。因此，市和县（市、区）烟花爆竹安全生产监督管理部门应当认真贯彻落实《烟花爆竹安全管理条例》（国务院令第455号）、《烟花爆竹经营许可实施办法》（国家安监总局令第65号）、《国家安全监管总局办公厅关于开展烟花爆竹经营安全专项治理的通知》（安监总厅管三25号）、《韶关市烟花爆竹燃放安全管理条例》和《韶关市人民政府办公室关于切实做好全市烟花爆竹经营布点规划工作的通知》等有关法律、法规和文件精神，规范韶关市行政区域内烟花爆竹批发和零售经营的市场秩序，从源头上加强烟花爆竹经营环节的安全管理，推动烟花爆竹行业规范、安全发展，结合韶关市社会发展实际，制定科学、合理的烟花爆竹批发点和零售点布点规划方案。

一、布点规划原则

“保障安全、统一规划、合理布局、总量控制、适度竞争”是市和县（市、区）烟花爆竹安全生产监督管理部门在制定烟花爆竹批发点和零售点布点规划时应遵循的原则。按照该原则，烟花爆竹安全生产监督管理部门应当综合考虑乡镇（街道）和行政村数量、人口规模、经济发展水平和城镇化建设格局，合理确定烟花爆竹批发点和零售点经营布点规划。要坚决纠正“上宅下店、前店后宅”和安全间距不足等突出问题，建设科学合理、规范合法、公平公正、安全便民的烟花爆竹经营秩序。

二、布点规划数量

（一）批发企业数量

市烟花爆竹安全生产监督管理部门应当根据韶关市经济、社会发展的客观实际情况，充分考虑便民、利民的要求，本着有利于市场经营秩序和烟花爆竹安全管理的需要，科学合理地确定韶关市行政区域范围内烟花爆竹批发经营企业的数量。

（二）零售网点

县（市、区）烟花爆竹安全生产监督管理部门应当根据其管辖区域的客观实际情况，在充分尊重民众的基础上科学、合理地确定烟花爆竹零售网点。对于城区：原则上县城中心城区不再设置零售网点，禁售区域以县安监局公布的区域为准，城郊区实行限售。对于乡镇（街道）：每个乡镇（街道）原则上按每5000人不超过1家设置零售专店（禁售街道除外）；行政村原则上不设经营点，但离乡镇（街道）政府所在地较远或人口比较稠密的区域也可考虑设置1家零售专店，专店之间的距离不小于100米。各乡镇（街道）要根据规划布点要求迅速将零售网点落实到街、路。

三、布点条件

《烟花爆竹经营许可实施办法》（国家安监总局令第65号）第4条规定，

“烟花爆竹经营单位的布点，应当按照保障安全、统一规划、合理布局、总量控制、适度竞争的原则审批；对从事黑火药、引火线批发和烟花爆竹进出口的企业，应当按照严格许可条件、严格控制数量的原则审批”；“批发企业不得在城市建成区内设立烟花爆竹储存仓库，不得在批发（展示）场所摆放有药样品；严格控制城市建成区内烟花爆竹零售点数量，且烟花爆竹零售点不得与居民居住场所设置在同一建筑物内”。第5条第3款规定，“省、自治区、直辖市人民政府安全生产监督管理部门（以下简称省级安全监管局）负责制定本行政区域的批发企业布点规划，统一批发许可编号，指导、监督本行政区域内烟花爆竹经营许可证的颁发和管理工作”；第4款规定，“设区的市级人民政府安全生产监督管理部门（以下简称“市级安全监管局”）根据省级安全监管局的批发企业布点规划和统一编号，负责本行政区域内烟花爆竹批发许可证的颁发和管理工作”；第5款规定，“县级人民政府安全生产监督管理部门（以下简称县级安全监管局，与市级安全监管局统称发证机关）负责本行政区域内零售经营布点规划与零售许可证的颁发和管理工作”。市和县（市、区）烟花爆竹安全生产监督管理部门在制定批发点和零售点布点规划时，应严格遵守按照《烟花爆竹经营许可实施办法》（国家安监总局令第65号）有关规定要求加以实施。

（一）烟花爆竹批发企业布点条件

1. 符合全市批发企业布点规划。

2. 离城区规划区距离不得小于5公里。

3. 具有与其经营规模和产品相应的仓储设施，仓库的内外部安全距离、库房布局、建筑结构、疏散通道、消防、防爆、防雷、防静电等安全设施以及电气设施、监控设施、安全警示标志等符合国家标准和行业标准的规定。

4. 具备与其经营规模、产品和销售区域范围相适应的配送服务能力。

5. 建立并应用烟花爆竹流向信息化管理系统。

6. 法律、法规规定的其他条件。

（二）零售点布点条件

1. 符合全县（市、区）零售经营布点规划。

2. 在县（市、区）政府规定的禁放范围之外。

3. 零售点实行专店销售，不得“前店后宅”“下店上宅”，不得在销售场所住宿。

4. 销售场所面积不少于10平方米，周边10米内无明火设施。

5. 销售场所照明灯具、控制开关、线路敷设符合防火防爆要求；严禁设置烤火炉等明火设施。

6. 烟花爆竹零售点应当在外部显著位置挂设统一的标识牌，规格不小于600毫米×400毫米，具体由县安全生产监督管理局监制。标识牌应当标明“××县烟花爆竹经营专店”“许可证号×××××”等字样。

7. 法律、法规规定的其他条件。

四、具体工作要求

（一）加强领导

修订烟花爆竹经营布点规划是依法规范烟花爆竹零售经营秩序、确保经营安全的重要举措，各级有关部门应当高度重视、加强领导、周密部署、科学布点。应当充分利用各类媒体开展形式多样的宣传教育活动，结合事故案例把政策、法规讲深，把新布点的目的、意义讲透，取得经营户广泛理解和支持，尤其要做好清退市场经营户的政策解释。要开展正、反典型的宣传，树立榜样示范作用，曝光无理取闹行为，营造浓厚的安全法制意识和遵章守纪光荣的社会氛围。

（二）严格审批

按照“适度竞争”原则，坚决把安全间距不足、集中连铺经营、安全管理混乱、信誉不良的经营户淘汰，鼓励发展专店经营。各乡镇（街道）要严格审查布点申请的真实性、全面性、合法性，做到“谁签字、谁负责”。各乡镇（街道）、各有关部门要严格按照规划开展各项工作，对不符合布点条件要求的，一律不予审批。要广泛、深入地开展调查研究和审批工作，确保销售点设置的公平、公开、公正、安全、合理，杜绝“关系户”“人情证”。

（三）加强监管

市和县（市、区）烟花爆竹安全生产监督管理部门应当根据有关要求，加强其辖区内烟花爆竹批发点和零售网点的安全监督管理，建立健全安全隐患整治长效机制，督促落实各项安全管理制度和措施，严防事故发生。对于违反市和县（市、区）烟花爆竹安全生产监督管理部门有关烟花爆竹批发点和零售网点布点规划的批发经营企业和零售商户，要彻底清查取缔，并给予相应的行政处罚，以确保布点规划全面、有效地实施。

第十四条　从事烟花爆竹批发的企业，应当具备下列条件，并向市安全生产监督管理部门提出申请，依法取得相应的经营许可证，在许可经营范围、有效期和经营场所内经营：

（一）具有企业法人资格；

（二）符合本市的批发经营布点规划；

（三）具有与其经营规模和产品相适应的仓储设施，仓库的内外部安全距离、库房布局、建筑结构、疏散通道以及消防、防爆、防雷、防静电等安全设施和电气设施等，符合《烟花爆竹工程设计安全规范》等国家标准和行业标准的规定；

（四）有保管员、仓库守护员；

（五）依法进行了安全评价；

（六）有事故应急救援预案、应急救援组织和人员，并配备必要的应急救援器材、设备。

【导读与释义】

本条是关于烟花爆竹批发企业依法取得烟花爆竹经营（批发）许可证条件及法律上经营要求的规定。

本条共规定了烟花爆竹批发企业依法取得烟花爆竹经营（批发）许可证的六项条件，从企业的形式到地理范围的要求，从企业的仓储设施到仓库的布局，再到仓库消防和应急设施的配备，从硬件条件到软件条件，从企业储存烟花爆竹仓库的安全性建设到安全生产监督管理部门依法对其安全性进行评价，基本上涵盖了烟花爆竹批发经营企业经营所必备的安全性条件，以确保其经营过程中烟花爆竹的安全状态，避免其因软、硬件条件不符合烟花爆竹的批发经营要求而产生安全隐患及安全事故的发生。

一、具有企业法人资格

法人是指符合法律规定条件，能够独立承担法律责任的组织。《民法通则》规定，法人应当具备以下构成要件：（1）依法成立；（2）有必要的财产或者经费；（3）有自己的名称、组织机构和场所。我国《民法通则》将法人分为两类：一是企业法人，二是机关事业单位和社会团体法人，后者又称为非企业法人，法人依法可以参加不同的法律关系。[1]

企业是经营性的从事生产、流通或服务的某种主体；作为概括的资产或者资本和人员集合之经营体，企业也可以作为交易的客体。该词源于英语中的"en-terprise"，原意为企图冒险从事某项事业，后来用以指经营组织或经营体。[2]依照《中华人民共和国公司法》的规定，公司是企业法人。企业法人是市场经济重要的主体之一，从事商品生产、流通和服务，参与市场竞争，参与市场平均利润的分配。企业法人在商法上被称为商法人。所谓商法人，是指商法将法律意义上的人格赋予一定的社会组织，从而使其成为商业法律关系的主体，具备相应的权利能力和行为能力。商法人是现代商事活动中最基本的商主体类型。商法人的特征主要表现在以下几点：（1）具有独立的人格，经商业登记后商法人便可取得主体资格，以自己的名义从事生产经营及诉讼活动；（2）具有独立的财产和财产权，商法人的财产独立于法人成员（所有权人）的财产；（3）具有统一的组织机构，作为法律上的主体，商法人对外具有统一的法律资格，对内具有统一的组织初构；（4）为有限责任主体，创设商法人的所有权人仅以其出资额对商法人的债务承按有限责任。[3]

从法人的构成要件和商法人的主要特征来看，企业法人有以下四种基本属性：（1）法定性。企业法人的成立不是任意的，其类型和内容都是法定的，受商法规定的约束。要取得企业法人资格，必须符合法定条件，履行法定手续。在我国，必须在工商行政管理机构进行登记之后才能成立。（2）营利性。主体取得企业法人资格是为了营利。资格取得后从事的活动，主要目的是营利。但是，以营利为目的并不一定就能赢利，也可能亏损，但亏损不影响企业法人的市场主体资格。（3）营业性。企业法人必须从事持续的营业活动，一般应有固定的经营场所，持续不断地从事稳定的营业。临时性的、偶然从事的营利行为，不是企业法人。（4）独立性。企业法人必须以自己的名义从事商事经营活动，并以自己的名义享有权利，承担义务和责任。企业法人对

---

〔1〕李清伟主编，李瑞副主编：《法理学》，上海人民出版社2013年版，第129页。

〔2〕史际春、温烨、邓峰：《企业和公司法》，中国人民大学出版社2001年版，第2页。

〔3〕夏兴胜、张世贤主编：《商法》，经济管理出版社2014年版，第16页。

外承担的法律责任是有限的，即以企业法人所拥有的财产为限对其债务承担有限责任。

正是因为企业法人上述重要特征，《管理条例》将烟花爆竹批发企业限制为法人单位，而不是不具有法人资格的合伙企业或个人独资企业。从事烟花爆竹批发的企业必须具有一定的经营规模，有严密的组织机构和固定的经营场所，有科学、合理和规范的组织章程，有独立于投资者个人的法律人格。相比于企业法人，不具有法人资格的合伙企业或个人独资企业组织性不够严谨，组织章程的制定过程和制定程序及其经营管理方面都很难像企业法人那样具有民主性和科学性，其稳定性也较差，无法完全满足烟花爆竹批发行业的需要。

烟花爆竹批发行业是一种特殊行业，需要取得政府行政许可才能从事批发经营。又因为烟花爆竹具有易燃、易爆性质，批发经营企业需要持续不断地从事稳定的营业。唯有这样，企业在批发经营烟花爆竹过程中才能不断总结经验教训，不断提高安全防范意识，提高处理突发事件的能力，才能将烟花爆竹的安全隐患降到最低，最大限度地避免烟花爆竹安全事故发生。唯有这样，企业在批发经营烟花爆竹过程中才能更容易树立企业的良好信誉，增强社会公信力，使企业的商事名称享有盛誉，既有利于企业的批发经营活动，也有利于社会。毕竟“商事名称具有一定的价值，在商事流转和竞争中，它表明一定的商业信誉和资产额”。[1]此外，企业法人因解散、被撤销、破产程序终结以及其他原因终止营业，必须向登记机关办理注销登记，向登记机关提交申请报告和债权债务清理完结的证明，经核准注销后，收回企业法人营业执照，企业法人的主体资格即被终止。[2]

综上所述，《管理条例》规定烟花爆竹批发经营企业必须具备法人资格，有利于烟花爆竹批发经营活动的独立性，避免受个人意志的肆意干预；有利于烟花爆竹批发经营企业安全经营经验的积累，降低烟花爆竹安全隐患；有利于烟花爆竹批发经营企业提高自己商事名称的信誉，增强社会公信力，促进烟花爆竹批发经营活动良性发展；有利于工商行政管理部门的工商管理监督；有利于烟花爆竹安全生产监督管理部门和公安部门对其进行安全监督和

〔1〕 王新红、丁国民主编：《商法=COMMERCIAL LAW》，厦门大学出版社2013年版，第26页。
〔2〕 程淑娟主编：《商法》，武汉大学出版社2011年版，第22页。

管理。“企业法人资格”是烟花爆竹特殊行业的最优选择。

二、符合本市的批发经营布点规划

批发经营布点规划是市和县（市）烟花爆竹安全生产监督管理部门按照“保障安全、统一规划、合理布局、总量控制、适度竞争”的原则，在充分综合考虑乡镇（街道）和行政村数量、人口规模、经济发展水平和城镇化建设格局的基础上科学、合理确定的。目的是为了建设科学合理、规范合法、公平公正、安全便民的烟花爆竹批发经营管理秩序。如果烟花爆竹批发经营企业的经营场所和范围不符合批发经营布点规划，势必将破坏政府职能部门对烟花爆竹批发经营布点规划的管理秩序，也不利于市场适度竞争原则，最终会影响烟花爆竹的安全监督管理。

三、仓储设施及仓库储存条件

与烟花爆竹零售业相比，烟花爆竹批发经营企业具有较大的规模，经营的烟花爆竹数量较大，通常需要利用仓库加以储存。法律、法规要求烟花爆竹批发经营企业应当具有与其经营规模和产品相适应的仓储设施。如果仓储设施不完备，不适合储存烟花爆竹，就无法确保烟花爆竹储存安全，必然带来安全隐患。

《烟花爆竹工程设计安全规范》（GB50161）第4.1.1项规定，“烟花爆竹生产项目和经营批发仓库的选址应符合城乡规划的要求，并应避开居民点、学校、工业区、旅游区、铁路和公路运输线、高压输电线等”。这是对烟花爆竹批发经营企业仓库选址的要求。有储存烟花爆竹的仓库并不能当然满足《管理条例》第14条第3款的规定要求，其仓库位置还必须与所在地居民点、学校、工业区、旅游区、铁路和公路运输线、高压输电线等重点防火区保持安全距离。《烟花爆竹工程设计安全规范》第4.1.5项规定，“烟花爆竹经营批发企业设置危险品仓库时，应符合本规范第4.3项危险品总仓库区外部最小允许距离和第5.3项危险品总仓库区内部最小允许距离的规定”；第4.3.1项规定，“危险品总仓库区内的危险性建筑物与其周围零散住户、村庄、公路、铁路、城镇和本企业生产区等外部最小允许距离，应分别按建筑物的危险等级和计算药量计算后取其最大值。外部最小允许距离应自危险性建筑物的外墙算起”。这是对烟花爆竹仓库外部安全距离的划定，不能违反。《烟花爆竹工程设计安全规范》第5.3.1项规定，“危险品总仓库区内各建筑物之间的内部最小允许距离，应按各仓库的危险等级和计算药量分别计算后取其最大值。内部最小允许距离应自建筑物的外墙算起”；第5.3.8项规定，“当采用洞库或覆土库储存危险品时，洞库或覆土库应符合现行国家标准《地下及覆土火药炸药仓库设计安全规范》GB50154中的有关规定”。这是对烟花爆竹仓库内部安全距离及采取洞库或覆土库方式储存烟花爆竹时的具体要求。

《烟花爆竹工程设计安全规范》第7.1.1项规定，“危险品的储存应符合现行国家标准《烟花爆竹劳动安全技术规程》GB11652有关储存的规定”；第7.1.3项规定，“库房（仓库）内危险品的堆放应符合下列规定：（1）危险品堆垛间应留有检查、清点、装运的通道。堆垛之间的距离不宜小于0.7m；堆垛距内墙壁距离不宜少于0.45m；搬运通道的宽度不宜小于1.5m。（2）烟火药、黑火药堆垛的高度不应超过1.0m；半成品与未成箱成品堆垛的高度不应超过1.5m；成箱成品堆垛的高度不应超过2.5m”。这是对烟花爆竹仓库库房内堆放烟花爆竹安全距离的要求。

《烟花爆竹工程设计安全规范》第8.1.1项规定，“各级危险性建筑物的耐火等级和化学原料仓库的耐火等级除本规范第8.1.2项规定者外，均不应低于现行国家标准《建筑设计防火规范》GB50016中二级耐火等级的规定”；第8.1.2项规定，“建筑面积小于20m^{2}的1.1级建筑物或建筑面积不超过300m^{2}的1.3级建筑物的耐火等级可为三级”；第8.1.3项规定，“危险性建筑物应有适当的净空，室内梁或板中的最低净空高度不宜小于2.8m，并应满足正常的采光和通风要求”。这是对烟花爆竹仓库建筑物材料耐火等级及室内采光和通风的要求。《烟花爆竹工程设计安全规范》第8.6.1项规定，“危险品仓库应根据当地气候和存放物品的要求，采取防潮、隔热、通风、防小动物等措施”；第8.6.2项规定，“危险品仓库宜采用现浇钢筋混凝土框架结构，也可采用钢筋混凝土柱、梁承重结构或砌体承重结构。屋盖宜采用现浇钢筋混凝土屋盖，也可采用轻质泄压或轻质易碎屋盖。1.3级仓库屋盖当采用现浇钢筋混凝土屋盖时，宜多设置门和高窗或采用轻型转护结构等”；第8.6.3项规定，“危险品仓库安全出口的设置应符合下列规定：（1）当仓库（或储存隔间）的建筑面积大于100 m^2（或长度大于18m）时，安全出口不应少于2个。（2）当仓库（或储存隔间）的建筑面积小于100m^2，且长度小于18m时，可设1个安全出口。(3) 仓库内任一点至安全出口的距离不应大于15m"; 第8.6.4项规定, "危险品仓库门的设计应符合下列规定: (1) 仓库的门应向外平开, 门洞的宽度不宜小于1.5m, 不得设门槛。(2) 当仓库设计门斗时, 应采用外门斗, 且内、外两层门均应向外开启。(3) 总仓库的门宜为双层, 内层门为通风用门, 通风用门应有防小动物进入的措施。外层门为防火门, 两层门均应向外开启"; 第8.6.5项规定, "危险品总仓库的窗宜设可开启的高窗, 并应配置铁栅和金属网。在勒脚处宜设置可开关的活动百叶窗或带活动防护板的固定百叶窗。窗应有防小动物进入的措施"; 第8.6.6项规定, "危险品仓库的地面应符合本规范"; 第8.5.5项的规定, "当危险品已装箱并不在库内开箱时, 可采用一般地面"。

此外,《烟花爆竹工程设计安全规范》第8.7项、第9节、第11节及第12节还分别对疏散通道以及消防、防爆、防雷、防静电等安全设施和电气设施等方面作了明确的规定。从事烟花爆竹批发经营企业必须严格遵守《烟花爆竹工程设计安全规范》(GB50161) 关于仓储设施及仓库储存条件方面的规定, 使其烟花爆竹仓储方面各项条件符合法律、法规规定的要求。这是烟花爆竹批发经营企业申请烟花爆竹经营 (批发) 许可证的重要条件, 如果不具备, 就无法申领相应的经营许可证。

四、仓库保管员和守护员的配置

烟花爆竹仓库保管员和仓库守护员是维护烟花爆竹仓库安全状态、维护仓库管理良好秩序、检查仓库异常状况的非常重要的仓库安保人员。仓库保管员和仓库守护员对烟花爆竹仓库安全负有重要的职责, 不可或缺。总结实践经验, 仓库保管员主要负有下列职责: (1) 负责来往货物的清点、堆放, 保管及流向登记做到账目清楚, 无差错; (2) 负责指挥装卸人员按操作规程装卸, 不准拖拉、猛摔、翻滚、随意堆放; (3) 负责仓库内清洁、安全、堆码整齐、不超量, 不合格产品、破损、残缺、变形及变质物品不得入库; (4) 每日负责登记温湿度及检查库区防火、防盗安全措施, 每日巡视库区不少于三次, 有夜间巡查记录; (5) 变质和过期失效的烟花爆竹, 应报告有关领导进行处理; (6) 有责任协助仓库守护员做好仓库的安全保卫工作。

仓库守护员对仓库的安全保卫工作要尽职尽责, 发现烟花爆竹丢失、被盗，必须及时报告所在地公安机关；能够熟练使用消防设施，及时发现并消除事故隐患；有责任作好进出库区人员检查、登记工作；一旦发现存在安全隐患，必须及时向上级有关领导和部门报告。

由此可见，仓库保管员和守护员的配置对烟花爆竹批发经营企业的烟花爆竹仓库安全管理十分重要，不是可有可无，也不能随便找人冒充顶替。仓库保管员和守护员不仅要确有其人，准时到位，还要对他们进行烟花爆竹仓储知识、安全知识和法律、法规知识的教育，使他们具备履行自身岗位职责的能力，不能作为摆设，欺骗安全生产监督管理部门，骗取烟花爆竹经营（批发）许可证。一旦发现该条件名存实亡，安全生产监督管理部门应当勒令烟花爆竹批发企业及时改正，并给予相应的行政处罚，对于情节严重的，安全生产监督管理部门应当对其经营许可证予以撤销。

五、安全性评价

烟花爆竹批发经营企业在向安全生产监督管理部门提出申请烟花爆竹经营（批发）许可证时，其提交的材料是申请人单方面制作完成的。拟申领经营许可证的批发经营企业对其拟作烟花爆竹仓库的仓储设施、仓库的状况、安全防范设施及仓库保管员和守护员的状况的叙述介绍，都是一面之词，其可信度要大打折扣。安全生产监督管理部门不能仅凭其一面之词就对其申请材料进行形式审查，并因此核发烟花爆竹经营（批发）许可证。安全生产监督管理部门应当首先对企业提交的文件材料的真实性进行形式审查，之后，还要对其材料反映情况的客观真实性进行实质性审查。应当派专业工作人员到企业仓库及其经营场地所在地进行实地调查，依据《烟花爆竹工程设计安全规范》对其仓储设施及仓库安全状况进行综合性安全评估，对其仓库保管员和守护员的相关安全知识情况进行询问。经过这些审查程序之后，安全生产监督管理部门对拟申领烟花爆竹经营（批发）许可证批发经营企业进行安全性评价，如果合乎法律、法规规定的要求，则予以确认和核准，反之，则不予确认和核准。

六、应急救援措施

事故应急救援预案是指企业为减少事故后果而预先制定的抢险救灾方案，

是进行事故救援活动的行动指南。烟花爆竹批发经营企业应当坚持“安全第一、预防为主”的方针，加强经营过程中烟花爆竹安全管理，落实事故预防和隐患控制措施，有效防止烟花爆竹安全事故发生；加强烟花爆竹安全保护宣传工作和安全管理力度，提高从业人员烟花爆竹安全保护意识。事故应急预案是提高烟花爆竹批发经营企业及其从业人员对烟花爆竹安全事故的处理和应急救援的综合处置能力必不可少的安全措施。

应急救援组织和人员是事故应急预案实施的必要的组织设施，是实施事故应急预案的组织保证。如果从事烟花爆竹批发经营的企业没有专门设置应急救援组织和人员，一旦发生烟花爆竹安全事故，就会显得措手不及、无所适从，那么此前拟定好的事故应急预案将无法得到及时、有效的实施。《中华人民共和国安全生产法》第79条第1款规定，“危险物品的生产、经营、储存单位以及矿山、金属冶炼、城市轨道交通运营、建筑施工单位应当建立应急救援组织；生产经营规模较小的，可以不建立应急救援组织，但应当指定兼职的应急救援人员”。根据该款规定，如果从事烟花爆竹批发经营企业规模较小，可以不建立应急救援组织，但应当指定兼职的应急救援人员。《中华人民共和国安全生产法》第78条规定，“生产经营单位应当制定本单位生产安全事故应急救援预案，与所在地县级以上地方人民政府组织制定的生产安全事故应急救援预案相衔接，并定期组织演练”。根据该规定，企业应当在平时的日常工作中对其全体从业人员加强烟花爆竹安全教育，普及应急救援知识，以有效应对突发事件。

“巧妇难为无米之炊。”从事烟花爆竹批发经营企业除了有完备的应急救援预案和素质过硬的应急救援组织及人员之外，还必须配备必要的应急救援器材和设备。《中华人民共和国安全生产法》第79条第2款规定，“危险物品的生产、经营、储存、运输单位以及矿山、金属冶炼、城市轨道交通运营、建筑施工单位应当配备必要的应急救援器材、设备和物资，并进行经常性维护、保养，保证正常运转”。2011年国务院颁布实施的《危险化学品安全管理条例》第70条第1款规定，“危险化学品单位应当制定本单位危险化学品事故应急预案，配备应急救援人员和必要的应急救援器材、设备，并定期组织应急救援演练”。从事烟花爆竹批发经营企业应根据《中华人民共和国安全生产法》和《危险化学品安全管理条例》的有关规定和要求，结合自身实际，适当配备诸如登高车、梯子、安全绳、缓降器、装载机、工程运输车、清障车、行车信号工具等应急救援设备，配备诸如输水装置软管、喷头、消防水泵、消防水池、灭火毯、手提式干粉灭火器、抽水泵、照明车、高压水枪、氧气呼吸器、防毒面具、防护服、对讲机、移动电话、电话等应急救援器材。如果没有这些应急救援器材和设备，就无法应付突发性事件，一旦发生烟花爆竹安全事故，将失去应急应对之策，即使有完备的应急救援预案和素质过硬的应急救援组织及人员，面对突如其来的安全事故也显得束手无策，无法及时、有效地实施救援工作。因此，该项规定是从事烟花爆竹批发经营企业申领烟花爆竹经营（批发）许可证必不可少的基本条件之一。

七、经营要求

从事烟花爆竹批发经营企业依法取得烟花爆竹经营（批发）许可证之后，必须在许可经营范围、有效期和经营场所内经营，不能擅自在许可证规定的范围之外经营，经营行为不能超出经营场所地域范围。许可证一般都有法定时效期限，即经营有效期。从事烟花爆竹批发经营企业在有效期内合法的经营行为受到法律保护，有效期经过，如果没有得到有效期续展的批准或没有重新申请获得许可证，批发经营企业就没有资格再从事烟花爆竹批发经营业务，其批发经营行为无效，并要受到安全生产监督管理部门给予的相应的行政处罚。

第十五条　烟花爆竹零售点应当符合下列条件，并向县（市）安全生产监督管理部门提出申请，依法取得相应的经营许可证，在许可经营范围、有效期和经营场所内经营：

（一）符合零售经营布点规划；

（二）符合专店或者专柜销售标准，配备消防器材，张贴明显的安全警示标志；

（三）零售场所的面积应当不小于10平方米，与周边烟花爆竹零售点直线距离不小于50米，应当与学校、幼儿园、医院、加油站、加气站等重点建筑物直线距离不小于100米。

禁止将烟花爆竹零售点与居住场所设置在同一建筑物内。

【导读与释义】

本条是关于烟花爆竹零售点依法取得烟花爆竹经营（零售）许可证条件及法律上经营要求的规定。《管理条例》对从事烟花爆竹零售业经营者的商业组织形式没有像对从事烟花爆竹批发经营企业那样有严格要求。实践中，从事烟花爆竹零售业的经营者一般都是个体商户，这与大部分非禁放区位于城市郊区和乡镇的实际情况相适应。零售点的布点规划是县（市、区）安全生产监督管理部门根据其管辖区域内烟花爆竹市场容量及民众居住情况等多种客观实际情况，根据"保障安全、统一规划、合理布局、总量控制、适度竞争"的原则制定的，是监督管理烟花爆竹零售业的重要手段。如果烟花爆竹零售点不符合布点规划要求，不仅给烟花爆竹零售业市场造成混乱，也在一定程度上扰乱了县（市、区）安全生产监督管理部门对其管辖区域内烟花爆竹零售业的正常管理秩序，不能被《管理条例》认可，也就无法申领到烟花爆竹经营（零售）许可证。

"专店或者专柜销售"的要求，一则有利于烟花爆竹零售者在销售过程中对烟花爆竹的安全管理，二则有利于烟花爆竹归类摆放，避免和其他易燃、易爆物品混杂存放，有利于烟花爆竹零售经营的安全。"配备消防器材"是对烟花爆竹零售经营者应急救援器材最低限度的要求，以便发生烟花爆竹安全事故时，能够实施及时有效的救援，避免事故危害的扩大和蔓延。"张贴明显的安全警示标志"的要求是适应烟花爆竹零售经营网点客观实际情况的。经营烟花爆竹零售业的通常是个体工商户，而其经营场所人员复杂，有烟民，也有玩火的孩童。在烟花爆竹零售网点张贴明显的安全警示标志，目的是警示人们这里是危险区域，要慎重使用火源。

零售场所的面积应当不小于10平方米，过小会挤占通道的空间，显得拥挤，不利于烟花爆竹的摆放和搬运。如果发生烟花爆竹安全事故，狭小的空间不利于应急救援。零售场所应当与周边烟花爆竹零售点直线距离不小于50米，避免一家零售网点出现烟花爆竹安全事故殃及其他零售网点，造成事故危害的扩大。零售场所应当与学校、幼儿园、医院、加油站、加气站等重点建筑物的直线距离不小于100米。学校、幼儿园、医院是人员比较密集的区域，为了安全起见，烟花爆竹零售网点不能与这些地方靠得太近，要保持在一定的安全距离之外。加油站和加气站是重点防止火灾的区域，也是易燃、易爆的区域，因此，烟花爆竹零售网点必须与其保持一定的安全距离，避免造成灾难性后果。

居住场所是人们日常生活起居的地方，人们在自己的居住场所免不了要生火做饭。如果将烟花爆竹零售点设在居住场所内，无疑将给烟花爆竹带来严重的安全隐患。这对于零售经营易燃、易爆烟花爆竹的经营者来说是一大禁忌。不仅会对零售经营者自身的人身、财产安全构成威胁，也严重威胁到周围民众的人身、财产安全，威胁到周围的公共安全。因此，必须要坚决杜绝“上宅下店、前店后宅”和安全间距不足等突出问题。

烟花爆竹零售经营者依法取得烟花爆竹经营（零售）许可证之后，必须在许可经营范围、有效期和经营场所内经营，不能擅自在许可证规定的范围之外经营零售业务，其零售经营行为不能超出经营场所地域范围。从事烟花爆竹零售经营者必须在许可证规定的有效期内合法经营，有效期经过，如果没有得到有效期续展的批准或没有重新申请获得许可证，零售经营者就没有资格再从事烟花爆竹零售经营业务，其零售经营行为无效，并要受到安全生产监督管理部门给予的相应的行政处罚。

第十六条　从事烟花爆竹批发的企业，应当向生产烟花爆竹的企业采购烟花爆竹，向从事烟花爆竹零售的经营者供应烟花爆竹。从事烟花爆竹零售的经营者应当向从事烟花爆竹批发的企业采购烟花爆竹。

从事烟花爆竹批发的企业、烟花爆竹零售的经营者不得采购和销售非法生产、经营的烟花爆竹。

从事烟花爆竹批发的企业，不得向从事烟花爆竹零售的经营者供应按照国家标准规定应当由专业人员燃放的烟花爆竹。从事烟花爆竹零售的经营者，不得销售按照国家标准规定应当由专业人员燃放的烟花爆竹。

【导读与释义】

本条是关于对从事烟花爆竹批发的企业和从事烟花爆竹零售的经营者的采购、供应和销售行为加以规制的规定。本条共有三款内容，分别对从事烟花爆竹批发企业的采购行为和供应行为、从事烟花爆竹零售的经营者的采购行为和销售行为作了限制性规定。第一款规定主要涉及三方面内容：（1）从事烟花爆竹批发经营企业的货源必须来自于合法生产烟花爆竹的产商；（2）烟花爆竹批发经营企业必须向依法取得烟花爆竹经营（零售）许可证的零售经营者提供烟花爆竹；（3）从事烟花爆竹零售业务的经营者的货源必须来自于依法取得烟花爆竹经营（批发）许可证的批发经营企业。第二款主要包括两方面内容：（1）从事烟花爆竹批发经营的企业不得采购没有取得烟花爆竹生产经营许可证的非法生产厂商生产的烟花爆竹；（2）从事烟花爆竹零售的经营者不得销售没有取得烟花爆竹经营（批发）许可证的非法从事批发经营企业供应的烟花爆竹。第三款主要包含两方面内容：（1）从事烟花爆竹批发经营的企业，不得向从事烟花爆竹零售的经营者供应按照国家标准规定应当由专业人员燃放的烟花爆竹；（2）从事烟花爆竹零售业务的经营者，不得销售按照国家标准规定应当由专业人员燃放的烟花爆竹。第一款和第二款规定主要目的是为了在烟花爆竹流通领域遏制烟花爆竹非法生产和非法批发经营行为，确保烟花爆竹生产和批发经营的合法性；第三款规定主要目的是为了有效防止按照国家标准规定应当由专业人员燃放的烟花爆竹流入民众之手，避免因民众缺乏专业燃放技术而造成烟花爆竹安全事故的发生。总之，本条的三款规定共同服务于安全有序的烟花爆竹经营市场的有效建立，共同维护烟花爆竹经营市场的安全，为社会营造一个良好的安全环境。

一、对烟花爆竹采购行为的规制

烟花爆竹行业是国家特许经营行业，未经有关政府职能部门许可，任何单位或个人都无权从事烟花爆竹生产、经营和销售活动。由于烟花爆竹行业有利可图，特别是每逢盛大节日庆典，烟花爆竹能够给生产经营者带来更为可观的收益。因利益的驱动，有些不法商贩就会抱着侥幸心理，暗地里从事烟花爆竹非法生产、经营和销售，扰乱烟花爆竹行业市场经济秩序，侵害政府职能部门对烟花爆竹市场安全监督管理体制，危及民众人身、财产安全以及公共安全、公共利益、环境质量。对非法从事烟花爆竹生产、经营和销售行为的遏制和打击，是一项多方位、多渠道的复杂而系统的工程。规范烟花爆竹批发经营企业和零售经营者的采购途径，不失为一种遏制和打击烟花爆竹非法生产、经营和销售行为的有效路径。

本条从“积极”和“消极”两个方面对从事烟花爆竹批发经营企业和零售经营者的采购行为进行了规制。前者是经营者的积极义务，后者是经营者的消极义务。从“积极义务”方面来看，从事烟花爆竹批发经营的企业，应当向生产烟花爆竹的企业采购烟花爆竹，从事烟花爆竹零售经营的经营者应当向从事烟花爆竹批发经营的企业采购烟花爆竹。结合本条第 2 款规定可以看出，第 1 款规定中“生产烟花爆竹的企业”和“烟花爆竹批发经营的企业”当然指的是已经得到有关政府职能部门许可、依法取得相应生产经营许可证的合法生产企业和批发经营企业。从“消极义务”方面来看，从事烟花爆竹批发经营的企业不得采购和销售非法生产者生产的烟花爆竹，从事烟花爆竹零售经营的经营者不得采购和销售非法生产、经营的烟花爆竹。这里的“非法生产”和“非法经营”指的是没有得到有关政府职能部门的许可、没有依法取得相应生产经营许可证的生产企业和批发经营企业的非法生产行为和非法经营行为，不包括依法取得相应生产经营许可证的生产企业和批发经营企业的违法生产行为和违法经营行为。“积极义务”指向的是应当向谁采购，而“消极义务”指向的是禁止向谁采购。两种义务相结合，不仅规范了烟花爆竹批发经营企业和零售经营者的采购行为，同时也遏制和打击了烟花爆竹非法生产行为和非法经营行为。

烟花爆竹非法生产企业和非法经营企业从事非法生产经营的目的是将其生产和经营的烟花爆竹投放市场，进入流通领域，获取收益。如果从法律上规范烟花爆竹批发经营企业和零售经营者的采购行为，截断非法生产和经营的烟花爆竹的流通渠道，非法生产企业和非法经营企业所生产和经营的烟花爆竹就很难进入流通领域，从而间接达到遏制和打击非法生产和经营烟花爆竹行为的目的。

二、对烟花爆竹供应行为的规制

“对烟花爆竹供应行为的规制”包括对供应法律关系中供应方行为的规制和对供应法律关系的标的物的规制等两个方面内容。

（一）对供应法律关系中供应方行为的规制

“从事烟花爆竹零售的经营者应当向从事烟花爆竹批发的企业采购烟花爆竹”是从供应法律关系主体烟花爆竹零售经营者一方角度来规范烟花爆竹批

发经营市场，通过约束零售经营者的采购行为达到间接规制烟花爆竹批发经营企业供应烟花爆竹行为。“从事烟花爆竹批发的企业，应当向从事烟花爆竹零售的经营者供应烟花爆竹”是从供应法律关系主体烟花爆竹批发经营企业一方角度来规范烟花爆竹批发经营市场，直接对供应法律关系中供应方行为进行规制。烟花爆竹批发经营企业供应烟花爆竹的行为包含诸多方面的内容，如向谁供应，在哪里供应，如何供应，供应的是非法产品还是合法产品，供应的劣质产品还是质量有保证的产品，等等。本条仅涉及向谁供应的问题，即从事烟花爆竹批发的企业，必须向依法取得烟花爆竹经营（零售）许可证的合法的零售经营者供应烟花爆竹，不得向没有得到行政许可的非法从事烟花爆竹零售经营者供应烟花爆竹，也不得向从事烟花爆竹零售经营者之外的任何单位或个人供应烟花爆竹。“对供应法律关系中供应方行为的规制”从规制供应方行为间接达到维护烟花爆竹零售市场经营秩序的目的，从而维护烟花爆竹零售业的健康发展。

（二）对供应法律关系的标的物的规制

根据燃放烟花爆竹所需的技术手段要求，可以将烟花爆竹大体分为由专业人士燃放的烟花爆竹和普通民众可以燃放的烟花爆竹两大类。前者需要专业的燃放技术，而后者无需专业的燃放技术。这两类烟花爆竹需按照国家标准进行划分。中华人民共和国国家质量监督检验检疫总局与中国国家标准化管理委员会于 2013 年 3 月联合发布的《烟花爆竹安全与质量》（GB10631-2013）按照药量及所构成的危险性大小，将烟花爆竹产品分为 A、B、C、D 四个等级。其中，A 级是由专业燃放人员在特定的室外空旷地点燃放、危险性很大的产品；B 级是由专业燃放人员在特定的室外空旷地点燃放、危险性较大的产品；C 级是适于室外开放空间燃放、危险性较小的产品；D 级是适于近距离燃放、危险性很小的产品。

《烟花爆竹安全与质量》（GB10631-2013）按照对燃放人员要求的不同，将烟花爆竹产品分为个人燃放类和专业燃放类。其中，个人燃放类是指不需加工安装，普通消费者可以燃放的 C 级、D 级产品；专业燃放类是指应由取得燃放专业资质的人员燃放的 A 级、B 级产品和需加工安装的 C 级、D 级产品。按照国家标准，从事烟花爆竹批发经营的企业不得向从事烟花爆竹零售经营者供应烟花爆竹 A 级、B 级产品以及需加工安装的 C 级和 D 级产品，只能向其供应不需加工安装的烟花爆竹 C 级和 D 级产品。

“对供应法律关系的标的物的规制”目的是为了防止由取得燃放专业资质人员燃放的烟花爆竹流入普通消费者手中，避免因普通消费者燃放技术的缺乏而导致烟花爆竹安全事故的发生。从烟花爆竹零售经营者的货源上降低烟花爆竹的安全隐患，确保烟花爆竹的燃放安全。

三、对烟花爆竹销售行为的规制

“销售”是烟花爆竹生产经营链条中的最后一个环节，直接面向消费者，由烟花爆竹零售经营者来完成。烟花爆竹零售经营者的销售行为是否规范合法，不仅会影响到烟花爆竹行业市场经济秩序，影响有关政府职能部门对烟花爆竹行业的安全监督管理，而且会给广大消费者带来烟花爆竹安全隐患。例如，烟花爆竹零售经营者销售非法生产经营的烟花爆竹，会严重侵犯有关政府职能部门对烟花爆竹生产经营的安全监督管理职权，扰乱烟花爆竹市场管理秩序；由于非法生产经营烟花爆竹企业生产和经营的绝大多数是劣质产品，零售经营者这种销售行为会给消费者带来极大的烟花爆竹安全隐患。如果烟花爆竹零售经营者向消费者销售按照国家标准应当由专业人员燃放的烟花爆竹，那么自销售行为完成的那一刻起，在消费者身边就埋下了安全隐患。

“对烟花爆竹销售行为的规制”主要是从“禁止型”角度对从事烟花爆竹零售的经营者的行为加以约束和规范的。本条对从事烟花爆竹零售的经营者规定了两大禁止行为，一是禁止从事烟花爆竹零售的经营者销售非法生产、经营的烟花爆竹；二是禁止销售按照国家标准应由专业人员燃放的烟花爆竹。

从理论上讲，“禁止从事烟花爆竹零售的经营者销售非法生产、经营的烟花爆竹”包括禁止销售来自非法生产企业生产的烟花爆竹和禁止销售非法从事烟花爆竹批发经营企业供应的烟花爆竹等两个方面的内容。但是，从该条第1款规定来看，从事烟花爆竹零售的经营者只能向从事烟花爆竹批发的企业采购烟花爆竹。因此，零售经营者无论是从合法生产企业还是从非法生产企业采购烟花爆竹，其行为都违反《管理条例》第16条第1款的规定，不受法律保护。因此，“禁止从事烟花爆竹零售的经营者销售非法生产、经营的烟花爆竹”是指禁止零售经营者销售来自非法从事烟花爆竹批发经营企业供应的烟花爆竹。按照国家标准，“禁止销售按照国家标准应由专业人员燃放的烟花爆竹”意味着零售经营者只能销售不需加工安装的烟花爆竹C级和D级产品，而不能销售烟花爆竹A级、B级产品以及需加工安装的C级和D级产品。

“对烟花爆竹销售行为的规制”是从约束和规范零售经营者销售行为的方面来有效遏制和打击非法从事烟花爆竹批发经营者的违法行为，将非法从事烟花爆竹批发经营行为的销路堵死，从而达到对非法经营烟花爆竹行为的法律规制。“对烟花爆竹销售行为的规制”通过禁止零售经营者销售按照国家标准应由专业人员燃放的烟花爆竹的方式，来防止危险程度较高的烟花爆竹流入消费者市场，保障消费者烟花爆竹燃放安全。

第十七条 市和县（市）公安部门应当科学、合理规划本行政区域的烟花爆竹道路运输路线，保证烟花爆竹道路运输安全。

经由道路运输烟花爆竹的，托运人应当向运达地市和县（市）公安部门提出申请，依法取得烟花爆竹道路运输许可证，并提交下列有关材料：

（一）承运人从事危险货物运输的资质证明；

（二）驾驶员、押运员从事危险货物运输的资格证明；

（三）危险货物运输车辆的道路运输证明；

（四）托运人从事烟花爆竹生产、经营的资质证明；

（五）烟花爆竹的购销合同及运输烟花爆竹的种类、规格、数量；

（六）烟花爆竹的产品质量和包装合格证明；

（七）运输车辆牌号、运输时间、起始地点、行驶路线、经停地点。

【导读与释义】

本条是关于韶关市行政区域内烟花爆竹道路运输路线的科学合理的规划以及托运人申请取得道路运输许可证时应当提交的材料种类的规定。

本条共两款内容，第1款主要是关于行政区域内烟花爆竹道路运输路线的科学、合理规划的规定；第2款主要是关于托运人申领道路运输许可证所要提交材料种类的规定。

烟花爆竹属于易燃、易爆商品，如果运输不当，不仅会给运输人员和车辆带来安全隐患，而且会给周围的环境、建筑、人身和财产安全及公共安全带来极大危险。因此，运输燃放的烟花爆竹产品必须注意做到以下几个基本方面：（1）应当按规定申领烟花爆竹道路运输许可证；（2）运输车辆必须是车况性能良好的密封厢式车，应有专人随车押运，并携带烟花爆竹道路运输许可证；(3) 烟花爆竹不宜与燃放器材等混装，装入炮筒前不得安装电点火头；(4) 车辆前后悬挂爆炸品标志，配备灭火器具；(5) 控制车速，保持安全车距；(6) 进入城市区时，应严格按指定的时间、路线通过；(7) 装载烟花爆竹的车辆在途中停歇时，应安排专人看管，在停歇车辆附近不得吸烟和用火。〔1〕

一、烟花爆竹道路运输路线的科学合理规划

韶关位于广东省北部，北界湖南，东邻江西，东南面、南面和西面分别与本省河源、惠州、广州及清远等市接壤。介于北纬 23°53′~25°31′，东经 112°53′~114°45′之间，东起南雄市界址镇界址村，西至乐昌市三溪镇丫告岭村，全境直线距离东西跨长 186.3 公里；北自乐昌市白石镇三界圩村，南至新丰县马头镇路下村，南北为 173.4 公里。在交通方面，韶关市具有丰富的陆路、水路交通运输资源，京广铁路、武广高铁、赣韶铁路、京港澳高速公路、乐广高速公路和 G106 国道南北贯穿全市，南韶高速公路、G323 国道东西贯穿全市，是南北交通走向的“黄金通道”。〔2〕

广东省各市于 2006 年 5 月已完成全部退出烟花爆竹生产行业退出任务，并顺利地通过了工作组验收。我省原有 130 家烟花爆竹生产企业，主要分布在湛江、茂名、肇庆、云浮、河源和潮州、清远等经济欠发达地区。据当时的统计资料来看，这 130 家烟花爆竹生产企业中，已有 12 家顺利转产，12 家主动关闭，23 家已搬迁到外省，其余企业也在当时积极实施转产、转业。退出期间，全省共销毁烟花爆竹原料、半成品折合人民币 165 万元；统一收购库存成品约 4600 万元。〔3〕又根据《管理条例》第 5 条第 3 款规定，韶关市行政区域内禁止生产烟花爆竹。因此，韶关市行政区域内批发和销售的烟花爆竹产品通常只能从邻近的湖南和江西两省境内烟花爆竹生产商处购买和运输。

从韶关市行政区域范围来看，烟花爆竹道路运输路线一般涉及韶关市行政区域范围之外的道路运输路线和区域范围之内的道路运输路线。本条仅涉

〔1〕 罗建社：“浅议大型焰火燃放安全技术”，载《花炮科技与市场》2008 年第 3 期。

〔2〕 资料来源：韶关市人民政府门户网：http://www.sg.gov.cn/website/newportal/portalSiteAction.action2016 年 5 月 23 日访问。

〔3〕 资料来源：搜狐新闻网，南方日报报业集团——南方都市报：“广东不再生产烟花爆竹”，载搜狐新闻：http://news.sohu.com/20060602/n243529614.shtml，2006 年 6 月 2 日访问。

及韶关市和县（市）公安部门对韶关市行政区域内烟花爆竹道路运输路线的科学和合理的规划，不涉及韶关市境外道路运输路线的规划。在韶关市行政区域内的道路运输路线可以细分为进入市和县（市）城区之前和之后两种。由于京广铁路、武广高铁、赣韶铁路、京港澳高速公路、乐广高速公路和G106国道南北贯穿全市，南韶高速公路、G323国道东西贯穿全市，因此，在进入市和县（市）城区之前，韶关市和县（市）公安部门在科学、合理规划这一段烟花爆竹道路运输路线时，应考虑这些道路是否具有唯一性，以及在可供道路运输路线选择的情况下，应当尽量避开森林和村庄；在进入市和县（市）城区之后，韶关市和县（市）公安部门在科学、合理规划此段烟花爆竹道路运输路线时，应当充分考虑建筑群及市和县（市）城区公共场所和人口密集区域，避免对市和县（市）城区的人身和财产安全、公共安全、公共秩序和环境构成威胁。总之，韶关市和县（市）公安部门对韶关市行政区域内烟花爆竹道路运输路线进行科学和合理规划的总体原则是：确保在韶关市行政区域内烟花爆竹道路运输路线的安全，避免烟花爆竹道路运输发生安全事故时，对周围森林、村庄、人身和财产安全、公共安全、公共秩序和环境构成严重威胁。

二、托运人申请取得道路运输许可证及应当提交的材料

（一）烟花爆竹道路运输合同涉及的法律主体

烟花爆竹道路运输合同除道路运输行政管理之外，其合同内容属于一般运输合同，受《中华人民共和国合同法》第17章《运输合同》中第三节“货运合同”相关规定的调整。根据《中华人民共和国合同法》第304条规定，烟花爆竹道路运输合同涉及托运人、承运人和收货人三方法律主体。《中华人民共和国海商法》第42条第3项规定，“托运人是指，本人或者委托他人以本人名义或者委托他人为本人与承运人订立海上货物运输合同的人；本人或者委托他人以本人名义或者委托他人为本人将货物交给与海上货物运输合同有关的承运人的人”。可见，托运人是指，在货物运输合同中，将货物托付承运人按照合同约定的时间运送到指定地点，向承运人支付相应报酬的一方当事人。《中华人民共和国海商法》第42条第1项规定，“承运人是指，本人或者委托他人以本人名义与托运人订立海上货物运输合同的人”。可见，承运人是指与托运人订立货物运输合同的当事人。《中华人民共和国海商法》第

42条第4项规定，“收货人是指有权提取货物的人”。

货物运输合同是由托运人和承运人签订的，托运人和承运人是合同的当事人。但作为合同的收货人，既可以是托运人本身，也可以是托运人指定的任何第三方。第三方成为合同的收货人，那么运输合同就是为第三方利益而签订的合同。收货人虽然不是订立合同的当事人，但却是合同利益的关系人，合同产生的领取货物的权利自然转由收货人享有，承运人必须按照合同规定向收货人交付货物。[1]由此可见，烟花爆竹道路运输合同主要是由托运人和承运人之间签订的，托运人和承运人是运输合同法律关系主体，而收取烟花爆竹的收货人要么是托运人本人，要么是与烟花爆竹道路运输合同利益相关的第三人。收货人是第三人的情况下，不是烟花爆竹道路运输合同的法律主体，只是利害关系人。

（二）申请取得烟花爆竹道路运输许可证及提交相关材料的主体

承运人是与托运人相对应的法律概念，其实是从事道路客货运输的企业或个人。为了对道路运输进行安全管理，从事道路运输行业的企业或个人当然要取得道路运输许可证。然而，《管理条例》的主要调整对象是烟花爆竹经营和燃放活动，其虽然涉及烟花爆竹运输，但也仅限于从事烟花爆竹经营企业的运输行为，而不单独涉及专门从事道路运输的运输企业或个人运输行为。《管理条例》中规制的运输行为是烟花爆竹经营企业的辅助行为，是为其主要经营行为服务的，是一种从属行为。也就是说，烟花爆竹道路运输合同是一种从属合同，从属于烟花爆竹经营企业与烟花爆竹生产企业签订的烟花爆竹货物买卖合同（即本条第2款第5项所称的“购销合同”）。烟花爆竹道路运输合同与烟花爆竹货物买卖合同是从合同与主合同的关系，烟花爆竹运输义务是主合同当事人的主要义务之一。承运人的运输行为只不过是承担烟花爆竹运输义务的主合同当事人一方履行主合同运输义务的一种方式。可见，承运人的运输行为实则是主合同当事人一方的运输行为，是后者运输行为的延伸。因此，《管理条例》要求托运人而不是承运人应当向运达地市和县（市）公安部门提出申请，并依法取得烟花爆竹道路运输许可证。

（三）申请取得烟花爆竹道路运输许可证时提交的相关材料

本条规定托运人申请取得烟花爆竹道路运输许可证时必须提交七类相关

[1] 曲天明、王国柱编著：《合同法》，浙江大学出版社2010年版，第211页。

材料，即承运人从事危险货物运输的资质证明；驾驶员、押运员从事危险货物运输的资格证明；危险货物运输车辆的道路运输证明；托运人从事烟花爆竹生产、经营的资质证明；烟花爆竹的购销合同及运输烟花爆竹的种类、规格、数量；烟花爆竹的产品质量和包装合格证明；运输车辆牌号、运输时间、起始地点、行驶路线、经停地点。

1. 托运人对承运人、驾驶员、押运员及危险货物运输车辆资质审查责任

2013 年 2 月 1 日上午，一辆装载烟花爆竹的货车自西向东，行驶在连霍高速河南三门峡渑池段 741 公里处的义昌大桥时，突然发生爆炸，导致义昌大桥南半幅被全部炸毁。截至事故调查处理时，事故已造成 10 人死亡，11 人受伤。造成此次烟花爆竹道路运输安全事故的主要原因是：陕西省蒲城县宏盛花炮制造有限公司超许可范围非法生产烟花爆竹，违规使用蛇皮袋进行包装，委托不具备危险货物运输资质的企业承运，发货时未查验运输车辆及驾驶员、押运人员资质、资格，且未取得烟花爆竹道路运输许可证，冒充百货进行运输；石家庄市凯达运输有限公司及车辆拥有人违反《烟花爆竹安全管理条例》《道路运输危险货物运输管理规定》等规定，未取得危险货物运输资质和驾驶员、押运员从业资格，未使用危险货物专用运输车辆承运烟花爆竹。[1]

从该事故发生的主要原因来看，托运人未严格按照相关法律、法规尽到对承运人、驾驶员、押运员及危险货物运输车辆资质进行审查的责任。这起本来可以避免的烟花爆竹道路运输重大安全事故，因托运人的侥幸和违法行为最终酿成。这种血的教训警示人们，托运人对承运人、驾驶员、押运员及危险货物运输车辆资质的审查责任重大，不可小觑。

危险货物运输属于特种货物运输，承运人必须依法取得从事危险货物运输的资质证明方可从事危险货物运输业务。《道路运输危险货物运输管理规定》（中华人民共和国交通运输部令 2013 年第 2 号）第 8 条对“申请从事道路危险货物运输经营”的经营人规定了严格的条件。唯有满足这些条件，运输经营人才能依法取得从事危险货物运输的资质证明，才能成为托运人选择作为烟花爆竹道路运输承运人的对象。否则，托运人就无法依法取得烟花爆竹道路运输许可证，也就无法履行烟花爆竹购销合同中规定的取货或交货义务。

---

〔1〕 资料来源：“河南大桥垮塌事故原因查明——花炮公司运输涉违法”，载网易河南，http://henan.163.com/13/0204/11/8MS7MNF4022701R7.html2013 年 2 月 14 日访问。

承运人依法取得从事危险货物运输的资质证明只是解决了法律上资格的问题，并不代表承运人在实际从事烟花爆竹运输过程中能够做到安全运输。在烟花爆竹实际运输过程中，托运人还必须对承运人派遣的驾驶员、押运员从事危险货物运输的资格证明以及危险货物运输车辆的道路运输证明进行审查。根据《道路运输危险货物运输管理规定》第 8 条第 1 款第 3 项规定，专用车辆的驾驶人员除了取得相应机动车驾驶证、年龄不超过 60 周岁之外，从事道路危险货物运输的驾驶人员、装卸管理人员、押运人员还应当经所在地设区的市级人民政府交通运输主管部门考试合格，并取得相应的从业资格证；从事剧毒化学品、爆炸品道路运输的驾驶人员、装卸管理人员、押运人员，应当经考试合格，取得注明为“剧毒化学品运输”或者“爆炸品运输”类别的从业资格证。该行政法规第 8 条第 1 款第 1 项对危险货物运输车辆的资质也作了严格规定：（1）专用车辆技术性能符合国家标准《营运车辆综合性能要求和检验方法》（GB18565）的要求；技术等级达到行业标准《营运车辆技术等级划分和评定要求》（JT/T198）规定的一级技术等级；（2）专用车辆外廓尺寸、轴荷和质量符合国家标准《道路车辆外廓尺寸、轴荷和质量限值》（GB1589）的要求；（3）专用车辆燃料消耗量符合行业标准《营运货车燃料消耗量限值及测量方法》（JT719）的要求；（4）配备有效的通信工具；（5）专用车辆应当安装具有行驶记录功能的卫星定位装置；（6）运输剧毒化学品、爆炸品、强腐蚀性危险货物的非罐式专用车辆，核定载质量不得超过 10 吨，但符合国家有关标准的集装箱运输专用车辆除外；（7）配备与运输的危险货物性质相适应的安全防护、环境保护和消防设施设备。

由此可见，法律、法规对运输危险货物的承运人、驾驶员、押运员及危险货物运输车辆的资质作了较为严格的规定，托运人在选择承运人、依法申领烟花爆竹道路运输许可证及实际履行烟花爆竹道路运输义务时，应当尽到对承运人、驾驶员、押运员及危险货物运输车辆资质进行审查的责任，避免烟花爆竹道路运输安全事故发生。

2. 托运人从事烟花爆竹生产、经营的资质证明

烟花爆竹的购销合同涉及卖方（烟花爆竹生产企业）和买方（烟花爆竹经营企业）双方当事人。烟花爆竹生产企业和烟花爆竹经营企业都可能成为本条规定的“托运人”，因为他们都有可能成为烟花爆竹的购销合同中烟花爆竹运输义务的承担者。上文已经阐明，烟花爆竹生产企业和烟花爆竹经营企

业都必须依法取得相应的烟花爆竹生产许可证和烟花爆竹经营（批发）许可证。这是烟花爆竹安全生产监督管理部门对烟花爆竹生产企业和烟花爆竹经营企业安全生产、经营的安全监督及管理。托运人在依法申领烟花爆竹道路运输许可证时，必须提交与其企业业务范围相适应的资质证明，以便有效避免非法生产、经营的烟花爆竹进入流通领域，造成烟花爆竹安全隐患。

3. 烟花爆竹购销合同及运输烟花爆竹的种类、规格、数量

烟花爆竹的购销合同是托运人有权从事烟花爆竹道路运输行为的合法性依据，是公安部门向其发放烟花爆竹道路运输许可证的基本条件之一。烟花爆竹经营企业一般是从事烟花爆竹批发业务的企业，具有一定的经营规模，其购买烟花爆竹的数量较大，在实践中，其购买行为一般以与烟花爆竹生产企业签订书面购销合同的形式进行。因此，托运人在依法申领烟花爆竹道路运输许可证时必须向烟花爆竹运达地市和县（市）公安部门提交烟花爆竹购销合同文本，以证明其从事烟花爆竹道路运输行为的合法性。

《烟花爆竹安全与质量》（GB10631-2013）按照药量及所能构成危险性的大小，将烟花爆竹产品分为A、B、C、D四个等级；按照对燃放人员要求的不同，将烟花爆竹产品分为个人燃放类和专业燃放类。其中，个人燃放类是指不需加工安装，普通消费者可以燃放的C级、D级产品；专业燃放类是指应由取得燃放专业资质人员燃放的A级、B级产品和需加工安装的C级、D级产品。按照国家标准，从事烟花爆竹批发经营的企业不得向从事烟花爆竹零售经营者供应烟花爆竹A级、B级产品以及需加工安装的C级和D级产品，只能向其供应不需加工安装的烟花爆竹C级和D级产品。

由此可见，除举办大型焰火燃放活动之外，韶关市烟花爆竹经营者只能从烟花爆竹生产商那里购买不需加工安装、普通消费者可以燃放的C级、D级等个人燃放类的烟花爆竹产品，而不能购买和销售应由取得燃放专业资质人员燃放的A级、B级产品和需加工安装的C级、D级产品等专业燃放类的烟花爆竹产品。本条要求托运人就其运输烟花爆竹的种类、规格和数量进行说明，一则是为了让公安部门审核时清楚烟花爆竹购销合同标的物的性质，以便确定烟花爆竹经营企业的经营行为是否在其经营范围内；二则是为了防止烟花爆竹购销合同违反《烟花爆竹安全与质量》关于烟花爆竹产品等级及燃放要求的规定，既为了确保烟花爆竹运输过程的安全，也为了确保烟花爆竹燃放过程的安全。

4. 烟花爆竹的产品质量和包装合格证明

《烟花爆竹安全与质量》对烟花爆竹产品的质量、外观、外包装、销售包装及运输包装都有严格的规定。烟花爆竹生产企业生产的烟花爆竹产品，必须经其所在地安全生产监督管理部门根据《烟花爆竹安全与质量》的规定检验检查合格并发放烟花爆竹的产品质量和包装合格证明之后，才能投入市场进行销售。因此，托运人在申领烟花爆竹道路运输许可证时，必须向运达地的市和县（市）公安部门提交这方面合法的材料，否则，将因无法说明烟花爆竹购销合同标的物的合法的来源，而招致公安部门拒绝受理。市和县（市）公安部门对这方面材料进行审核时，应当对其进行严格的形式审查，以防止托运人发生伪造、篡改等有损烟花爆竹的产品质量和包装合格证明真实性行为，以便确保其真实性和合法性。

5. 运输车辆牌号、运输时间、起始地点、行驶路线、经停地点

“运输车辆牌号”是公安部门进行道路交通运输安全监督管理时，识别烟花爆竹运输车辆的标志，便于公安部门对烟花爆竹道路运输车辆实施重点安全监督管理。“运输时间”，即承运人经道路交通运送烟花爆竹的具体起运时间和到达目的地时间。“运输时间”虽然取决于烟花爆竹购销合同规定的交货时间，但是，托运人在向公安部门依法申领烟花爆竹道路运输许可证之前，这一时间不难确定。公安部门对“运输时间”的把握，有利于具体确定烟花爆竹道路运输路线，便于对烟花爆竹道路交通运输实施安全监督管理。“起始地点、行驶路线、经停地点”的确定，有利于公安部门科学、合理规划的烟花爆竹道路运输路线在实践中被遵照执行。

第十八条　禁止在下列地点燃放烟花爆竹：

（一）国家机关办公场所、军事管理区周边、人员密集场所等以及国家有关法律法规禁止燃放烟花爆竹的地点；

（二）浈江区由五里亭桥、323 国道、韶赣铁路、京广铁路、生态路、北江桥东头转盘、韶南大道、金沙北路、北江河道、武江河道、五里亭桥所围成的区域，莲花山景区；

（三）武江区由芙蓉山北麓、建设南路、323 国道、惠民北路、五里亭大桥、武江北路、武江南路、沿江路、韶乐广场、芙蓉山东麓所围成的区域，芙蓉山景区；

（四）曲江区由鞍山路、马坝大道、环山北路、建设北路、府前中路所围成的区域；

（五）市、县（市）人民政府划定的基地禁止燃放烟花爆竹地点。

市、县（市）人民政府在划定和调整禁止燃放烟花爆竹地点时，应当科学论证，广泛征求群众意见，并向社会公布。

【导读与释义】

本条是关于禁止燃放烟花爆竹地点和区域的规定。本条共有两款内容，第 1 款对具体禁放地点和区域作出明确规定，第 2 款是对市和县（市）人民政府划定和调整禁止燃放烟花爆竹地点的方式和程序所作出的规定。

一、本条规定一般法理性导读

限制烟花爆竹的燃放是当今的时代主流。由于烟花爆竹是延续了两千多年的中华民族传统文化，对其实行全面禁止显然是不切实际的。2017 年 1 月 14 日，河南省环境污染防治攻坚战领导小组办公室发出紧急通知，在“禁燃禁放烟花爆竹目标责任书”的基础上，进一步扩大禁止燃放烟花爆竹区域范围，实现全省市、县域全覆盖，包括乡镇和农村，全省范围内坚决杜绝燃放烟花爆竹。不过 2 天以后，即 2017 年 1 月 16 日，河南省环境污染防治攻坚战领导小组办公室再次下发《关于进一步做好禁止燃放烟花爆竹的通知》，决定收回并停止实施该紧急通知。河南省环保厅宣传教育中心焦姓负责人在回应这种“朝令夕改”的政策时称：文件下发后，发现民众反应比较强烈，考虑到该通知与中国传统文化可能产生矛盾，经过研究，决定仍按照《禁燃禁放烟花爆竹目标责任书》的有关规定实施。〔1〕

这种不顾中华民族传统文化而一意孤行地试图全面禁止烟花爆竹燃放的做法，必然是以失败告终。

根据一般法理，法律、法规的制定不是立法者闭门造车、主观臆想的结果，而是根据全国或地方政治、经济、文化、民族、风俗、习惯等社会发展实际，通过一定的立法程序科学、合理地制定出来的。烟花爆竹传统文化与

---

〔1〕 资料来源：“河南‘最严禁放令’全域时段禁止燃放烟花爆竹”，载黔讯网：http://news.qx162.com/roll/2017/0117/170506.shtml，2017 年 1 月 17 日访问。

现代社会文明之间共存、协调与发展，是当今中国社会的现实，有关烟花爆竹方面的立法必须充分考虑这一社会实际，既要谋求现代社会文明的发展，也要延续中华民族烟花爆竹传统文化。协调这一对矛盾的最好方式就是将“禁”与“放”科学、合理地结合起来。“禁放”立法是为了城市安全，“解禁”立法是为了社会更和谐，由“禁放”到“解禁”的转变，是立法选择科学性的转变，它体现了“维护城市安全”与“建设和谐法制”的协调统一。[1]

《管理条例》充分考虑到传统文化与现代社会文明之间的协调发展，顺应当今社会发展形势，将禁放地点和区域用法规的形式标出，规定在禁放区域内不得燃放烟花爆竹，而在禁放区之外，采取允许的态度，可以燃放。本条规定就是“禁”与“放”科学、合理地结合，充分尊重和体现了韶关市民众意愿，是与韶关市经济社会发展相适应的，具有科学性、民主性和合理性。

二、本条规定的重要意义

（一）对特殊场所加以重点保护

社会上的一些特殊场所对安全特别是消防安全要求较高，因为一旦发生事故，将会造成较为严重的后果。因此，在这些特殊地点不得燃放烟花爆竹。例如，国家机关办公场所；军事管理区周边；人员密集的公共场所以及国务院《烟花爆竹安全管理条例》第30条规定的文物保护单位；车站、码头、飞机场等交通枢纽以及铁路线路安全保护区；易燃易爆物品生产、存储单位；输变电设施安全保护区内；医疗机构、幼儿园、中小学校、敬老院；山林、草原等重点防火区。

国家机关办公场所是政府部门工作人员日常工作的主要场地，是政府决策及其工作人员履行行政管理职责的重要中心，需要绝对安全的工作环境。如果在该场所燃放烟花爆竹，不仅会影响到政府部门工作人员的正常工作秩序，还会影响其安定的工作环境。一旦发生烟花爆竹安全事故，引起火灾，不仅会影响政府部门工作人员的生命和健康安全，而且会影响到政府部门重要文件及档案的安全。因此，必须在此区域全面禁止燃放烟花爆竹行为。

军事管理区是根据军事需要，按照国家法律规定划定的由军队主持控制

[1] 宋箐：“城市安全与和谐法制建设——关于‘烟花爆竹管理’禁与放的立法思考”，载《人大研究》2008年第4期。

或负责的范围、区域。军事管理区包括军队部门（如基层部队、机关、训练场、军事院校等）所在区域。因为涉及军营工作、训练、生活秩序及军事机密、国家军队财产安全的问题，人员进出军事管理区受限，不得随意出入。总体来说，国家划定军事管理区就是为了军队与国防更好地不受外界影响地发展。非经允许的人擅闯国家军事管理区属于违法行为，会受到严厉的惩罚。根据2001年1月中华人民共和国国务院、中华人民共和国中央军事委员会公布的《中华人民共和国军事设施保护法实施办法》规定，军事管理区的确定及其范围的划定，以及军事禁区外围安全控制范围的划定，依照《军事设施保护法》和国务院、中央军事委员会的有关规定办理。如果在该区域燃放烟花爆竹，将直接影响到军队部门的军营工作、训练和生活秩序，直接影响到国家军事机密及国家军队财产安全。一旦发生烟花爆竹安全事故，后果不堪设想。

人员密集的公共场所一般集聚的人数众多，密度大，人与人之间的间距小。在这种人员密度大的场所燃放烟花爆竹，极容易伤及他人，造成烟花爆竹安全事故。因此，应当禁止在人员密集的公共场所燃放烟花爆竹的行为，这是符合大多数人利益的，也是常识性规定，深受社会公众的欢迎。

文物保护单位肩负着保护历史文物的神圣职责，责任重大。由于文物具有不可再生性、不可复制性、不可完全恢复性等重要特点，如果燃放烟花爆竹给历史文物造成了毁损，将会带来无法弥补的损失。

车站、码头、飞机场等交通枢纽以及铁路线路安全保护区是运输的生命线，其安全运转是确保运输系统处在良性循环状态的根本保障。如果在这样的交通枢纽和铁路线路安全区内燃放烟花爆竹，一旦发生烟花爆竹安全事故，不仅仅会造成人身和财产损失、损害及公共安全和运营秩序，严重时还会导致交通瘫痪，造成的危害后果将是灾难性的。

所谓易燃易爆物品是指，凡具有爆炸、易燃、毒害、腐蚀、放射性等危险性质，在运输、装卸、生产、使用、储存、保管过程中，于一定条件下能引起燃烧、爆炸，导致人身伤亡和财产损失等事故的化学物品，统称为化学危险物品。易燃易爆化学物品具有较大的火灾危险性，一旦发生灾害事故，往往危害大、影响大、损失大，扑救困难等，造成损失资金、摧毁房屋等伤害。因此，对易燃易爆物品必须采取安全防范措施，易燃易爆化学危险品库房周围严禁吸烟和明火作业，库房内物品应保持一定的间距。实践中一般严厉禁止在易燃易爆物品生产、存储单位周边安全距离内燃放烟花爆竹，避免造成重大的安全事故。

输变电设施是输变电系统重要组成部分，发电站发出的强大电能只有通过由输变电设备组成的输变电系统才能输送到千家万户。输变电设施的安全直接关系电能传输安全，直接关系到一个地区生产、生活、工作用电安全。如果在输变电设施安全保护区内燃放烟花爆竹，一旦造成输变电设施的损坏或发电站工作人员伤亡，将直接影响发电站正常工作及电能的传输，将影响生产、生活和工作用电的正常运转，其造成的损害有时是非常巨大的。

医疗机构、幼儿园、中小学校、敬老院是人员比较密集的地方，而且老弱病残者居多。这些区域及其人员是国家重点保护的对象。如果在这些地方发生烟花爆竹安全事故，不仅会造成人身、财产损害，而且还将会造成恶劣的社会影响，因此，必须在这些区域严禁烟花爆竹的燃放。

山林和草原区域是严禁烟火的重点防火区之一，也是最容易发生火灾的地方。在山林和草原区域禁止燃放烟花爆竹是常识使然，不可违背，否则会引发重大火灾，造成难以控制的危险，必须引起广大民众高度警觉。

（二）促进中华民族传统文化与现代社会文明的融合

本条体现了烟花爆竹“禁”与“放”相结合的原则，是中华民族传统文化保护和现代社会文明发展之间协调的结果，是维护城市公共秩序、防止环境污染、保障人民生命财产安全、巩固我市国家卫生城市、省文明城市的创建成果使然。

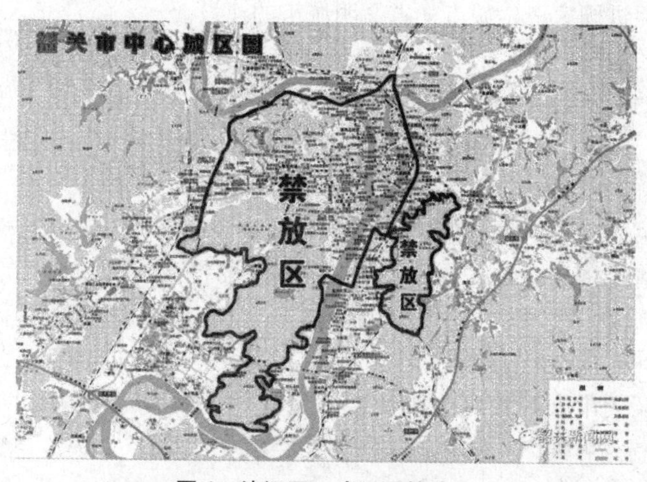

图1　浈江区、武江区禁放区

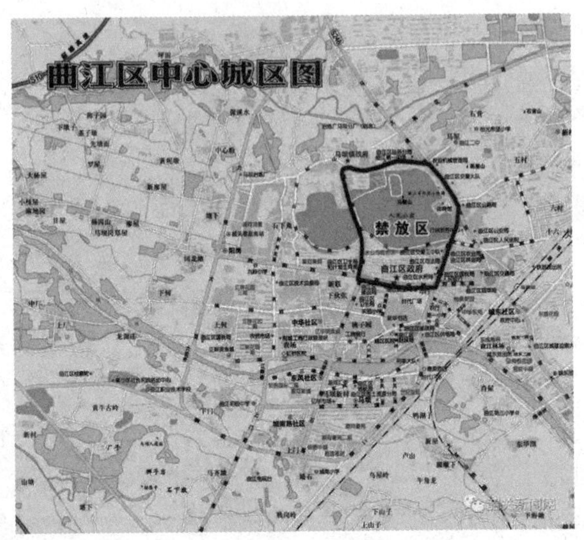

图 2　曲江区禁放区

《管理条例》第 18 条第 2、3 等 2 项划出的禁放区可以从图 1 和图 2 两张地图上很直观地看到。禁放区周边主要是农村地区，人员居住比较分散，燃放烟花爆竹的危险性较小，因此不在《管理条例》禁放之列。而禁放区主要是人员生活和居住比较集中的地方，而且也是韶关市工作和生活的中心，人员密度大，因此《管理条例》将这三个区域设为烟花爆竹禁放区，以维护韶关市区的公共安全和公共秩序，保障韶关市民众人身、财产安全和韶关市区环境质量，促进国家卫生城市、省文明城市的建设。

从上面的地图中可以看出，一旦到了盛大节日，特别是中国传统节日春节，韶关市的上空仍然会被烟花爆竹点亮，爆竹声将传递韶关市民众浓厚的年味。可见，《管理条例》是中华民族传统文化与现代社会文明有机统一、协调一致的最好展示。

此外，县（市）人民政府可以根据本行政区域实际规定禁止燃放烟花爆竹地点。随着经济社会的发展、人类文明程度的提高，市和县（市）人民政府在时机成熟时，可以在经过科学论证、广泛征求群众意见的基础上，重新划定、调整并向社会公布禁止燃放烟花爆竹地点。这样的规定充分体现了韶关市人大及韶关市人民政府尊重社会发展规律、跟上时代潮流的先进理念，成为“可复制、可推广”的地方法制建设经验。

第十九条　举办大型焰火燃放活动的主办单位，应当按照燃放级别依法向市、县（市）公安部门提出申请，取得《焰火燃放许可证》。

【导读与释义】

本条是关于举办大型焰火燃放活动的主办单位申请焰火燃放许可证的规定。该条款调整的是大型焰火燃放活动的行政管理法律关系。在该法律关系中，举办大型焰火燃放活动的主办单位是行政相对人，也是申请人，市和县（市）公安部门是行政主体，也是受理申请的政府职能部门。焰火燃放许可证是市和县（市）公安部门对主办单位举办大型焰火燃放活动实施安全监督管理重要的法律性文件。申请人必须具备举办大型焰火燃放活动的法定条件，才能申请并获得焰火燃放许可证。实践中，申请举办大型焰火燃放活动的主办单位多半情况下不是大型焰火燃放作业单位，也不是具体实际负责大型焰火燃放的作业者。但是，在申请焰火燃放许可证时，必须在申请书列明“大型焰火燃放作业单位”的名称，在实际燃放活动过程中必须对大型焰火燃放活动的安全负全局性责任。因此，举办大型焰火燃放活动的主办单位应当熟悉中华人民共和国国家质量监督检验检疫总局与中国国家标准化管理委员会于2009年联合发布的《大型焰火燃放安全技术规程》（GB24284--2009）和中华人民共和国公安部2010年发布的《大型焰火燃放作业单位资质条件及管理》（GA899-2010）这两个法律文件对大型焰火燃放作业单位和燃放作业工作人员的资质条件的规定及对大型焰火燃放安全技术的要求，以便在燃放活动过程中做好安全监督管理工作。

《管理条例》虽然没有对举办大型焰火燃放活动的主办单位申请焰火燃放许可证时提交的材料及市和县（市）公安部门审查期限作出具体规定，但是国务院《中华人民共和国烟花爆竹安全管理条例》（2006年1月21日国务院令第455号公布施行）第33条对此作出了详细规定，具体内容为，“申请举办焰火晚会以及其他大型焰火燃放活动，主办单位应当按照分级管理的规定，向有关人民政府公安部门提出申请，并提交下列有关材料：（一）举办焰火晚会以及其他大型焰火燃放活动的时间、地点、环境、活动性质、规模；（二）燃放烟花爆竹的种类、规格、数量；（三）燃放作业方案；（四）燃放作业单位、作业人员符合行业标准规定条件的证明”；“受理申请的公安部门应当自受理申请之日起20日内对提交的有关材料进行审查，对符合条件的，核发《焰火燃放许可证》；对不符合条件的，应当说明理由”。根据法律适用的一般原则，当下位法没有规定的，适用上位法的规定。根据地方立法的一般原理，上位法有规定的，如果没有特殊的地方实际情况需要作出实施性具体规定的，下位法就不要作出重复上位法的规定。因此，申请人根据本条向市和县（市）公安部门申请焰火燃放许可证所要提交的申请材料应当符合国务院《中华人民共和国烟花爆竹安全管理条例》第33条规定，市和县（市）公安部门也应当按照该规定的要求对申请人提交的申请材料进行审查。

依据《大型焰火燃放安全技术规程》，大型焰火燃放按照所燃放礼花弹及组合烟花的规格和数量，危险程度由高到低分为Ⅰ、Ⅱ、Ⅲ、Ⅳ、Ⅴ五个等级。举办Ⅱ级以上（含Ⅱ级）大型焰火燃放活动的，需向举办地设区的市级公安部门申请焰火燃放许可证，举办Ⅲ级以下（含Ⅲ级）大型焰火燃放活动的，需向举办地的县级公安部门申请。大型焰火燃放活动一般都是主办单位聘请专业的燃放作业单位进行操作。据此，燃放作业方案包括两部分内容，即主办单位的组织实施方案和燃放作业单位的技术设计方案。通常主办单位、燃放作业单位在制定实施方案、燃放作业方案时，应当事先和公安部门沟通协调，以确保焰火燃放活动的安全性，也便于顺利通过审核，[1]及时取得焰火燃放许可证。

焰火燃放许可证是公安部门对举办大型焰火燃放活动主办单位实施安全管理监督的重要法律性文件；是公安部门了解和把控举办大型焰火燃放活动主办单位的资质、活动筹备情况、主办单位的组织实施方案、燃放作业单位的技术设计方案、燃放作业单位及其作业人员资质情况、燃放活动周边情况等影响大型焰火燃放安全具体细节的重要窗口；是在大型焰火燃放活动过程中对主办单位、燃放作业单位及其作业人员燃放行为的合法性进行安全管理监督的重要具体凭证。如果没有焰火燃放许可证的规定，上述一切都将成为空谈，公安部门也无法对大型焰火燃放活动实施及时、有效的安全监督管理，也很难确保大型焰火燃放活动过程的安全。因此，举办大型焰火燃放活动的主办单位事前应当按照燃放级别依法向市和县（市）公安部门提出申请，依法取得焰火燃放许可证之后才能具体实施。没有申请或未能取得焰火燃放许

[1] 郑君：“大型焰火燃放‘许可’不能忘”，载《劳动保护》2013年第1期。

可证的单位，绝不能擅自举办大型焰火燃放活动，否则要承担相应的法律责任。

第二十条　燃放烟花爆竹应当遵守下列要求：

（一）不得向行人、车辆、建（构）筑物、在建工地、河道、人员密集场所、地下管网等投掷烟花爆竹；

（二）不得妨碍行人、影响道路交通安全；

（三）不得向烟花爆竹零售点、易燃易爆物品投放烟花爆竹；

（四）不得在居民住宅楼楼道、走廊、阳台、窗台、楼顶燃放或者向外抛掷烟花爆竹；

（五）不得采用其他危害公共安全和人身、财产安全的方式燃放。

【导读与释义】

本条是关于燃放方式的限制性规定。本条规定了燃放方式中五个“不得”，即五个不允许的燃放行为。本条与《管理条例》第18条的规定一脉相承，如果说《管理条例》第18条的规定是从划定禁放地点和区域来全面禁止烟花爆竹的燃放，那么本条则是对烟花爆竹禁放区域之外允许燃放的区域作出的部分禁止性燃放行为。禁放区域之外对烟花爆竹燃放行为的允许，并不意味着放任自流，法律、法规对其不加任何约束。回到烟花爆竹的基本属性可知，易燃易爆性能是烟花爆竹的基本属性，其爆炸时具有一定的威力和杀伤力，因此燃放烟花爆竹的行为具有一定程度的危险性。正是因为这样，《管理条例》才将最容易发生危险的地点和区域划出来作为烟花爆竹禁放区。“为了加强烟花爆竹安全管理，改善环境质量，保障公共安全和人身、财产安全”是《管理条例》的立法宗旨，是故，无论“禁”还是“放”都必须服务于这项宗旨。在这一点上，本条与《管理条例》第18条的规定是一脉相承、有机统一的。可见，这两条规定的精神是一致的，即禁止有关烟花爆竹的行为对民众的人身和财产安全、公共安全和环境质量造成危害。

本书在前文当中已经分析过，人的行为能力从自然和社会的角度来看分为自然能力和社会能力两大类。[1]从人的自然能力角度看，除了不具备燃放

〔1〕　杜国胜：《司法口才理论与实务》，中国政法大学出版社2015年版，第44页。

按照国家标准规定应当由专业人员燃放的烟花爆竹的自然能力之外，一般人通常都具备从事燃放烟花爆竹的自然行为能力，这一点是毋庸置疑的。从社会角度来看，在某种情况下，一个人就不具备燃放烟花爆竹的社会行为能力，如在人员密集处燃放；向行人、车辆、建（构）筑物、在建工地、河道、人员密集场所、地下管网投放；以妨碍行人、影响道路交通安全的方式燃放；向烟花爆竹零售点、易燃易爆物品投放；在居民住宅楼楼道、走廊、阳台、窗台、楼顶燃放或者向外抛掷烟花爆竹；采用其他危害公共安全和人身、财产安全的方式燃放，等等。原因很简单，如果燃放者的燃放行为违反了本条关于五个“不得”的禁止性规定，必然将他人人身和财产安全、公共安全、交通安全和良好的环境质量置于危险境地。所以，一个人虽然有燃放烟花爆竹的自然能力，但不一定有燃放烟花爆竹的社会能力，其在非禁放区域燃放烟花爆竹的行为也要受到包括《管理条例》在内的有关烟花爆竹法律、法规的约束，否则将要承担相应的法律责任。

燃放烟花爆竹行为既是个人的自然行为，也是社会行为。燃放者在燃放烟花爆竹时，既要考虑自己燃放的自然能力，更要考虑自己燃放的社会能力。一个人在非禁放区域有能力、也有权利燃放烟花爆竹，享受烟花爆竹给人们带来的喜庆气氛，但是，一个人没有能力、也没有权利以危害公共安全和人身、财产安全的方式燃放烟花爆竹，没有能力、也没有权力将他人人身和财产、公共安全和环境质量置于其燃放烟花爆竹的危险境地。由此可见，本条规定是对非禁放区域内的民众燃放烟花爆竹的社会能力的限制和制约，是“允许”中的“禁止性”规定。

第五章　法律责任

第二十一条　行政管理部门及其工作人员违反本条例，有下列情形之一的，依法给予处分；构成犯罪的，依法追究刑事责任：

（一）对不符合法定条件的烟花爆竹经营、运输、燃放申请予以许可的；

（二）对违法生产、经营、储存、运输、燃放烟花爆竹的行为不依法查处的；

（三）对举报人的举报不受理、不及时调查处理的；

（四）未依法履行职责的其他情形。

【导读与释义】

本条是关于行政管理部门及其工作人员违反《管理条例》的情形及所要承担的法律责任。对于行政管理部门及其工作人员的一般违法行为需要承担“行政处分”等一般违法责任，而对于其严重违法行为，如果构成犯罪，则要依照《中华人民共和国刑法》对其追究刑事责任，这是本条规定的最严重的法律责任。

一、法律责任主体及责任形式

“法律责任是与法律义务相关的概念，一个人在法律上要对一定行为负责，或者他为此承担法律责任，意思就是，他作相反行为时，他应受制裁。”[1]根据法律责任的概念可以看出，法律责任主体是指，因法定或约定的

〔1〕［奥］凯尔森：《法与国家的一般理论》，沈宗灵译，中国大百科全书出版社2003年版，第73页。

原因而承担了一定的法定义务或约定义务，需要对其义务行为负责时而没有尽到责任而应当承担不利法律后果的个人或单位。可见，法律责任主体既包括个人，也包括单位。我国《民法》《行政法》和《刑法》都将单位作为其法律责任主体，也就是说，对于单位的违法行为，将根据其所违反的法律关系性质，分别追究其民事责任、行政责任和刑事责任。

本条规定的法律责任主体有两个，即行政管理部门和行政管理部门的工作人员，规定了两者的责任形式，即行政处分和刑事责任。行政处分是我国《行政法》规定的行政责任形式，而刑事责任受我国《刑法》规制。行政管理部门及其工作人员违反《管理条例》的规定，其行为如果触犯了《行政法》，就按照《行政法》的规定给予相应的行政法制裁，其行为如果构成犯罪，触犯了《刑法》，则应当追究其相应的刑事责任。对于行政管理部门的工作人员，对其犯罪行为追究刑事责任，这一点比较好理解，但是对于行政管理部门的刑事责任问题，就显得比较复杂。

我国《刑法》中的犯罪主体是指，实施危害社会的行为并且依法应当承担刑事责任的自然人和单位。因此，从主体的法律性质上，可将犯罪主体分为自然人犯罪主体和单位犯罪主体。自然人犯罪主体是我国《刑法》中最基本的、具有普遍意义的犯罪主体。单位犯罪主体在我国《刑法》中不具有普遍意义。[1]《中华人民共和国刑法》第30条规定，“公司、企业、事业单位、机关、团体实施的危害社会的行为，法律规定为单位犯罪的，应当负刑事责任”。该条是关于单位犯罪的规定，并且对单位犯罪作了限制性规定，即单位成为犯罪主体应以《刑法》分则有明文规定者为限。所谓单位犯罪是指，公司、企业、事业单位、机关、团体为本单位谋取非法利益或者以单位名义为本单位全体成员谋取非法利益，由单位的决策机构按照单位的决策程序决定，由单位责任人员具体实施的，且《刑法》有明文规定的犯罪。以单位名义为本单位全体成员谋取非法利益，即是《刑法》第396条规定的单位私分国有资产、私分罚没收入的情形。[2]根据我国《刑法》的有关规定和对单位犯罪的定义，政府机关行政管理部门可以成为单位犯罪主体，但是前提为《刑法》分则必须有明文规定的犯罪。也就是说，对行政管理部门追究刑事责任，必

[1] 邢曼媛：《刑法=CRIMINAL LAW》，北京大学出版社2014年版，第51页。
[2] 游伟主编：《刑法基本原理与司法适用》，上海交通大学出版社2011年版，第71页。

须严格按照《刑法》分则的规定追究其相应的刑事责任，《刑法》分则没有规定的，意味着行政管理部门的单位行为不构成犯罪，就不能追究其刑事责任。

二、违法的情形

本条规定了行政管理部门及其工作人员的四种违法情形，分别是：（1）对不符合法定条件的烟花爆竹经营、运输、燃放申请予以许可的；（2）对违法生产、经营、储存、运输、燃放烟花爆竹的行为不依法查处的；（3）对举报人的举报不受理、不及时调查处理的；（4）未依法履行职责的其他情形。

（一）违法颁发行政许可证

由于烟花爆竹具有易燃易爆性，烟花爆竹行业不同于一般行业，而是一种特许行业，需要得到国家行政许可之后才能从事的行业，有严格的市场准入条件。为了协调烟花爆竹传统文化与现代社会文明之间的关系，在弘扬中华民族传统文化的同时，又要避免烟花爆竹安全事故给人身和财产安全、公共安全、公共利益及环境质量造成危害。因此，政府及其职能部门应当严格把好烟花爆竹行业市场准入关口，对于符合法定条件的企业或单位，应当依法颁发烟花爆竹经营、运输及大型焰火燃放活动许可证。反之，对于不符合法定条件的企业或单位，绝不能违反法律、法规的规定予以许可经营、运输和燃放。

法律、法规对从事烟花爆竹经营、运输和燃放的企业或单位所规定的一系列法定条件，不是主观臆想的结果，而是经过对烟花爆竹行业长期社会实践的调查、分析和研究而得出的经验性总结。只有符合了这些法定条件，企业或单位在烟花爆竹经营、运输和燃放过程中才能确保烟花爆竹经营安全、运输安全和燃放安全。对于那些不符合法定条件的企业或单位，意味着其申请行政许可证时不具备法律、法规规定的软件和硬件条件，意味着其在烟花爆竹经营、运输和燃放过程中无法确保烟花爆竹安全，因此行政管理部门及其工作人员不能违法予以许可。

实践中，有些行政管理部门为了狭隘的部门利益，有些行政管理部门的工作人员为了一己私利或私心，无视法律、法规的明文规定，滥用手中的职权，对那些不符合法律、法规规定条件的企业或单位，任意颁发行政许可证，以谋取不正当利益。一旦这些不符合法定条件的烟花爆竹经营企业、运输企业和燃放单位非法取得许可证之后，混入烟花爆竹行业市场，从事烟花爆竹经营、运输和燃放活动，不仅会扰乱烟花爆竹行业正常的市场竞争秩序，而且会给这个行业带来巨大的安全隐患。一旦因此发生烟花爆竹安全事故，其所造成的社会危害性将远远超出合法企业或单位发生烟花爆竹安全事故的影响。这类烟花爆竹安全事故除了对人身和财产安全、公共安全、公共利益及环境造成危害之外，还严重影响政府及其职能部门的良好形象和声誉，严重损及政府的公信力。因此，必须对行政管理部门及其工作人员此类违法行为给予行政处罚，构成犯罪的，应当依照我国《刑法》追究其刑事责任，以规范政府行为，将权力关进“笼子”里，树立政府良好形象和公信力，净化烟花爆竹市场，恢复市场良好的竞争秩序，促进烟花爆竹行业健康发展。

（二）对有关烟花爆竹违法行为不依法查处

《管理条例》严厉禁止在韶关市行政区域范围内生产烟花爆竹，一旦在韶关市城镇和乡村任何地方发现有生产烟花爆竹的行为均属违法。违法经营烟花爆竹行为既包括没有取得行政许可的企业经营烟花爆竹的行为，也包括取得行政许可的经营企业违反法律、法规的规定从事相关烟花爆竹经营的行为。违法储存烟花爆竹行为既包括合法经营企业储存烟花爆竹行为违反相关法律、法规的规定，也包括非法经营企业或个人擅自储存烟花爆竹行为。非法燃放烟花爆竹行为既包括未取得焰火燃放许可的单位举办大型焰火燃放活动，也包括取得焰火燃放许可的单位从事焰火燃放活动时违反相关法律、法规规定的行为，还包括在《管理条例》明文禁止燃放的区域燃放烟花爆竹的行为。

社会实践中，烟花爆竹安全事故的发生绝大多数是由那些从事违反生产、经营、储存、运输和燃放烟花爆竹行为造成的。如果行政管理部门及其工作人员发现这类违法行为时不加以依法查处，任其泛滥，将给社会带来极大的安全隐患。一旦发生烟花爆竹安全事故，行政管理部门及其工作人员难以辞咎。对违法生产、经营、储存、运输、燃放烟花爆竹的行为不依法查处是行政管理部门及其工作人员对烟花爆竹进行安全监督管理的重要职责，不履行是一种严重的渎职行为。因这种渎职行为造成的烟花爆竹安全事故，应当对其给予相应的行政处分，造成严重后果、构成犯罪的，还要依法追究其相应的刑事责任。

（三）对举报人的举报不受理、不及时调查处理

为了及时、有效地打击违法生产、经营、储存、运输、燃放烟花爆竹的行为，法律、法规对单位和个人的举报行为规定了种种鼓励措施，以鼓励全社会积极参与与违法生产、经营、储存、运输、燃放烟花爆竹的行为做斗争的战役中来。倘若面对举报人提供的线索，行政管理部门及其工作人员给予的回应是不予受理，受理之后又不及时地进行调查处理，不仅对举报人是一次重大的打击，而且也严重挫伤社会大众对烟花爆竹违法行为进行举报的积极性；不仅严重违反政府职能部门所肩负的烟花爆竹安全监督检查的职责，而且会损及政府及其职能部门在人们心目中的良好形象。因对举报人的举报不受理、不及时调查处理而导致的烟花爆竹安全事故，应当根据该违法行为造成的社会危害性大小，对行政管理部门及其工作人员分别给予行政处分，直至追究其刑事责任。

（四）其他违法情形

社会始终处在变化发展之中，法律、法规不可能面面俱到，更不可能对未来发生的所有情况加以明文规定。法律具有稳定性，为了将法律、法规有效地适用于将来发生的类似情形，于是，“其他情形”的立法模式应运而生。理论界将这样的条款称之为“兜底条款”。

“未依法履行职责的其他情形”是指，除了《管理条例》第21条规定的三种未履行职责的情形之外，那些属于行政管理部门及其工作人员烟花爆竹安全监督管理职责范围内的，而行政管理部门及其工作人员又没有依据法律、法规加以履行的情形。该规定的适用必须符合两个构成要件：一是“属于行政管理部门及其工作人员烟花爆竹安全监督管理职责范围内的事项”；二是“行政管理部门及其工作人员在实践中没有依据法律、法规履行该项职责”。根据“权责统一”的法律原则，有职权或职责，才有不履行职权或职责的不利的法律后果，无职权或职责，就谈不上不履行职权或职责，也就没有相应的法律责任承担。“没有依据法律、法规履行该项职责”应归咎于行政管理部门及其工作人员主观方面的原因。如果因意外事件或不可抗力导致无法履行相应的职责，将因违法犯罪行为主观方面构成要件的缺失而不能追究行政管理部门及其工作人员的法律责任。这两个要件必须同时具备，该项规定才能予以适用。

三、本条规定的重要意义

烟花爆竹行政管理部门及其工作人员拥有国家权力，肩负着监督管理烟花爆竹市场的重要职责，在维护烟花爆竹安全、避免烟花爆竹安全事故发生方面起到重要作用。“徒法不足以自省。”法律、法规制定出来之后，需要行政机关及其工作人员利用人民赋予的行政权力加以执行和监督。如果烟花爆竹行政管理部门及其工作人员懒于执法、徇私枉法、渎职，就会给从事非法烟花爆竹经营、运输和燃放的行为留有可乘之机，不仅会扰乱烟花爆竹市场秩序、破坏市场的公平竞争，而且会使烟花爆竹行业处在失控的状态，大大增加烟花爆竹安全隐患，使烟花爆竹安全事故发生率急剧上升，严重危及公众人身和财产安全、公共安全及环境质量，最终会影响政府及其部门在社会大众心目中的良好形象，损害政府及其工作人员的威信。

设置烟花爆竹行政管理部门及其工作人员的法律责任，有利于促使他们正确行使行政权力，认真负责地做好烟花爆竹安全监督检查工作，从政府管理方面消除有关烟花爆竹行业的违法行为，净化烟花爆竹市场，维护烟花爆竹行业安全，保护公众人身和财产安全、公共安全及环境质量，树立良好的政府形象。《管理条例》将烟花爆竹行政管理部门及其工作人员的法律责任置于其“法律责任”部分之首，足显其重要的地位和意义。

第二十二条 违反第十六条第一款规定的，由安全生产监督管理部门责令停止违法行为，没收非法经营的物品及违法所得；情节严重的，吊销烟花爆竹经营许可证。并按照下列规定处以罚款：

（一）没有违法所得或者违法所得一万元以下的，处二万元的罚款；

（二）违法所得一万元以上五万元以下的，处违法所得的两倍罚款，最高处以十万元罚款。

【导读与释义】

本条是关于对烟花爆竹批发企业和烟花爆竹零售经营者违反《管理条例》第16条第1款规定的行为实施行政处罚的规定。

“采购”和“销售”是烟花爆竹批发企业和烟花爆竹零售经营者经营行

为的当然组成部分。烟花爆竹批发企业和烟花爆竹零售经营者必须依法经营，其合法权益才能得到法律保护，否则将因其行为违法而受到法律制裁。依法经营是指烟花爆竹批发企业和烟花爆竹零售经营者的所有经营行为都必须合乎法律、法规的规定，只要其中一个行为违法，就可以将其归类到违法经营范畴。

法律、法规给予非法生产、批发、零售烟花爆竹的行为以否定性评价。因此，从事烟花爆竹批发的企业，必须向生产烟花爆竹的企业采购烟花爆竹，必须向从事烟花爆竹零售的经营者供应烟花爆竹；从事烟花爆竹零售的经营者，必须向从事烟花爆竹批发的企业采购烟花爆竹。如果烟花爆竹批发的企业向没有获得烟花爆竹生产许可证的非法生产烟花爆竹的企业采购烟花爆竹、向没有获得烟花爆竹零售经营许可证的烟花爆竹零售经营者供应烟花爆竹，而烟花爆竹零售的经营者向没有获得烟花爆竹经营（批发）许可证的烟花爆竹批发企业采购烟花爆竹，就会助长非法生产、批发和零售烟花爆竹违法行为，将严重阻碍政府职能部门对有关烟花爆竹违法行为的打击。因此，烟花爆竹批发企业和烟花爆竹零售经营者的此类行为理应受到法律、法规的禁止。

烟花爆竹批发企业和烟花爆竹零售经营者的经营行为一旦违反了《管理条例》第16条第1款的规定，将由烟花爆竹安全生产监督管理部门对其进行行政处罚。本条规定了四种行政处罚形式，即责令停止违法行为、没收非法经营的物品及违法所得、吊销烟花爆竹经营许可证及行政罚款。“责令停止违法行为”是针对行为人违法行为较轻的情形，如系初犯、量少、从业人员的疏忽等情形。“没收非法经营的物品及违法所得”是针对违法行为所使用的物品及其违法所得采取的行政处罚措施。该种形式的行政处罚措施一般和其他处罚措施并用。“吊销烟花爆竹经营许可证”适用于违法行为情节严重的场合，如屡教不改、涉案金额大、适用前两种处罚措施不足以制止其违法行为的发生、造成了严重的烟花爆竹安全事故、社会影响恶劣，等等。“行政罚款”是在没收违法所得和民事赔偿之外的罚没金，以此增加烟花爆竹批发企业和零售经营者的经营成本，从而削弱其物力，消减其违法行为所需的财力。《管理条例》根据韶关市经济发展水平及烟花爆竹批发企业和零售经营者的经营规模和实际，设定了两档罚款额度，最高不超过10万元，比较科学合理。

第二十三条　违反第十六条第二款、第三款规定的，由安全生产监督管理部门责令停止违法行为，处一千元以上五千元以下的罚款，并没收非法经营的物品及违法所得；情节严重的，吊销烟花爆竹经营许可证。

【导读与释义】

本条是关于对烟花爆竹零售经营者和烟花爆竹批发企业违反《管理条例》第15条和第16条第2、3款规定从事非法经营的行为实施处罚的规定。

烟花爆竹零售经营者依法取得烟花爆竹零售经营许可证之后，必须按照零售经营布点规划的要求设置零售点，必须在许可证规定的经营范围、有效期和经营场所内依法经营。其零售场所的布置必须符合《管理条例》第15条规定的要求，不得违反。按照《管理条例》第16条第2款和第3款的规定，烟花爆竹零售经营者不得采购和销售非法生产、经营的烟花爆竹，不得销售按照国家标准规定应当由专业人员燃放的烟花爆竹。这些规定都是《管理条例》对烟花爆竹零售经营者的硬性规定，烟花爆竹零售经营者在其经营过程中不得违反这些规定从事烟花爆竹采购和销售活动，一旦违反，将要承担相应的法律责任。

“向合法生产烟花爆竹的企业采购烟花爆竹”才是烟花爆竹批发经营企业合法采购行为，如果因主观过错而采购非法生产的烟花爆竹，就构成本条规定的违法行为。烟花爆竹批发经营企业如果向烟花爆竹零售经营者供应按照国家标准应当由专业人员燃放的烟花爆竹，那么其行为就涉嫌违法。对于烟花爆竹批发经营企业的这些违法行为按照本条规定予以处罚。

本条规定了四种行政处罚形式，即责令停止违法行为、行政罚款、没收非法经营的物品及违法所得及吊销烟花爆竹经营许可证。执行行政处罚的主体是烟花爆竹安全生产监督管理部门。“责令停止违法行为”对于烟花爆竹批发经营企业和烟花爆竹零售经营者的所有违法行为均适用。只要有违法行为发生，烟花爆竹安全生产监督管理部门就有权责令其停止违法行为。与《管理条例》第22条的规定相比，本条规定的行政罚款数额较小，因为发生在此环节的违法行为在实践中造成的危害后果要比前者小得多，“处一千元以上五千元以下的罚款”足以遏制本条规定的违法行为。“没收非法经营的物品及违法所得”和“吊销烟花爆竹经营许可证”的理由同本书关于第22条的理由说明，此不赘述。

《管理条例》对烟花爆竹批发经营企业和烟花爆竹零售经营者的采购、供应和销售行为规定了严格的限制性条件，目的是确保烟花爆竹经营和销售过程中的安全，消除烟花爆竹安全隐患，以避免烟花爆竹安全事故发生。如果烟花爆竹批发经营企业和烟花爆竹零售经营者在其经营和销售过程中不严格遵守这些法定要求，从事违法采购、供应和销售行为，将会给民众人身和财产安全、公共安全、公共利益和环境质量带来巨大的安全隐患。一旦在烟花爆竹经营和销售过程中发生烟花爆竹安全事故，不仅会造成重大损害，而且会带来极坏的社会影响。《管理条例》在保护烟花爆竹经营者合法权益的同时，用法律责任来约束经营者的经营行为，确保烟花爆竹市场始终处在良性发展的轨道上。

第二十四条　违反第十七条第二款规定，未经许可经由道路运输烟花爆竹的，由公安部门责令停止非法运输活动，没收非法运输的物品及违法所得，并按照下列规定处以罚款：

（一）按照烟花爆竹市场价值计算不满一万元的，处一万元罚款；

（二）按照烟花爆竹市场价值计算每增加一万元以下，处增加一万元罚款，最高处以五万元罚款。

【导读与释义】

本条是关于经由道路交通运输烟花爆竹的托运人的违法行为及对其进行行政处罚的规定。公安部门对未经许可经由道路运输烟花爆竹托运人的违法行为首先应当责令其停止违法运输活动，同时没收非法运输的物品及违法所得，然后根据其所运烟花爆竹的市值对其实施两个不同档次的罚款，最高罚款数额不超过 5 万元。“责令其停止违法运输活动”“没收非法运输的物品及违法所得”和“罚款”三种行政处罚形式同时适用。其中，罚款数额的设定有两个档次，一个限制。这样规定不是《管理条例》任意而为，而是经过立法调研、充分听取各利害关系人意见之后作出的规定，是与韶关市烟花爆竹道路运输市场实际情况相符合的，较为科学合理。

经由道路运输烟花爆竹的托运人的行为受《管理条例》第 17 条第 2 款规定的约束。经由道路运输烟花爆竹的托运人在运输烟花爆竹之前，首先应当向运达地市和县（市）公安部门提出申请，依法取得烟花爆竹道路运输许可证之后，方能从事烟花爆竹道路运输活动。如果托运人没有按照《管理条例》第17条第2款行事，那么其行为就构成了本条规定的违法运输行为，就要受到本条规定的行政处罚。为了确保烟花爆竹道路运输安全，《管理条例》规定，托运人必须是取得相应行政许可的烟花爆竹生产企业或烟花爆竹经营企业，承运人必须具有从事危险货物运输的资质，烟花爆竹道路运输的驾驶员和押运人必须拥有从事危险货物运输的资格，运输车辆必须是用来运输危险货物的专属车辆，必须取得从事危险货物道路运输的资格，托运人必须告知运达地市和县（市）公安部门托运的烟花爆竹的种类、规格、数量、质量、合格的包装及烟花爆竹采购及销售的合法性。唯有满足这些条件，才能确保经由道路交通运输的烟花爆竹的安全。

《管理条例》将维护经由道路交通运输烟花爆竹的安全监督管理责任赋予了运达地市和县（市）公安部门，而运达地市和县（市）公安部门要切实履行好这样的职责，必须准确掌握托运人、承运人、运输车辆、运输状况及所运烟花爆竹的详细情况，而烟花爆竹道路运输许可证是公安部门了解这些情况的重要材料。如果经由道路交通运输烟花爆竹的托运人在未取得烟花爆竹道路运输许可证的情况下从事烟花爆竹道路运输，就无法保证托运人、承运人、运输车辆、运输状况及所运烟花爆竹的适格性。如果这样的不良状况出现，不仅会破坏经由道路运输烟花爆竹市场的良好的经营秩序，损及公平竞争，而且会严重危及烟花爆竹道路运输安全，最终会殃及整个道路运输交通安全。因此，《管理条例》对未经许可经由道路运输烟花爆竹的托运人的违法行为实施相应的行政处罚，目的是为了警示和彻底消除非法经由道路运输烟花爆竹的行为，在维护道路交通运输安全的同时，从烟花爆竹源头上消除烟花爆竹安全隐患，以实现《管理条例》第1条规定的立法目的。

第二十五条 违反第十九条规定的，由公安部门责令停止燃放，按照下列规定处以罚款：

（一）燃放Ⅴ级大型焰火燃放活动的处以一万元罚款；

（二）燃放Ⅳ、Ⅲ、Ⅱ、Ⅰ级大型焰火燃放活动的，从二万元起依级增加一万元罚款，最高处以五万元罚款。

【导读与释义】

本条是关于对非法举办大型焰火燃放活动的主办单位及其燃放行为实施行政处罚的规定。本条规定了“责令停止燃放”和“罚款”两种处罚形式。其中，根据燃放大型焰火的级别设立了两档罚款额度，设立了一个最高限额。非法燃放大型焰火行为没有实际发生的，可以仅采用“责令停止燃放”这一种行政处罚形式。非法燃放大型焰火行为一旦实际发生，公安部门应当合并实施“责令停止燃放”和“罚款”这两种处罚形式，以便有效遏制非法燃放大型焰火的行为，以消除大型焰火燃放活动的安全隐患，及时、有效地防止烟花爆竹安全事故的发生。

一、大型焰火等级划分及其燃放要求

（一）大型焰火等级划分

《大型焰火燃放安全技术规程》（GB24284-2009）第4.1项规定，“按照所燃放礼花弹及组合烟花的规格和数量将大型焰火燃放划分为Ⅰ、Ⅱ、Ⅲ、Ⅳ、Ⅴ五级”，其循序按照礼花弹及组合烟花的危险程度由高到低进行排列，Ⅰ级危险程度最高，Ⅴ级危险程度最低。

（二）大型焰火燃放要求

1. 各等级大规格礼花弹数量要求

《大型焰火燃放安全技术规程》（GB24284-2009）第4.2项对各等级大规格礼花弹数量规定了严格要求：（1）Ⅰ级焰火燃放：8号以上礼花弹不应超过礼花弹总数的15%，其中12号以上礼花弹不应超过礼花弹总数的2%，10号礼花弹不应超过礼花弹总数的3%，大号礼花弹规定数量可用小号礼花弹代替；（2）Ⅱ级焰火燃放：8号礼花弹不应超过礼花弹总数的5%；（3）Ⅲ级焰火燃放：6号礼花弹不应超过礼花弹总数的20%；（4）Ⅳ、Ⅴ级焰火燃放不作规定。

2. 不同类型礼花弹的燃放要求

非封闭舞台焰火燃放仅能燃放舞台架子烟花（含瀑布）、舞台喷花（含花束、喷花）、舞台旋转（有轴）烟花、烟雾类、单发彗星。升空类、旋转升空类烟花的升空高度、旋转范围及跌落物应满足GB10631等标准规定的相关安

全要求。

3. 承担大型焰火燃放作业的单位资质要求

承担大型焰火燃放作业的单位应具有相应的大型焰火燃放资质证明。未能取得相关资质，或资质证明超过法定有效期限的，不得从事大型焰火燃放活动。

4. 对相关人员的要求

燃放作业单位的现场负责人、安全管理人员、技术人员，以及承担燃放作业的有药安装、装填、点火、检测等作业人员应具有燃放作业证；Ⅰ级焰火燃放应有一名高级专业技术人员到现场指导；Ⅱ级焰火燃放应有一名中级以上（含中级）专业技术人员到现场指导；Ⅲ、Ⅳ、Ⅴ级焰火燃放应有一名初级以上（含初级）专业技术人员到现场指导；专业技术人员应是烟花爆竹燃放相关专业人员；焰火燃放应设现场专职安全员和专职保管员；未成年人、其他妨碍或影响燃放安全的人员不应从事焰火燃放作业。

5. 对燃放场地的要求

燃放场地应满足相应等级要求且坚实、平整，同时还要符合国务院《烟花爆竹安全管理条例》规定的其他有关要求；安全距离应符合《大型焰火燃放安全技术规程》中表2所列明的要求；礼花弹基本安全参数要符合《大型焰火燃放安全技术规程》附录A的规定；安全距离可视具体情况根据产品种类由评估专家在±30%内增减，有安全防护措施（如屏障）时，可视具体情况由评估专家评估确定；燃放现场应确保安全疏散通道畅通，不应在非承重建筑物顶、桥梁、水库堤坝、车站、码头等地燃放礼花弹；特殊要求的焰火燃放应经3名高级专业技术人员组成的专家组确认后方可燃放。

此外，《大型焰火燃放作业单位资质条件及管理》（GA899-2010）还对大型焰火燃放作业单位的资质条件规定了严格要求。大型焰火燃放作业单位必须依法取得大型焰火燃放作业单位资质证明方能从事大型焰火燃放活动。实践中，大型焰火燃放活动一般都是由主办单位聘请专业的燃放作业单位进行操作。因此，公安部门对大型焰火燃放活动主办单位聘请的燃放作业单位的资质审查尤为重要。

二、主办单位与燃放作业单位各自的职责

（一）主办单位的职责

主办单位对大型焰火燃放活动的安全责任主要体现在组织协调方面，如：要提供符合安全要求的燃放场地；制订并落实燃放作业组织实施方案，协调落实交通管制、消防救援、医疗救护、人员疏散、事故应急处理等安全保障措施；对妨碍燃放安全的行为及时予以制止，发现违法犯罪行为及时向公安机关报告；划定燃放安全警戒区，设置警示标志，安排专人警戒，禁止无关人员进入；下达点火、暂停、终止燃放或清场、解除警戒指令。

（二）燃放作业单位的职责

燃放作业单位的安全责任主要体现在技术方面，如：制订并执行燃放作业技术设计方案；保管所燃放的烟花爆竹；处理哑弹或其他未引燃的烟花爆竹；清理、回收、包装燃放作业剩余的烟花爆竹。

三、公安部门对燃放活动的监督检查

公安机关除对大型焰火燃放活动进行审批外，还要对焰火的燃放活动进行后续监管。对已批准的大型焰火燃放活动，公安机关会制定大型焰火燃放活动的安全监督方案和突发事件处置预案，并根据燃放规模等级、现场周围环境、气象条件等方面的安全需要组织警力，维持活动现场周围的治安、交通秩序，预防和处置突发治安事件。在大型焰火燃放活动的举办过程中，公安机关还要加强现场监督检查，督促主办单位、燃放作业单位按照国家有关标准、规范和燃放作业方案实施燃放作业，发现隐患并及时责令整改。

由上述分析可以看出，大型焰火燃放是一项危险程度较高的活动，主办单位必须经过法定程序向市和县（市）公安部门提出申请，依法取得焰火燃放许可证之后才能在公安部门的监督管理下有序进行。如果主办单位在未取得行政许可的情况下，擅自从事大型焰火燃放活动，就无法确保燃放作业单位、燃放作业人员及其燃放活动符合大型焰火燃放作业单位资质证明和《大型焰火燃放安全技术规程》规定的要求，公安部门也无法及时对大型焰火燃放活动现场进行监督检查，就无法确保大型焰火燃放活动的安全，一旦造成安全事故，后果不堪设想。因此，对未经许可举办大型焰火燃放活动，违反

国家有关法规、标准或燃放作业方案实施燃放作业的，公安部门应责令停止燃放，并依照本条规定予以相应的行政处罚，以遏制非法从事大型焰火燃放活动的行为，确保烟花爆竹安全，避免因非法燃放活动造成安全事故，维护民众人身和财产安全、公共安全、公共利益及环境质量。

第二十六条 违反第十八条第一款情形之一或者第二十条规定的，由公安部门责令停止燃放，处一百元以上五百元以下的罚款；构成违反治安管理行为的，依法给予治安管理处罚。

【导读与释义】

本条是对违反《管理条例》相关规定的违法燃放行为实施行政处罚的规定。本条规定了三种行政处罚措施，即责令停止燃放、罚款及治安管理处罚。一旦发现有违反《管理条例》第18条第1款和第20条规定的违法燃放行为，公安部门就必须采用“责令停止燃放”的行政处罚措施，以终止违法燃放行为。如果这一行政处罚措施不能有效制止违法燃放行为，公安部门将随即采用“罚款”形式对其违法行为进行处罚。对于构成违反治安管理行为的违法燃放行为，公安部门应当依据《中华人民共和国治安管理处罚法》的相关规定给予相应的治安管理处罚。

《管理条例》第18条规定的是禁止燃放烟花爆竹的地点和区域。这些地点和区域一般涉及国家机关办公场所、军事管理区域及人口密集区域。如果在这些地点和区域燃放烟花爆竹，将直接影响国家机关工作人员办公环境、军事管理安全和良好秩序以及风景区的安全管理，直接影响民众人身和财产安全、公共安全及良好的社会公共秩序。对在法律、法规禁止燃放的地点和区域燃放烟花爆竹行为实施相应的行政处罚，一方面警示人们要规范自己的燃放行为，教育人们遵纪守法；另一方面是为了制止此类违法燃放行为，在延续中华民族烟花爆竹传统文化的同时，确保现代社会文明发展的安全环境，有效促进两者的协调发展。

《管理条例》第20条规定的是对不当燃放行为的禁止。规范民众燃放烟花爆竹行为，维护民众人身和财产安全、公共安全及良好的社会公共秩序，除了规定禁放地点和区域之外，还要对《管理条例》允许燃放的地点和区域的燃放行为加以规范。为了确保燃放烟花爆竹的行为安全，《管理条例》第20条规定了五个“不得”，即不得向行人、车辆、建（构）筑物、在建工地、河道、人员密集场所、地下管网等投掷烟花爆竹；不得妨碍行人、影响道路交通安全；不得向烟花爆竹零售点、易燃易爆物品投放烟花爆竹；不得在居民住宅楼楼道、走廊、阳台、窗台、楼顶燃放或者向外抛掷烟花爆竹；不得采用其他危害公共安全和人身、财产安全的方式燃放。如果民众燃放烟花爆竹的行为违反了这五个“不得”的强制性规定，不仅会危及人身安全、财产安全、公共安全、自然环境安全和居民居住环境安全，还会危及道路交通运输秩序，危及网络、电讯、通讯的安全管理秩序，甚至会酿成无法挽回的灾难。因此对此类违法行为必须严加禁止。早发现，早治理，彻底消除违法燃放烟花爆竹行为的隐患，为广大韶关市民众营造一个安全祥和的居住环境和良好的节日氛围。

第六章　附　则

第二十七条　本条例自2017年1月1日起施行。

【导读与释义】

本条是关于本条例实施时间的规定。

主要参考文献

中文书目

一、著作类

1. 翟琨主编:《烟花爆竹安全》，哈尔滨地图出版社 2007 年版。
2. ［英］马林诺夫斯基:《文化论》，费孝通译，华夏出版社 2002 年版。
3. 赵世瑜:《狂欢与日常》，生活·读书·新知三联书店 2002 年版。
4. 赵正宏编著:《烟花爆竹生产经营企业安全培训教材》，气象出版社 2005 年版。
5. 韩忠伟、杨涛、李晓棠编著:《中国立法原理论》，甘肃民族出版社 2008 年版。
6. ［美］安·赛德曼等:《立法学：理论与实践》，刘国福等译，中国经济出版社 2008 年版。
7. 罗传贤:《立法程序与技术》（第 3 版），五南图书出版有限公司 2002 年版。
8. 周旺生主编:《立法学》（第 2 版），法律出版社 2009 年版。
9. 夏甄陶:《关于目的的哲学》，上海人民出版社 1982 年版。
10. ［德］黑格尔:《历史哲学》，王造时译，生活·读书·新知三联书店 1957 年版。
11. 张智辉:《刑法理性论》，北京大学出版社 2006 年版。
12. ［美］E. 博登海默:《法理学：法律哲学与法律方法》，邓正来译，中国政法大学出版社 2004 年版。
13. 郭道晖:《法的时代呼唤》，中国法制出版社 1998 年版。
14. 杜国胜:《司法口才理论与实务》，中国政法大学出版社 2015 年版。
15. 柳随年:《我在人大十年》，中国民主法制出版社 2003 年版。
16. 郜风涛:《文津法札》，中国法制出版社 2011 年版。
17. ［美］罗斯科·庞德:《法理学》（第 1 卷），邓正来译，中国政法大学出版 2004 年版。
18. ［法］卢梭:《社会契约论》，何兆武译，商务印书馆 2008 年版。
19. ［美］本杰明·N. 卡多佐:《司法过程的性质》，苏力译，商务印书馆 1998 年版。
20. ［德］恩格斯:《路德维希·费尔巴哈和德国古典哲学的终结》，中共中央马恩列斯著作编译局译，人民出版社 1997 年版。
21. 姜春云：《姜春云调研文集：民主与法制建设卷》，中央文献出版社 2010 年版。
22. 杨临宏：《立法法原理与制度》，云南大学出版社 2011 年版。
23. 汤唯、毕可志：《地方立法的民主化与科学化构想》，北京大学出版社 2006 年版。
24. 阎锐：《地方立法参与主体研究》，上海人民出版社 2014 年版。
25. 王义明主编：《地方立法实践与探索》，云南人民出版社 2008 年版。
26. 赵春荣编著：《经济学》，中国经济出版社 2010 年版。
27. 刘晋英主编：《烟花爆竹基础知识》，兵器工业出版社 2007 年版。
28. 杨晓峰、李春方主编：《经营管理》，中国经济出版社 1989 年版。
29. 企业经营管理实务课程建设团队编：《企业经营管理实务》，西安交通大学出版社 2010 年版。
30. 焦光前："政府规制与烟花爆竹生产安全"，石河子大学 2009 年硕士学位论文。
31. 冯媛媛主编，李晓阳副主编：《运输实务》，对外经济贸易大学出版社 2004 年版。
32. 沈应斋编：《烟花爆竹产、运、销安全知识》，安徽科学技术出版社 1988 年版。
33. 江少文主编：《运输实务与管理》，上海交通大学出版社 2009 年版。
34. 鲍香台、何杰主编：《运输组织学》，东南大学出版社 2009 年版。
35. 查俊如、郑乐宪编著：《安全生产监督管理读本》，江西高校出版社 2005 年版。
36. 张开贵等主编：《公安学基础理论新编》，中国人民公安大学出版社 2004 年版。
37. 傅俊华编著：《公安基础理论》，河南人民出版社 2010 年版。
38. 王文成主编：《公安基础知识》，中国青年出版社 2007 年版。
39. 季任天、黄旭辉、杨幽红：《质量监督检验检疫概论》，中国计量出版社 2007 年版。
40. 冯叙桥、赵静主编：《食品质量管理学》，中国轻工业出版社 1995 年版。
41. 曹英耀、曹毅编著：《工商行政管理教程》，中山大学出版社 2005 年版。
42. 赵栓亮、陈军须等编：《邮政业务与管理》，天津大学出版社 2010 年版。
43. 王为民主编：《邮政通信组织管理》，北京邮电大学出版社 2008 年版。
44. 王为民主编：《邮政管理基础知识》，人民邮电出版社 2003 年版。
45. 王为民主编：《邮政基础管理实务》，北京邮电大学出版社 2010 年版。
46. 连义平主编：《综合交通运输概论》，西南交通大学出版社 2006 年版。
47. 刘南主编：《交通运输学》，浙江大学出版社 2009 年版。
48. 杨浩主编：《交通运输概论》，中国铁道出版社 2009 年版。
49. 顾正洪主编：《交通运输安全》，南京东南大学出版社 2009 年版。
50. 王昆元主编：《道路交通运输安全管理》，机械工业出版社 2004 年版。
51. 许崇德主编：《宪法》，中国人民大学出版社 2009 年版。
52. 白杰著：《街道办事处权力运作逻辑——对宣南的实证研究》，中国商业出版社 2010

年版。
53. 费孝通：《乡土中国》（1948 年），世纪出版集团、上海人民出版社 2007 年版。
54. 田水承、景国勋主编：《安全管理学》，机械工业出版社 2009 年版。
55. ［美］伯纳德·施瓦茨：《行政法》，徐炳译，群众出版社 1986 年版。
56. 刘恒主编：《行政许可与政府管制》，北京大学出版社 2007 年版。
57. ［美］小贾尔斯·伯吉斯：《管制与反垄断经济学》，冯金华译，上海财经大学出版社 2003 年版。
58. 张卿：《行政许可法和经济学》，北京大学出版社 2013 年版。
59. 张朝霞编著：《行政处罚法学与行政许可法学》，甘肃人民出版社 2006 年版。
60. 应松年、杨解君主编：《行政许可法的理论与制度解读》，北京大学出版社 2004 年版。
61. 冯强主编：《档案管理》，中国农业出版社 2006 年版。
62. 李卓、董燕、刘珊编著：《现代档案管理》，黑龙江教育出版社 2014 年版。
63. 杨红本主编：《档案管理理论与实务》，上海教育出版社 2016 年版。
64. ［日］工藤市兵卫：《经营信息管理》，凌国良译，东南大学出版社 1992 年版。
65. ［美］唐·泰普斯科特等：《范式的转变——信息技术的前景》，米克斯译，东北财经大学、McGraw-Hill 出版公司 1999 年版。
66. 马费成等：《信息资源管理》，武汉大学出版社 2001 年版。
67. 杨文祥主编：《信息管理基础教程》，北京师范大学出版社 2000 年版。
68. 孙道银：《信息管理》（第 2 版），经济管理出版社 2014 年版。
69. 岳剑波编著：《信息管理基础》，清华大学出版社 1999 年版。
70. 钟义信：《信息的科学》，光明出版社 1988 年版。
71. 颜其礼、王冲，胡民编著：《经济信息管理》，科学出版社 2008 年版。
72. 张广钦编著：《信息管理教程》，北京大学出版社 2005 年版。
73. 杨志芳编著：《信息管理基础》，西安交通大学出版社 2008 年版。
74. 王志红、陈有富编著：《信息管理概论》，西安地图出版社 2007 年版。
75. 金朝崇、熊艺主编：《信息管理概论》，天津大学出版社 2009 年版。
76. 张景学等：《信息管理：组织者的数字魔方》，军事科学出版社 2003 年版。
77. 黄杰：《信息管理集成论》，经济管理出版社 2006 年版。
78. 夏洪胜、张世贤主编：《企业信息管理》，经济管理出版社 2014 年版。
79. 苏萍、李旭旦、张丰强主编：《信息管理》，文汇出版社 2007 年版。
80. 竺乾威主编：《公共行政学》（第 2 版），复旦大学出版社 2003 年版。
81. 王宪磊主编：《科学决策和信息管理》，社会科学文献出版社 2008 年版。
82. 胡平等：《地方政府公共信息共享机制与管理问题研究》，西安交通大学出版社 2009 年版。

83. ［英］托马斯·霍布斯:《利维坦》，黎思复、黎廷弼译，商务印书馆 1985 年版。
84. ［英］亚当·斯密:《道德情操论》，蒋自强等译，商务印书馆 1997 年版。
85. ［美］弗朗西斯·福山:《信任：社会美德与创造经济繁荣》，彭志华译，海南出版社 2001 年版。
86. 周林编著:《诚信》，中国纺织出版社 2005 年版。
87. 中共长沙市委宣传部、长沙市文明办编:《诚信》，学习出版社 2004 年版。
88. 刘正谈等:《汉语外来语词典》，上海辞书出版社 1984 年版。
89. 史际春:《企业和公司法》（第 2 版），中国人民大学出版社 2008 年版。
90. 李百川主编:《道路运输企业安全管理》，人民交通出版社 2006 年版。
91. ［德］卡尔·拉伦茨:《德国民法通论》，王晓晔等译，法律出版社 2004 年版。
92. ［奥］凯尔森:《法与国家的一般理论》，沈宗灵译，中国大百科全书出版社 2003 年版。
93. 张舫编著:《公司法的制度解析》，重庆大学出版社 2012 年版。
94. 中国社会科学院语言研究所词典编辑室:《现代汉语词典》（第 6 版），商务印书馆 2012 年版。
95. 徐家良编著:《行业协会组织治理》，上海交通大学出版社 2014 年版。
96. 张理泉:《工业行业管理》，中国人民大学出版社 1991 年版。
97. 陈金罗:《社会立法与社团管理》，法律出版社 1997 年版。
98. 贾西津、沈恒超、胡文安:《转型时期的行业协会：角色、功能与管理体制》，社会科学文献出版社 2004 年版。
99. 徐家良:《互益性组织：中国行业协会研究》，北京师范大学出版社 2010 年版。
100. 张经:《中国行业协会商会法民间建议稿》，中国工商出版社 2013 年版。
101. 张良编著:《行业协会工作实务》，上海交通大学出版社 2014 年版。
102. 汤蕴懿:《行业协会组织与制度》，上海交通大学出版社 2009 年版。
103. 中国注册会计师协会编:《关于加强行业自律管理体制建设的指导意见》，中国财政经济出版社 2003 年版。
104. ［古希腊］亚里士多德:《政治学》，吴寿彭译，商务印书馆 1965 年版。
105. 李清伟主编，李瑞副主编:《法理学》，上海人民出版社 2013 年版。
106. 史际春、温烨、邓峰:《企业和公司法》，中国人民大学出版社 2001 年版。
107. 夏兴胜、张世贤主编:《商法》，经济管理出版社 2014 年版。
108. 王新红、丁国民主编:《商法＝COMMERCIAL LAW》，厦门大学出版社 2013 年版。
109. 程淑娟主编:《商法》，武汉大学出版社 2011 年版。
110. 曲天明、王国柱编著:《合同法》，浙江大学出版社 2010 年版。
111. 邢曼媛:《刑法＝CRIMINAL LAW》，北京大学出版社 2014 年版。

112. 游伟主编:《刑法基本原理与司法适用》，上海交通大学出版社 2011 年版。

二、论文类

1. 宋燧文:“快过年了，说说烟花爆竹”，载《标准生活》2016 年第 1 期。
2. 吴翔之:“年节文化中声音符号的象征意义及解读——以拜年和放爆竹为例”，载《温州大学学报（社会科学版）》2007 年第 1 期。
3. 陈连山:“春节民俗的社会功能、文化意义与当前文化政策”，载《民间文化论坛》2004 年第 5 期。
4. 乌丙安:“烟花爆竹文化的震撼”，载《花炮科技与市场》2006 年第 1 期。
5. 陈杰人等:“‘禁’‘退’两难的烟花爆竹”，载《法律与生活》2004 年第 3 期。
6. 刘婵、廖婵娟、苏龙:“2010~2015 年我国烟花爆竹事故统计及防控对策”，载《火灾科学》2016 年第 3 期。
7. 韩向东等:“燃放烟花爆竹对环境空气的影响”，载《黑龙江环境通报》2007 年第 4 期。
8. 秦玮等:“烟花燃放对空气中 PM2. 5 及水溶性离子的影响研究”，载《环境监控与预警》2013 年第 3 期。
9. 宋佳琦:“传统与文明的碰撞——烟花爆竹的利与弊”，载《中国环境管理》2011 年第 2 期。
10. 范小花等:“烟花爆竹对环境的危害性分析”，载《重庆科技学院学报（自然科学版）》2008 年第 4 期。
11. 赵振英:“试论烟花爆竹的危害及禁止燃放的必要性”，载《法制与社会》2010 年第 13 期。
12. 叶晓红:“烟花爆竹环保项目分析与研究”，载《环境科学与技术》2004 年第 3 期。
13. 单艳红等:“中国烟花爆竹燃放情况调查及利弊分析”，载《花炮科技与市场》2005 年第 Z1 期。
14. 廉如鉴:“燃放烟花爆竹的民族文化心理基础”，载《兰州学刊》2007 年第 4 期。
15. 徐世平、冯学智:“禁止燃放烟花爆竹的立法博弈与公众选择”，载《人大研究》2014 年第 1 期。
16. 金鑫等:“春节除夕燃放烟花爆竹对环境空气质量影响分析”，载《环境监测管理与技术》2015 年第 2 期。
17. 萧宗:“燃放烟花爆竹的是与非”，载《中国消防》2011 年第 5 期。
18. 张建华等:“浅谈燃放烟花爆竹对环境空气的影响”，载《黑龙江环境通报》2004 年第 2 期。
19. 柏文学:“烟花爆竹，想说爱你不容易”，载《标准生活》2016 年第 1 期。
20. 吴学安:“烟花爆竹禁限在争议中前行”，载《防灾博览》2016 年 06 月。

21. 刘风景："立法目的条款之法理基础及表述技术"，载《法商研究》2013 年第 3 期。
22. 刘作翔："法律的理想与相关法学概念关系的法理学分析"，载《法律科学》1994 年第 4 期。
23. 付海玲："烟花爆竹行业法律管理制度探析——以宁夏供销社日杂鞭炮有限公司为例"，宁夏大学 2013 年硕士学位论文。
24. 张勇："浅析烟花爆竹安全监管与企业主体责任的辩证关系"，载《花炮科技与市场》2010 年第 1 期。
25. 李义雷："烟花爆竹火灾爆炸事故分析与预防措施"，载《中国科技信息》2011 年第 13 期。
26. 马费成、裴雷："我国信息资源共享实践及理论研究进展"，载《情报学报》2005 年第 3 期。
27. 王博涵、曹佳："我国公共信用信息共享现状及对策"，载《电子政务》2016 年第 10 期。
28. 严清华、高璇："公共信用评价指标体系构建初探"，载《珞珈管理评论》2010 年 12 月。
29. 冯惠玲、周毅："论公共信息服务体系的构建"，载《情报理论与实践》2010 年第 7 期。
30. 夏义堃："公共信息服务的社会选择———政府与第三部门公共信息服务的相互关系分析"，载《中国图书馆学报》2004 年第 3 期。
31. 王伟军、孙晶："我国公共信息服务平台建设初探"，载《中国图书馆学报》2007 年第 2 期。
32. 周毅、吉顺权："公共信息服务社会共治模式构建研究"，载《中国图书馆学报》2015 年第 5 期。
33. 吴志明、阳旸："我国公共信用信息采集：问题与对策"，载《金融经济》2016 年第 2 期。
34. 程民选、李晓红："社会信用协同治理：制度、技术与文化"，载《华东师范大学学报（哲学社会科学版）》2015 年第 3 期。
35. 焦光前："政府规制与烟花爆竹生产安全"，石河子大学 2009 年硕士学位论文。
36. 王青："关于'法治'与'法制'英译名的探讨"，载《中国科学术语》2016 年第 4 期。
37. 罗建社："浅议大型焰火燃放安全技术"，载《花炮科技与市场》2008 年第 3 期。
38. 宋箐："城市安全与和谐法制建设——关于'烟花爆竹管理'禁与放的立法思考"，载《人大研究》2008 年第 4 期。
39. 郑君："大型焰火燃放'许可'不能忘"，载《劳动保护》2013 年第 1 期。

三、网上资料

1. “国家安全监管总局关于湖南省醴陵市浦口南阳出口鞭炮烟花厂‘9·22’重大爆炸事故的通报”，载 http://www.chinasafty.gov.cn/newpage/Contents/Channel-4222/2014/0924/240899/content-240899.htm，2014 年 9 月 25 日访问。
2. 韶关市人民政府门户网：http://www.sg.gov.cn/website/newportal/portalSiteAction.action，2016 年 12 月 1 日访问。
3. 国家安全生产监督管理总局官网：http://www.chinasafety.gov.cn/newpage/Contents/Channel_21156/2016/0329/266923/content_266923.htm，2016 年 12 月 19 日访问。
4. 王轶辰：“我国共 16 省份完全退出烟花爆竹生产”，载中国经济网：http://www.ce.cn/xwzx/gnsz/gdxw/201502/27/t20150227_4657288.shtml，2015 年 2 月 27 日访问。
5.《国务院关于印发社会信用体系建设规划纲要（2014~2020 年）的通知》（国发［2014］21 号），载中国政府网：http://www.gov.cn/zhengce/content/2014-06/27/content_8913.htm，2016 年 9 月 8 日访问。
6.《国务院关于建立完善守信联合激励和失信联合惩戒制度加快推进社会诚信建设的指导意见》（国发［2016］33 号），载 http://www.gov.cn/zhengce/content/2016-06/12/content_5081222.htm，2016 年 9 月 8 日访问。
7. 最高法：“已发布失信被执行人信息 338.48 万例 388.7 万人次被限乘飞机”，载 http://epaper.cnjjwb.com/view_content.asp?article bianhao=20160316075，2016 年 9 月 8 日访问。
8. “焰火燃放许可证的核发许可”，载中国政府公开信息整合服务平台（山西分站）：http://govinfo.nlc.gov.cn/sxsfz/xxgk/sxsgat/201009/t20100930_398526.html?classid=451;443，2010 年 9 月 20 日访问。
9. “南方日报报业集团——南方都市报：《广东不再生产烟花爆竹》”，载搜狐新闻网：http://news.sohu.com/20060602/n243529614.shtml，2006 年 6 月 2 日访问。
10. “河南大桥垮塌事故原因查明——花炮公司运输涉违法”，载网易河南：http://henan.163.com/13/0204/11/8MS7MNF4022701R7.html，2012 年 4 月 13 日访问。
11. “河南‘最严禁放令’全域时段禁止燃放烟花爆竹”，载黔讯网：http://news.qx162.com/roll/2017/0117/170506.shtml，2017 年 1 月 17 日访问。

四、外文书目

1. J. G. Watson, “Visibility: Science and Regulation”, *Journal of the Air & Waste Management Association*, 2002, 52 (6).

2. Rudolph von Jhering, *Law, as a Means to an End*, New York, 1924, p. 4.

3. David Gwynn Morgan & Gerard Hogan, *Administrative Law in Ireland. 2nd ed.*, Sweet & Maxwell, 1991, p. 226.

4. Bureau of Industry Economics (Australia), Business licences and Regulation Reform (1996).

5. C. Scott and J. Black, Cranston's Consumers and the Law (2000).

6. A. Ogus. Regulation, Legal Form and Economic Theory (1994).

7. Allen N. Smith, *Medley Information Resource Management*, Cincinrnati (Ohio): South - Western Publishing Co., 1987.

8. Donald A. Marchand John C. Kresslein, *Information Resources Management and Public Administration*, See Rabin, Jack and Jackowski, *Edward M. Handbook of Information Resource Management*, New York: Marcel Dekker, Inc., 1988.

9. Betty R. Ricks and Kay F. Gow, *Information Resource Management Cincinrnati (Ohio)*, South–Western Publishing Co., 1982.

10. R. S. Tayor, *Organization Information Environments: Information and the Transfornation of Society*, Amsterdam, The Netherlands: North Holland Publishing Co., 1982.

11. Martin W. John, *The Information Society*, Lodon: Aslib, Information House, 1988.

12. M. S. White, *The Development of IRM*, Information and Transformation of Society, 1982.

13. Forest Woody Horton Jr, *Information Resource Management*, Engle - Wood, NewJersey: Prentice–Hall, Inc. 1985.

14. John R. Beaumont and Surherland Ewan, *Information Resources Management*, Oxford: Bultterworth–Heinemann, Ltd, 1992.

15. S. Jarvenpaa, S. Staples, "Exploring Perceptions of Organizational Ownership of Information and Expertise", *Journal of Management Information Systems*, 2005, 18 (1).

16. Sharon S. Dawes, "Interagency Information Sharing: Expected Benefit, Manageable Risk", *Journal of Policy Analysis and Management*, 1996, 15 (3).

17. J. Johanson and L. G. Mattsson, "Interorganizational Relations in Industrial Systems: a Network Approach Compared With the Transaction–Cost Approach", *International Studies of Management & Organization*, 1987, 17 (1).

18. Joseph F. Bradley, *The Role of Trade Association and Professional Business Societies in America.*, University Pork Pennsy Brabia, 1965.

后　记

《韶关市地方性法规导读与释义》丛书，是韶关市人大常委会会同市人大常委会立法工作者、法律实务工作者以及韶关学院法学院的专家学者共同编撰的系列丛书。

自2015年5月韶关市获得设区市地方立法权以来，韶关市人大常委会根据韶关市地方经济与社会发展的需要，制定出一系列地方性法规，在地方立法方面取得了可喜的成就。随着经济与社会的发展，韶关市人大常委会根据韶关市发展的实际情况，将陆续出台新的地方性法规。大量地方性法规出台，虽然解决地方立法层面的问题，但是在这些地方性法规实施过程中，会遇到对法规内容的理解和把握问题。为了更好地促进执法者、司法者和守法者准确理解法规的具体内容，达到公正执法、正确用法和严格守法的目的，在韶关市人大常委会领导和组织下，将会同法律方面专家学者陆续撰写《韶关市地方性法规导读与释义》系列丛书，并将一一出版。

《〈韶关市烟花爆竹燃放安全管理条例〉导读与释义》一书，即为该系列丛书中一本。由于时间紧迫、水平有限，书中难免有不足之处，敬请读者批评指正。

编　者

2017年9月